Werner Bergmann / Ulrich Wyrwa
Antisemitismus in Zentraleuropa

Geschichte kompakt

Herausgegeben von
Kai Brodersen, Martin Kintzinger,
Uwe Puschner, Volker Reinhardt

Herausgeber für den Bereich *19./20. Jahrhundert*:
Uwe Puschner

Berater für den Bereich *19./20. Jahrhundert*:
Walter Demel, Merith Niehuss, Hagen Schulze

Werner Bergmann / Ulrich Wyrwa

Antisemitismus in Zentraleuropa

Deutschland, Österreich und die Schweiz vom 18. Jahrhundert bis zur Gegenwart

Die Deutsche Nationalbibliothek verzeichnet diese Publikation
in der Deutschen Nationalbibliografie;
detaillierte bibliografische Daten sind im Internet über
http://dnb.d-nb.de abrufbar.

Die Herausgabe des Werkes wurde durch
die Vereinsmitglieder der WBG ermöglicht.
Gedruckt auf säurefreiem und alterungsbeständigem Papier
Satz: Lichtsatz Michael Glaese GmbH, Hemsbach
Umschlaggestaltung: schreiberVIS, Seeheim
Printed in Germany

Besuchen Sie uns im Internet: www.wbg-wissenverbindet.de

ISBN 978-3-534-22053-3

Elektronisch sind folgende Ausgaben erhältlich:
eBook (PDF): 978-3-534-71812-2
eBook (epub): 978-3-534-71813-9

Inhaltsverzeichnis

Geschichte kompakt

In der Geschichte, wie auch sonst, dürfen Ursachen nicht postuliert werden, man muss sie suchen. (Marc Bloch)

Das Interesse an Geschichte wächst in der Gesellschaft unserer Zeit. Historische Themen in Literatur, Ausstellungen und Filmen finden breiten Zuspruch. Immer mehr junge Menschen entschließen sich zu einem Studium der Geschichte, und auch für Erfahrene bietet die Begegnung mit der Geschichte stets vielfältige, neue Anreize. Die Fülle dessen, was wir über die Vergangenheit wissen, wächst allerdings ebenfalls: Neue Entdeckungen kommen hinzu, veränderte Fragestellungen führen zu neuen Interpretationen bereits bekannter Sachverhalte. Geschichte wird heute nicht mehr nur als Ereignisfolge verstanden, Herrschaft und Politik stehen nicht mehr allein im Mittelpunkt, und die Konzentration auf eine Nationalgeschichte ist zugunsten offenerer, vergleichender Perspektiven überwunden.

Interessierte, Lehrende und Lernende fragen deshalb nach verlässlicher Information, die komplexe und komplizierte Inhalte konzentriert, übersichtlich konzipiert und gut lesbar darstellt. Die Bände der Reihe „Geschichte kompakt" bieten solche Information. Sie stellen Ereignisse und Zusammenhänge der historischen Epochen der Antike, des Mittelalters, der Neuzeit und der Globalgeschichte verständlich und auf dem Kenntnisstand der heutigen Forschung vor. Hauptthemen des universitären Studiums wie der schulischen Oberstufen und zentrale Themenfelder der Wissenschaft zur deutschen, europäischen und globalen Geschichte werden in Einzelbänden erschlossen. Beigefügte Erläuterungen, Register sowie Literatur- und Quellenangaben zum Weiterlesen ergänzen den Text. Die Lektüre eines Bandes erlaubt, sich mit dem behandelten Gegenstand umfassend vertraut zu machen. „Geschichte kompakt" ist daher ebenso für eine erste Begegnung mit dem Thema wie für eine Prüfungsvorbereitung geeignet, als Arbeitsgrundlage für Lehrende und Studierende ebenso wie als anregende Lektüre für historisch Interessierte.

Die Autorinnen und Autoren sind in Forschung und Lehre erfahrene Wissenschaftlerinnen und Wissenschaftler. Jeder Band ist, trotz der allen gemeinsamen Absicht, ein abgeschlossenes, eigenständiges Werk. Die Reihe „Geschichte kompakt" soll durch ihre Einzelbände insgesamt den heutigen Wissensstand zur deutschen und europäischen Geschichte repräsentieren. Sie ist in der thematischen Akzentuierung wie in der Anzahl der Bände nicht festgelegt und wird künftig um weitere Themen der aktuellen historischen Arbeit erweitert werden.

Kai Brodersen
Martin Kintzinger
Uwe Puschner
Volker Reinhardt

I. Einleitung. Zum Begriff Antisemitismus

Zur Aktualität des Antisemitismus

Antisemitismus ist ein aktuelles Problem zentraleuropäischer Gesellschaften, in Deutschland ebenso wie in Österreich und der Schweiz. Selbst 60 Jahre nach dem Holocaust und dem Ende der nationalsozialistischen Herrschaft hat antisemitisches Sprechen und Handeln eine erschreckende Aktualität. Gleichzeitig hat die Judenfeindschaft eine lange Tradition im christlichen Europa, eine weit in die Vergangenheit zurückreichende Geschichte.

Antisemitismus als soziale und als politische Bewegung: Phasen der Geschichte

Im 19. Jahrhundert aber entstand eine neue Form von Abneigung und Hass gegen Juden. Die alte religiös motivierte Feindseligkeit nahm eine neue Gestalt an, die sich dezidiert gegen die beginnende Integration der Juden in die bürgerliche Gesellschaft richtete. Die neuen Ressentiments gegen die Juden kamen in immer wiederkehrenden öffentlichen Debatten über die rechtliche und bürgerliche Stellung der Juden in Staat und Gesellschaft zum Ausdruck und verschärften sich mit den sozialen und kulturellen Umbrüchen der Industrialisierung und Kommerzialisierung des Alltagslebens, bis im Jahr 1879 der neue Begriff für die neue Form von Judenfeindschaft gefunden wurde: Antisemitismus. Damit artikulierte sich der Widerwille gegen Juden als soziale und als politische Bewegung. Seinen Antrieb erhielt der Antisemitismus aus den gesellschaftlichen Konflikten und mentalitätsgeschichtlichen Verwerfungen, die mit der entstehenden Marktordnung und der sich formierenden Industriegesellschaft einhergingen, und er artikulierte sich in bestimmten sozialen Milieus als Gesellschaftsstimmung und mentale Disposition. Obwohl die antisemitische Bewegung aufgrund ihrer inneren Zerrissenheit zwischen konservativen, kirchlich-monarchistischen, antikonservativen sowie fundamental rassenantisemitischen Flügeln politisch marginal blieb, ist der Antisemitismus um 1900 in Zentraleuropa dennoch zu einem Teil des Alltagslebens und zu einem gesellschaftlichen Syndrom geworden.

Mit dem Schock des Ersten Weltkriegs und den verheerenden moralischen Folgen der Kriegserfahrungen verschärften sich die antisemitischen Stimmungen und Einstellungen von neuem. Mit dem Krieg setzte eine neue Phase in der Geschichte des Antisemitismus ein, die seiner Radikalisierung. Was den Antisemitismus nach dem Ersten Weltkrieg auszeichnet, war dessen gestiegene Virulenz und Skrupellosigkeit sowie die hohe Bereitschaft zu physischer Gewaltanwendung. Schließlich rückte der Antisemitismus von der Peripherie ins politische Zentrum und verband sich in Deutschland wie in Österreich mit dem Kampf gegen die als „Judenrepublik" geschmähten neuen Demokratien. Auch in der demokratischen Schweiz erhielten antisemitische Stimmungen und Einstellungen Auftrieb. Wie das neue ‚kurze' 20. Jahrhundert zu einem ‚Zeitalter der Extreme' (E. Hobsbawm) wurde, nahm auch die Judenfeindschaft extreme Formen an, die unmittelbar in den nationalsozialistischen Antisemitismus und die Ermordung der europäischen Juden einmündete.

Nach dem Ende des Zweiten Weltkriegs begann eine weitere Phase, die Zeit des sekundären Antisemitismus. Der ‚Antisemitismus nach Auschwitz' griff zwar die Motive und die Sprache des überlieferten Antisemitismus auf, erlebte gleichzeitig aber entscheidende Veränderungen. Zunächst musste er auf den Mord an den europäischen Juden reagieren und damit zielte er auf eine Leugnung oder eine Abwehr der Schuld. Mit der Gründung des Staates Israel konnte der Antisemitismus schließlich die Form des Antizionismus annehmen. Im Kontext der gegenwärtigen Entwicklung des Nahost-Konfliktes ist schließlich unter islamischen Migranten in Zentraleuropa ein arabisch-islamistischer Antisemitismus hervorgetreten.

1. Definitionsversuche

Das Problem der Definition

Unter Antisemitismus ist im Unterschied zur traditionellen, religiös motivierten Judenfeindschaft in erster Linie eine politische Einstellung, soziale Haltung und weltanschauliche Orientierung zu verstehen. Doch ist diese Bestimmung als Definition noch nicht hinreichend:

Definition als Begriffsbestimmung

– Nach Definitionsversuchen im Sinn einer semantisch sprachgeschichtlichen Ableitung beziehungsweise wortanalytischen Herleitung, handelt es sich bei dem Begriff Antisemitismus um eine sprachliche Neubildung, einen Neologismus, der unmittelbar nach seinem ersten Auftauchen im Jahr 1879 im Kreis des politischen Schriftstellers und Journalisten Wilhelm Marr (1819–1909) in den allgemeinen deutschen Sprachgebrauch eingegangen ist. Dieser war dezidiert mit der Intention geprägt worden, einen neuen Begriff für eine neue Form von Abneigung gegen Juden im Unterschied zu der alten christlichen und religiösen Judenfeindschaft zu entwickeln. Das Wort sollte darüber hinaus – dem zeitgemäßen Nimbus der Wissenschaften entsprechend – einen wissenschaftlichen Klang erhalten. Aus diesem Grund war der aus der Philologie, seinerzeit eine der Leitwissenschaften, übernommene Wortstamm *semitisch* aufgegriffen worden. Dass zu den semitischen Sprachen neben dem Hebräischen etwa das Arabische, Syrische oder Aramäische gehören, führt immer wieder zu vermeintlich kritischen Einwänden gegenüber diesem Begriff. Entscheidend ist, dass das Adjektiv antisemitisch zunächst eine Selbstzuschreibung derjenigen war, die sich eindeutig und ausschließlich gegen Juden richteten und dass dieser Begriff von dessen Protagonisten allein in diesem Sinn gebraucht wurde.

Definition durch Umschreibungen mithilfe von synonymen Begriffen

– Neben sprachgeschichtlichen Herleitungen stehen Definitionsversuche, die den zu definierenden Begriff durch andere Termini zu umschreiben versuchen. Dieser Weg steht jedoch im Falle des Antisemitismus vor nicht unerheblichen Schwierigkeiten, da die zur Umschreibung herangezogenen Synonyme oftmals selbst erläuterungsbedürftig sind.

Definition als Feststellung von Bedeutungen

– Wieder andere Definitionen suchen die Bedeutungen, die ein Begriff besitzt, und die Verwendungen, die dieser findet, zu bestimmen oder festzustellen. Das Problem dieser Definitionsversuche besteht im vorliegenden Fall jedoch darin, dass der Antisemitismus kein monolithisches Phänomen oder keine homogene Erscheinung ist, sondern der Terminus in unterschiedlichen Kontexten und abweichenden Zusammenhängen anderes ausdrücken kann und verschieden verwendet wird.

Wer ist Jude?

Schließlich liegt eines der Probleme von Definitionsversuchen des Begriffs Antisemitismus darin zu bestimmen, wer gemeint ist, wenn im antisemitischen Diskurs von Juden die Rede ist. Der österreichische Antisemit Karl Lueger (1844–1910) etwa machte sich die Sache insofern einfach, als er meinte, „wer Jude ist, bestimme ich".

Antisemitismus als Omnibus-Begriff

Die Heterogenität und Unbestimmtheit dieses Begriffs war jedoch gerade einer der Gründe, warum er sich so rasch und durchschlagend verbreiten konnte. Der Historiker Salo W. Baron bezeichnete ihn daher in seiner Geschichte der Juden als „Omnibus-Begriff", der problemlos eine Vielzahl von Motiven und Impulsen aufnehmen konnte.

2. Antisemitismus und christlich-religiöse Judenfeindschaft

Ewiger Antisemitismus?

Ein zentrales Problem zahlreicher Definitionsversuche des Begriffs ist das unklare Verhältnis zwischen der traditionellen religiösen Judenfeindschaft und dem säkularen Antisemitismus. So auch bei dem wohl ambitioniertesten Definitionsversuch des Mediävisten Gavin I. Langmuir in seinem Band mit dem programmatischen Titel: *Toward a Definition of Antisemitism.* Darin untersucht Langmuir die Ausbreitung eines irrationalen Judenhasses in der christlichen Welt des mittelalterlichen Europa und definiert diesen als chimärischen Antisemitismus. Shulamit Volkov sprach daher in ihrem Eintrag zu der 2001 erschienenen *International Encyclopedia of Social and Behavioral Sciences* kritisch davon, dass der Begriff Antisemitismus die Diskussion über alle judenfeindlichen Haltungen und Maßnahmen in allen Zeitepochen und Regionen dominiere. Schon Hannah Arendt hatte jedoch in ihrer Studie über die „Elemente und Ursprünge totaler Herrschaft" die Theorie vom ewigen Antisemitismus als absurd bezeichnet und darauf beharrt, dass der Antisemitismus als profane Ideologie des 19. Jahrhunderts „dem Namen, wenn auch nicht den Argumenten nach vor 1870 unbekannt war" und dass er nicht mit dem religiösen Judenhass gleichgesetzt werden kann.

3. Antisemitismus und Rassismus

Zum Begriff Rasse

Eines der zentralen Probleme für eine Definition des Begriffs Antisemitismus ist daher die Frage, worin das Neue dieser Form von Judenfeindschaft lag. In der vorliegenden Literatur heißt es zumeist, das Neue des Antisemitismus habe darin bestanden, dass er rassistisch war. So einleuchtend diese Bestimmung aus der rückschauenden Sicht und in Anbetracht des rassistischen Wahns im nationalsozialistischen Antisemitismus zu sein scheint, aus der Perspektive zeitgenössischer Beobachter wie aus der Sicht der auf das 19. Jahrhundert konzentrierten historischen Forschung ist diese Bestimmung keineswegs hinreichend.

Rassistische und nichtrassistische Antisemiten

Denn das Wesentliche des Antisemitismus bestand zunächst nicht unbedingt in seiner rassistischen Ausprägung. Das Denken in der Kategorie Rasse und die Sprache des Rassismus waren nicht notwendigerweise antisemitisch, wie umgekehrt antisemitisches Denken nicht notwendigerweise rassistisch sein musste. Die ersten Protagonisten der neuen judenfeindlichen Sprache wie etwa Wilhelm Marr, Heinrich von Treitschke (1834–1896) oder Adolf Stoecker (1845–1909) haben den Begriff der Rasse kaum gebraucht beziehungsweise hatten keinen dezidierten Begriff von Rasse. Auch konnte sich der Antisemitismus bis hin zu einem Vernichtungswahn verschärfen, ohne die Juden als andere Rasse zu bestimmen, wie etwa das Beispiel des Orientalisten Paul de Lagarde (1827–1891) deutlich macht. Die Sprache des Rassismus ist vor allem von dem Philosophen Eugen Dühring (1833–1921) durch seine 1881 erschienenen Schrift *Die Judenfrage als Racen-, Sitten- und Culturfrage* in den antisemitischen Diskurs eingeführt worden. Die rassistische Rhetorik ist jedoch durchaus nicht von allen Antisemiten der Zeit geteilt worden.

Biologisch-naturwissenschaftliche und kulturhistorische Rassentheorien

Ferner bestanden in der Verwendung des Begriffs Rasse selbst unter den rassistischen Antisemiten erhebliche Unterschiede. So schwankte der Rassebegriff zwischen einem biologisch definierten Rassismus im Sinne von Dühring und einem kulturhistorischen Verständnis von Rasse, wie es vor allem Houston Stewart Chamberlain (1855–1927) geprägt hat.

Auch haben im letzten Drittel des 19. Jahrhunderts jüdische Intellektuelle von sich aus den Begriff der Rasse aufgegriffen und ihn positiv für die eigene Selbstzuschreibung gebraucht, wie etwa der jüdische Sozialwissenschaftler Arthur Ruppin in seiner 1931 publizierten *Soziologie der Juden*, für den die Religion nicht mehr als Grundlage des jüdische Selbstverständnisses hinreichend erschien.

Wieder von einer anderen Perspektive betrachtet, haben Sozialwissenschaftler in rassistischen Kategorien gedacht, die weit entfernt davon waren, antisemitisch zu sein. In der Kriminalbiologie ist die Kategorie Rasse gar von einem jüdischen Wissenschaftler, dem Italiener Cesare Lombroso (1834–1909), geprägt worden, der sich deutlich gegen den Antisemitismus ausgesprochen hatte.

Schließlich waren Vorformen von rassistischem Denken, protorassistische Theoreme, bereits im 18. Jahrhundert im antijüdischen Diskurs zu finden, und schon die Ausweisung der Juden aus Spanien im Jahr 1492 ist mit einem dem rassistischen Antisemitismus inhärenten Argument, Juden hätten ein anderes Blut, begründet worden, und selbst in der Zeit des Nationalsozialismus, als der Rassenantisemitismus zum dominierenden Konzept wurde, war der Rassebegriff keineswegs einheitlich oder gar eindeutig definiert.

4. Antisemitismus und jüdische Geschichte

Das Neue des Antisemitismus

Was den Antisemitismus von der überlieferten christlichen Judenfeindschaft vor allem unterscheidet, ist die Tatsache, dass er sich gegen ein grundlegend gewandeltes Judentum in einer veränderten Welt richtete. Die jüdische Bevölkerung war keine religiöse Randgruppe mehr in einer vom Religiösen bestimmten Welt, sondern sie war eine religiös besondere Gruppe im *Zentrum* der bürgerlichen Gesellschaft. Im 19. Jahrhundert rückten die Juden innerhalb von nur drei Generationen von einer an den Rand der ständischen Gesellschaft abgedrängten sozio-religiösen Minderheit in die gesellschaftliche Mitte auf. Sie bildete in ihrer überwiegenden Mehrheit einen sozial und wirtschaftlich ungemein erfolgreichen Teil der Bevölkerung, der sich gleichwohl durch seine religiösen Traditionen vom Rest der Gesellschaft unterschied.

Der Antisemitismus war gleichwohl kein Teil der jüdischen Geschichte, aber er betraf die Juden in ihrer Geschichte. Judenfeindschaft ist ein Problem der christlichen Gesellschaft, das zu einem Problem für die jüdische Bevölkerung wurde. Antisemitismus richtete sich einerseits gegen die neue Stellung der Juden in einer veränderten Welt, andererseits konstruierten sich Antisemiten ein Bild ‚vom Juden', das mit realen Juden nichts gemein hatte. „Der Antisemitismus ist das Gerücht über die Juden" (Theodor W. Adorno). Erst ein Blick auf die jüdische Geschichte jedoch kann die falschen Projektionen der Antisemiten freilegen.

Um den Antisemitismus zu begreifen, sind indes weniger die Kenntnisse über die Geschichte der Juden entscheidend, erforderlich ist vielmehr die Erkenntnis der Gesellschaft, aus der er hervorgegangen ist, und die Einsicht in den historischen Kontext seiner Entstehung.

5. Der historische Ort der Entstehung des Antisemitismus

Zu einer Bestimmung dessen, was unter Antisemitismus zu verstehen ist, ist somit der sozial-, wirtschafts-, mentalitäts- und politikgeschichtliche Ort seiner Entstehung im 19. Jahrhundert entscheidend. Dieser Ort ist vor allem durch *zehn* fundamentale gesellschaftliche Umwälzungen geprägt.

Industrialisierung

– Ausschlaggebend für die Entstehung des Antisemitismus war erstens die Industrialisierung und die damit einhergehende tiefgreifende Umwälzung von der agrarischen und handwerklichen Produktion zur industriellen Massenproduktion, eine Entwicklung, die wiederum verbunden war mit einem Zusammenprall der Mentalität der überlieferten vorindustriellen Subsistenzwirtschaft einschließlich der Normen der ***moral economy*** mit den Anforderungen, die die kapitalistische Marktwirtschaft stellte.

E

moral economy
Vom englischen Sozialhistoriker Edward P. Thompson geprägter Begriff, um die moralischen Haltungen und wirtschaftlichen Einstellung der Menschen in der vorindustriellen Welt zu bestimmen, in der nicht für den Markt oder den Profit, sondern für die unmittelbare Befriedigung der Bedürfnisse und die Erfüllung sozialer Pflichten produziert wurde. Diese auch als Subsistenzwirtschaft definierte Wirtschaftsform zielte auf den Lebensunterhalt der Familien und die Aufrechterhaltung der dem eigenen Stand als angemessen angesehenen Ansprüche.

Nicht wenige Zeitgenossen fühlten sich angesichts der neuen Anforderungen überfordert. Den Juden wurde im antisemitischen Diskurs daher die Schuld an allen sozialen Erschütterungen und alltagsgeschichtlichen Verunsicherungen, die mit diesem Prozess verbunden waren, zugeschrieben. Sie wurden nicht nur als „Repräsentanten des Kapitals" betrachtet, sondern geradezu als „Personifikationen" der unfassbaren und zerstörerischen Macht des Kapitals (Moishe Postone).

Kommerzialisierung

– Der Wandel, der mit der Industrialisierung verbunden war, erstreckte sich gleichzeitig auf die Sphäre des Konsums, so dass das 19. Jahrhundert zweitens von einem Prozess der Kommerzialisierung geprägt war, der zur Entstehung der Konsumgesellschaft führte. Damit aber erhielt der Handel, der abgesehen vom Fernhandel und vom Handel mit Luxusgütern in der vorindustriellen Welt von geringerem Gewicht gewesen war und dem teilweise das Stigma der Unehrlichkeit anhaftete, zentrale Bedeutung. Es handelte sich um jenen Sektor, in den die jüdische Bevölkerung gerade wegen dieser negativen Zuschreibungen abgedrängt worden war. In diesem historischen Moment schlug die wirtschaftliche Ausgrenzung der Juden in einen Startvorteil in der entstehenden Konsumgesellschaft um. Der Antisemitismus richtete sich somit gegen die Kommerzialisierung des Alltagslebens und zugleich gegen den wirtschaftlichen Erfolg der Juden in dieser spezifischen wirtschaftshistorischen Situation.

Urbanisierung

– Als dritte fundamentale Umwälzung, unmittelbar aus den genannten Prozessen hervorgehend, war das 19. Jahrhundert von einem Prozess der Urbanisierung gekennzeichnet. Dieser führte sowohl zu einem rapiden Wachstum der Städte als auch zur Auflösung der alten stadtbürgerlichen Lebenswelten und der überlieferten bäuerlichen Ordnung. Juden galten im antisemitischen Diskurs nicht nur als Protagonisten der Urbanisierung, sondern es wurde ihnen vor allem die Schuld am angeblichen moralischen Verfall in den Städten und an allen verbundenen sozialen Problemen zugeschrieben.

Verbürgerlichung

– Diesem Prozess der Urbanisierung korrelierte im Inneren der Städte viertens der Prozess der Verbürgerlichung, also die Entstehung und Herausbildung eines neuen Bürgertums als zwar kleiner, aber doch die politische und gesellschaftliche Entwicklung dominierender sozialer Klasse. Da die jüdische Bevölkerung in weiten Teilen des Deutschen Reiches, im deutschsprachigen Österreich und in den Schweizer Städten einen deutlichen sozialen Aufstieg erfahren hatte und soziologisch in das Bürgertum hineinwuchs, spielte der Sozialneid kleinbürgerlicher Kreise eine zentrale Rolle bei der Herausbildung der neuen Judenfeindschaft.

Verwissenschaftlichung

– Fünftens war das 19. Jahrhundert von einem Prozess der Verwissenschaftlichung geprägt, der dazu führte, dass das Alltagsleben immer stärker von den Wissenschaften abhängig und Bildung zu einem zentralen Faktor des sozialen Aufstiegs wurde. Darüber hinaus genossen die Wissenschaften ein hohes gesellschaftliches Prestige. Maßgebliche Initiatoren der antisemitischen Bewegung kamen aus dem Bildungsbürgertum. Ihre Aversionen richteten sich ganz besonders gegen das jüdische Bürgertum, das seinen sozialen Aufstieg nicht zuletzt dem symbolischen Kapital der Bildung verdankte. Zu den aktivsten Protagonisten des Antisemitismus zählten Studenten, und diese richteten sich nicht zuletzt gegen die große Zahl von jüdischen Studenten als Konkurrenten auf dem überfüllten akademischen Arbeitsmarkt.

Politisierung

– Entscheidend dafür, dass sich der Antisemitismus als politische Bewegung herausbilden konnte, war sechstens die mit der Französischen Revolution einsetzende und sich im letzten Drittel des 19. Jahrhunderts verstärkende Politisierung der Gesellschaft. Diese führte dazu, dass immer weitere Teile der Gesellschaft in die Politik einbezogen wurden. Es bildete sich eine politische Öffentlichkeit heraus, in der Tageszeitungen zu zentralen Medien der politischen Meinungsbildung wurden. In diesem Prozess spaltete sich die Gesellschaft in verschiedene politische Lager auf, wobei in allen drei Ländern ein konservatives, liberales und sozialistisches Milieu auszumachen ist, zu denen im Deutschen Kaiserreich noch das katholische als eigenes Sozialmilieu hinzukam. Antisemiten machten den Juden zum Vorwurf, die Macht über die Medien auszuüben und die öffentliche Meinung zu beherrschen sowie für die Spaltung der Gesellschaft verantwortlich zu sein. Die antisemitische Bewegung richtete sich mit ihrem Kampf gegen die Juden zugleich gegen jene Kräfte, die in erster Linie für diese Politisierung standen, Liberalismus und Sozialdemokratie.

Konstitutionalisierung

– Siebtens lag der Entstehung des Antisemitismus der Prozess der Konstitutionalisierung zugrunde, jene Entwicklung, durch die nicht nur die Macht immer stärker von Verfassungen begrenzt wurde, sondern in dessen Zuge sich das neue Prinzip der Staatsbürgerschaft im Unterschied zu den traditionellen Untertanenverhältnissen herausbildete. Ausdruck dieses Prozesses war zudem die Durchsetzung der Gleichheit aller Menschen vor dem Gesetz, was die Emanzipation der Juden einschloss. Zu einer der Hauptforderungen des Antisemitismus gehörte daher die Abschaffung des Grundsatzes der bürgerlichen und politischen Gleichberechtigung der Juden.

Frauenbewegung

– Achtens setzte gleichzeitig mit dem Prozess der Emanzipation der Juden ein weiterer Emanzipationsprozess ein, derjenige der Frauen. Damit begannen sich die überlieferten Geschlechterrollen umzuwälzen und die traditionellen Familienbeziehungen zu verändern. Initiiert und getragen wurde die beginnende Emanzipation der Frauen von der Frauenbewegung, in der zahlreiche Jüdinnen aktiv waren. Von antisemitischer Seite ist die tendenzielle Auflösung der alten Geschlechterrollen als Bedrohung der alten Ordnung empfunden worden, wobei Antisemiten nicht zuletzt aufgrund der starken Partizipation von Jüdinnen in der Frauenbewegung in ihren Aversionen gegen dieselbe sich bestätigt sahen.

Säkularisierung

– Hintergrund der Herausbildung des Antisemitismus war neuntens der Prozess der Säkularisierung, jener Prozess, in dem sich immer weitere Teile der Lebenswelt von den Vorgaben der Kirche lösten. Es kam zu einer Entkoppelung von Wirtschaft und Religion, und der Glaube konnte nicht mehr zur Begründung politischer und wirtschaftlicher Entscheidungen dienen. Säkularisierung bedeutet indes nicht, dass die Kirche keinerlei Einfluss mehr auf die Gesellschaft hatte und die Bedeutung der Religion verschwinden würde. Die Religion entwickelte sich vielmehr zu einem eigenen System innerhalb der Gesellschaft, während sie zuvor integrative Kraft eines dezidiert von der Religion zusammengehaltenen Systems war. Mit der Auflösung desselben hatten die Juden, die zuvor im Abseits der Gesellschaft standen, erstmals die Möglichkeit in die anderen, sich nunmehr ausdifferenzierenden Bereiche wie Wirtschaft, Kultur oder Bildung einzutreten, eine Entwicklung, gegen die sich die antisemitische Bewegung zuvorderst richtete.

Nationalisierung

– Zehntens war der historische Ort, an dem der Antisemitismus entstand, von dem Prozess der Nationalisierung geprägt. Vor allem in den letzten drei Jahrzehnten des 19. Jahrhunderts verstärkte sich die nationalistische Durchdringung der Gesellschaft, und die Gegenwart wurde immer stärker vom Prinzip des Nationalen aus gedeutet, eine Entwicklung, die im betrachteten Raum stärker in Deutschland zu beobachten ist. Sie führte dazu, dass im nationalistischen Diskurs Juden als Fremde betrachtet und aus der Nation ausgeschlossen wurden. Aufgrund der spezifischen Situation der Habsburgermonarchie waren die Prozesse der Nationalisierung hier vor allem in deren nicht-deutschsprachigen Landesteilen virulent, und in der Schweiz wiederum hatte der Nationalismus als Ausgrenzungsmotiv nicht zuletzt aufgrund der besonderen Situation der kantonalen Schweiz geringere Bedeutung.

6. Zum Begriff Antisemitismus

Antisemitismus als Anti-Haltung

Im Lichte dieser zehn grundlegenden gesellschaftlichen Umwälzungen des 19. Jahrhunderts kann der Antisemitismus als eine grundlegende Anti-Haltung definiert werden, die sich gegen die gesellschaftlichen Modernisierungsprozesse sträubte, den Juden die Schuld daran gab und sie für die Misere der Gegenwart verantwortlich machte. Der Antisemitismus trat somit als Antiliberalismus, Antiparlamentarismus, Antikapitalismus, Antisozialismus, Antiurbanismus und Antifeminismus auf. Er war zugleich Ausdruck der kulturellen Krise und der zivilisationskritischen Haltungen am Ende des 19. Jahrhunderts und er gerierte sich in Teilen als eine Protestbewegung gegen die bürgerliche Ordnung.

Antisemitismus als Sprechakt

Im Antisemitismus verbanden sich affektive mit weltanschaulichen Motiven, er war zugleich eine Haltung und eine Einstellung. Der Antisemitismus ist nicht nur als eine Ideologie zu fassen, sondern zugleich als eine Leidenschaft, nach Jean Paul Sartre (1905–1980) nicht nur als „pensée", sondern auch als „passion". Er äußerte sich in einer spezifischen Sprache und in konkreten Sprechakten ebenso wie in der sozialen Praxis und in performativen Akten, er kam in offenen Handlungen ebenso zum Ausdruck wie in unausgesprochenen Vorbehalten. Im Mittelpunkt stand der Kampf gegen die Emanzipation der Juden und ihre Integration in die Gesellschaft, und er verdichtete alle Unterstellungen und Gerüchte zum Wahnbild einer allumfassenden Verschwörung.

Tradition als Legitimation

Zur Legitimation der eigenen Haltungen und Einstellungen bedienten sich die Wortführer des Antisemitismus aus dem Repertoire der überlieferten christlich-religiösen Judenfeindschaft. Der traditionelle Antijudaismus diente der antisemitischen Bewegung gleichsam als kultureller Rückhalt. Sie holte sich aus diesem eine Bestätigung für ihre Aversionen und Idiosynkrasien.

II. Die Vorgeschichte: Der christliche Antijudaismus

Die Vorgeschichte

Judenfeindschaft hat eine lange Geschichte in Europa, sie geht zurück auf den vorchristlichen Antijudaismus sowie die Anfänge des Christentums. Der Konflikt zwischen den Anhängern von Jesus und den Juden begann zunächst als ein innerjüdischer Streit. Die missionarischen Anhänger von Jesus warfen den zeitgenössischen Juden Selbstgerechtigkeit vor und beschuldigten sie, eine Frömmigkeitsform zu praktizieren, die lediglich in veräußerlichten Handlungen bestehe und ohne innere Anteilnahme vollzogen würde. Doch tauchten bereits in den Evangelien Passagen auf, in denen nicht nur einzelne Gruppen innerhalb des Judentums, sondern die Juden insgesamt verurteilt und verdammt wurden.

1. Christliche Judenfeindschaft in der Antike

Das frühe Christentum knüpfte an die jüdische religiöse Überlieferung und die Heiligen Schriften des Judentums an und schöpfte aus diesen Quellen die Legitimation für ihren neuen Glauben. Es verwarf jedoch bald ihre eigene Ursprungsreligion, die in ihren Augen fortan jede Existenzberechtigung verloren hatte und in ihrer neuen Religion aufgehoben sei. Die Christen bezogen die positiven Vorhersagen der biblischen Geschichte auf sich selbst und sprachen den Juden jede Zukunft ab. Gott werde sie vielmehr für die Missachtung des verheißenen und mit Jesus in die Welt gekommenen Messias bestrafen.

Innerjüdische Konflikte und die Herausbildung des christlichen Antijudaismus

Die Spannungen zwischen Juden und Christen hatten zunächst noch den Charakter eines innerjüdischen Konfliktes. Mit dem Apostel Paulus, der noch eine jüdisch-theologische Ausbildung erhalten hatte, begann der Streit diese Züge zu verlieren. Neben den Christen, denen als einstigen Juden die jüdische Tradition noch vertraut war, traten zudem neubekehrte Heidenchristen, denen der jüdisch religiöse Hintergrund fremd war. Insgesamt zeichnete sich der antike christliche Antijudaismus durch fünf Merkmale aus:

Vorwurf der Missachtung des Messias und der Verstocktheit

– Er bestand erstens in dem Vorwurf, dass Juden den nach christlichem Glauben von Gott gesandten Jesus Christus nicht als den prophezeiten Messias anerkannten. Daher wurden ihnen, so einer der zentrale Topoi der christlichen Tradition, Blindheit und Verstocktheit, also die vorsätzliche Ablehnung des Evangeliums, vorgeworfen.

Vorwurf der Veräußerlichung des Glaubens

– Christen griffen zweitens die Kritik von Jesus an der Veräußerlichung des jüdischen Glaubens auf und beriefen sich in ihren Anklagen gegen das zeitgenössische Judentum auf die Beschuldigungen der Propheten gegen abtrünnige Juden. So sahen sich Christen in ihren Aversionen durch die schon in der Bibel prophezeite Verwerfung der Juden legitimiert.

Vorwurf des Gottesmordes

– Im Mittelpunkt der christlichen Feindseligkeit gegen die Juden stand drittens der Vorwurf, für den Tod von Jesus Christus verantwortlich zu sein. Die Juden wurden daher in der christlichen Überlieferung als Gottesmörder gebrandmarkt.

Das Motiv des Blutes

– Folgenreich an den Anschuldigungen war viertens, dass in diesem Kontext jenes Motiv auftauchte, das eine tiefe Spur in die Geschichte der Beziehungen von Juden und Christen schlagen sollte: das Blut. „Sein Blut komme über uns und unsere Kinder." (Matthäus 27, 25)

Distanzierung der Christen von der jüdischen Tradition

– Um die Differenz zwischen Christen und Juden zu betonen und die Abgrenzung der beiden Religionen festzuschreiben, war es fünftens notwendig, dass Christen sich unmissverständlich von den jüdischen Riten, Traditionen und Festen distanzierten.

2. Christentum als Staatsreligion

Nachdem 381 in Rom das katholische Christentum zur Staatsreligion erklärt worden war, waren die Beziehungen von Juden und Christen ferner mit Fragen weltlicher Macht verknüpft.

Adversus Iudaeos

Johannes Chrysostomus (345–407) aus Antiochien, seit 398 Erzbischof von Konstantinopel, hat in seinen Predigten alle bisher vorgebrachten Anschuldigungen und Vorwürfe gesammelt und zusammengefasst, und mit seiner Schrift *Gegen die Juden* ein Kompendium der Judenfeindschaft vorgelegt, aus dem der Antijudaismus über Jahrhunderte immer wieder schöpfen konnte. Der Kirchenvater Augustinus (354–430), der seinerseits eine Schrift mit dem Titel *Adversus Iudaeos* verfasst hatte, griff gleichfalls die überlieferten Anschuldigungen auf und sah in den Juden die Mörder Christi. Da die Juden Jesus nicht als den verheißenen Messias anerkannten, hätten sie den Status als Träger des Bundes mit Gott verloren. Die Kirche sei zum wahren Israel geworden. Solange die Juden nicht konvertierten, blieben sie Feinde des Christentums. Augustin erweiterte das überlieferte Arsenal der Judenfeindschaft durch das Argument, dass die Existenz der Juden und ihre Zerstreuung in der Welt ein Beweis für die Wahrheit der christlichen Religion seien. Sie müssten für immer in Knechtschaft unter den Christen leben und diesen zur Mahnung dienen.

3. Die Christianisierung Europas und neue Motive der Judenfeindschaft

Neue Vorwürfe aus dem christianisierten Zentraleuropa

Mit der Christianisierung Zentraleuropas verbreiteten sich diese bisher in den mediterranen Teilen des ehemaligen Römischen Reiches formulierten und propagierten Anschuldigungen gegen die Juden jenseits der Alpen und drangen in jene Räume ein, in denen sich im 10. Jahrhundert unter der Dynastie der Ottonen das ‚Sacrum Imperium', das spätere Heilige Römische Reich deutscher Nation, konstituierte. Neben den in den Evangelien überlieferten Aspekten des christlichen Antijudaismus bildeten sich in den kommenden Jahrhunderten sechs neue Motive religiös bestimmter Judenfeindschaft heraus, die mit neuen innerchristlichen theologischen Kontroversen respektive dogmatischen Festsetzungen zusammenhingen.

Der Wuchervorwurf

– Indirekte Bezüge zur antiken christlichen Judenfeindschaft hatte vor allem jene Klage, die im 19. Jahrhundert im säkularen Judenfeindschaft in den Mittelpunkt der Anschuldigen gegen Juden rücken sollte: der Wuchervorwurf. Mit dem im 12. Jahrhundert einsetzenden Bevölkerungswachstum und der daraus resultierenden Gründung neuer Städte kam es zur Entwicklung des Fernhandels und damit zur Verbreitung der Geldwirtschaft. Damit entstanden Bank- und Kredithäuser, deren Schwerpunkt in Oberitalien lag und die sich in weiteren Teilen des Reiches ebenfalls etablierten. Da die Juden Zentraleuropas sowohl aus der christlich-rituell eingebundenen Agrarwirtschaft wie aus dem ebenfalls religiös-korporativ verfassten Handwerk ausgeschlossen worden waren, blieb ihnen als Existenzgrundlage allein die Spezialisierung auf den zuvor am Rande der Ökonomie stehenden Handel, und sie waren es, die aufgrund ihre europaweiten Kontakte Kredite garantieren konnten. Nachdem Juden so in den von der Kirche verpönten Geldhandel abgedrängt worden waren, wurde ihnen nun im Kontext der wirtschaftlichen Veränderungen im hochmittelalterlichen Europa der erbitterte Vorwurf gemacht, Händler und Wucherer zu sein. Wohl kaum ein Motiv stellte eine so enge kulturelle Brücke zwischen der traditionellen religiösen Judenfeindschaft und dem säkularen Antisemitismus dar wie dieser Wuchervorwurf.

Der Ritualmordvorwurf

– Ein neues Motiv religiös bestimmter Judenfeindschaft, das mit innerchristlichen theologischen Kontroversen oder neuen dogmatischen Festschreibungen zusammenhing, war der Ritualmord-Vorwurf. Als christlich-häretische Bewegungen die Einheit des Christentums in Frage stellten, reagierte die Kirche mit großer Härte auf diese Herausforderungen und ging dabei ebenfalls gegen Juden vor. Von besonderer Bedeutung für die Beziehungen von Christen und Juden war dabei, dass die Kirche in diesem Kontext die Transsubstantiationslehre als Dogma festgeschrieben hatte.

In dem historischen Moment, in dem sich die Überzeugung durchgesetzt hatte, dass beim Abendmahl real das Blut Jesu getrunken wurde, kam es zu einem Prozess der Übertragung, und Juden wurden nun beschuldigt, ihrerseits Blut für religiöse Zwecke zu gebrauchen; und dies, obgleich in der jüdischen Tradition Blut tabu und selbst der Verzehr von Fleisch nur dann gestattet war, wenn durch die spezielle Art des Schlachtens sichergestellt werden konnte, dass alles Blut aus dem toten Körper des Tieres entwichen ist.

Auf der Grundlage dieser unheilvollen Übertragung entwickelte sich in der christlichen Welt die Legende vom Ritualmord, derzufolge Juden christliche Knaben töteten, um deren Blut für rituelle Zwecke zu gebrauchen. Erstmals im Jahr 1144 im englischen Norwich dokumentiert, tauchten diese Gerüchte im 13. Jahrhundert in mehreren Orten Zentraleuropas auf. Ihren Höhepunkt fanden die Ritualmordlegenden im Jahr 1475 in dem Trienter Ritualmordprozess, in dem diese Beschuldigungen zusammengefasst und vereinheitlicht wurden.

Der Vorwurf der Hostienschändun

– Zu den Ritualmordlegenden gesellte sich der ebenfalls im Zusammenhang mit der Transsubstantiationslehre stehende und aus demselben Übertragungsphänomen hervorgegangene Vorwurf der Hostienschändung. Juden würden, so hieß es, geweihte Hostien schänden oder gar mit einem Messer durchstechen und damit Jesus noch einmal töten.

Vorwurf der Brunnenvergiftung

– Zu diesen neuen Motiven religiöser Judenfeindschaft kam im Zuge der Großen Pest in der Mitte des 14. Jahrhunderts die Beschuldigung der Brunnenvergiftung. Die Juden wurden für den Ausbruch der Seuche verantwortlich gemacht, ein Vorwurf, der sich rasch in Zentraleuropa verbreitete und zahllose Verfolgungen und eine Welle von Gewalt gegen Juden insbesondere in Deutschland und der Schweiz auslöste.

Vorwurf der Weltverschwörung

– Ein weiteres Motiv kirchlicher Judenfeindschaft, das im 12. Jahrhundert aufkam, war der Vorwurf der Weltverschwörung, die Behauptung, hochrangige Vertreter der jüdischen Gemeinden der ganzen Welt würden sich regelmäßig an geheimem Ort treffen, um Christus zu verhöhnen und zu verspotten und die Herrschaft über die gesamte Erde zu erlangen. Dieses Motiv sollte ebenfalls in die im 19. Jahrhundert entstandene säkulare Judenfeindschaft eingehen und eine folgenreiche Wirkungsgeschichte haben.

Verdammung des Talmud

– Schließlich fügte sich diesen neuen Motiven religiöser Judenfeindschaft im 13. Jahrhundert ein weiteres Thema an, das nicht zuletzt von konvertierten Juden und damit um so verbisseneren Predigern propagiert wurde, der Verruf des Talmud, jener Sammlung von Schriften über die jüdische Kultur und Lebensweise, die neben der Bibel zur wichtigsten religiösen Quelle des Judentums wurde. Durch gefälschte Zitate und willkürliche Kompilationen versuchten die theologischen Widersacher der Juden, die jüdische Religion zu verunglimpfen und den Talmud zu verdammen. Folge war, dass es in zahlreichen Städten des Reiches zu Talmudverbrennungen kam.

Damit hatte sich im christlich-mittelalterlichen Zentraleuropa ein Konglomerat religiöser Judenfeindschaft herausgebildet, das sich aus Motiven des antiken christlichen Antijudaismus sowie aus jenen Vorwürfen speiste, die aus den sozialökonomischen und religiös-kulturellen Veränderungen der christlich-mittelalterlichen Gesellschaft hervorgingen. Je nach Kontext und historischen Umständen nahm die religiöse Judenfeindschaft unterschiedliche Formen an und wurde von verschiedenen Akteuren getragen. Vorwürfe wurden in Predigten formuliert, die die christlichen Geistlichen vor ihren Gemeinden hielten oder denen sich Juden unterziehen mussten, um sie zum Christentum zu bekehren. Judenfeindschaft artikulierte sich auch in Form von Beschuldigungen, Beleidigungen und Beschimpfungen von Seiten der unmittelbaren Nachbarn und es kam zu gewalttätigen Übergriffen auf einzelne Juden und jüdische Gemeinden. Diese brachen insbesondere dann aus, wenn sich innerhalb der katholischen Kirche religiöse Konflikte anbahnten und abweichende Frömmigkeitsformen auftauchten oder wenn es zu generellen gesellschaftlichen Konflikten kam. Diese Gewalt konnte auch die Form öffentlicher Hinrichtungen annehmen, die vor allem von städtischen Obrigkeiten oder Territorialfürsten inszeniert wurden und zumeist mit Geld- und Kreditgeschäften zusammenhingen. Schließlich kam es vom 14. bis zum 16. Jahrhundert zu Vertreibungen der jüdischen Bevölkerung aus einzelnen Städten oder Territorien des Heiligen Römischen Reiches.

Die Akteure all dieser Formen von Erniedrigungen, Beleidigungen, Verfolgungen und Ermordungen kamen aus den verschiedensten Ständen, angefangen von der bäuerlichen Bevölkerung über die städtischen Obrigkeiten bis zu verschiedenen Teilen des Klerus, einzelnen Bischöfen oder verschiedenen Mönchsorden etwa.

4. Judenfeindschaft und Reformation

Religiöse Verunsicherungen

Insbesondere waren es Zeiten religiöser Verunsicherungen, in denen die Verfolgung abweichender Frömmigkeitsformen zu Angriffen auf Juden führte. Hervorgetan haben sich hierbei vor allem die Bettelorden der Franziskaner und Dominikaner mit ihren hasserfüllten Predigten. Im Zeitalter des Humanismus aber trat mit Johannes Reuchlin (1455–1522) ein christlicher Verteidiger der Juden auf, der die religiösen Traditionen des Judentums und den Talmud gegen Verleumdungen und Verunglimpfungen christlicher Theologen in Schutz nahm. Mit dem Humanismus mochte es für einen kurzen historischen Augenblick so scheinen, als wenn der überlieferte Antijudaismus überwunden werden könne. Mögen die zentraleuropäischen Juden im Zusammenhang mit der innerkirchlichen Reformbewegung somit gehofft haben, dass die christlichen Kirchen die jüdische Religion anerkennen würden, so sahen sie sich darin sehr bald getäuscht. Martin Luther (1483–1546) trat zunächst ebenfalls für eine Abkehr von den Verfolgungen und Drangsalierungen der Juden ein und widersprach den Vorwürfen der Brunnenvergiftung und des Ritualmordes. Gleichzeitig aber hoffte er, sein Kampf gegen das Papsttum und sein Eintreten für eine Erneuerung der Kirche würde dazu führen, dass die Juden nun umso bereitwilliger und zahlreicher konvertieren und zu seiner neuen Gemeinschaft übertreten würden. Als sich diese Annahme nicht erfüllte, nahm Luther eine umso unnachgiebigere und erbittertere Haltung gegen die Juden ein. 1543 etwa publizierte er die Schrift *Von den Juden und ihren Lügen*, in denen er in rigider Form und polemischer Schärfe die Juden angriff und jene Motive der religiös motivierten mittelalterlichen Judenfeindschaft wieder aufgriff, die er zuvor noch zurückgewiesen hatte.

Verteidigung der Juden durch Humanisten

Luthers antijüdische Wende

Reformierte Judenfeindschaft

Der Schweizer Reformator Ulrich Zwingli (1484–1531) hielt im Unterschied zu einigen seiner humanistischen Weggefährten an den überlieferten Motiven der christlichen Judenfeindschaft fest, formulierte seine Abneigung aber nicht mit so harten und unnachgiebigen Worten wie Luther in seinen späteren Schriften. Die 1424 und 1436 verfügten Ausweisungen der Juden aus Zürich stellte Zwingli nicht in Frage, und der Genfer Kirchenreformer Johannes Calvin (1509–1564) hielt ebenfalls an der Vertreibung der Genfer Juden von 1490 fest. Calvin griff sogar auf die antijüdischen Polemiken zurück, um seine eigenen theologischen Vorstellungen zu untermauern.

5. Konfessionalisierung der christlichen Judenfeindschaft

Lösten sich im mittelalterlichen Europa immer wieder Phasen intensiverer religiöser Anschuldigungen und Phasen geringeren Antijudaismus miteinander ab, so sind in den verschiedenen Regionen des zentraleuropäischen Raumes wesentliche theologische Differenzen kaum auszumachen. Vielmehr zeichneten sich die verschiedenen Teile Zentraleuropas durch eine weitgehende Homogenität und Gleichförmigkeit christlich-religiöser Judenfeindschaft aus.

Judenfeindschaft in den christlichen Konfessionen

Mit der Reformation und den Erfolgen der Gegenreformation sowie der konfessionellen Aufspaltung Europas im 17. Jahrhundert differenzierte sich das Bild, so dass sich nun feine Unterschiede zwischen den katholischen, protestantischen und reformierten Formen christlicher Judenfeindschaft zeigten. Sie schöpften in unterschiedlicher Weise aus dem traditionellen Reservoir der religiösen Judenfeindschaft, zielten auf die Bekehrung der Juden.

Dies war zugleich die zentrale Intention der in der zweiten Hälfte des 17. Jahrhunderts innerhalb des Protestantismus sich herausbildenden neuen Frömmigkeitsbewegung des Pietismus, und dies, obgleich in ihm eine duldsamere Haltung und eine gewisse Achtung gegenüber den Juden sich abzeichnete. So trat Philipp Jakob Spener (1635–1705) bei allem Festhalten an dem Primat der Bekehrung zugleich für die gesellschaftliche Anerkennung der Juden, die Aufhebung ihrer beruflichen Ausschließung sowie die Billigung der jüdischen Gewohnheiten, Feste und Riten ein.

Nach dem unermesslichen Leid und den traumatischen Erfahrungen der Religionskriege erschien der unbedingte Geltungsanspruch einer Konfession und Religion immer weniger haltbar. Die tendenzielle Abnahme religiöser Unduldsamkeit führte aber nicht dazu, dass der überlieferte christliche Antijudaismus überwunden wurde. Im Gegenteil sammelte der reformierte Theologe Johann Andreas Eisenmenger (1654–1704) zwanzig Jahre lang systematisch alle überlieferten christlichen Voreingenommenheiten und religiösen Vorurteile gegen die Juden. Er veröffentlichte seine Ergebnisse im Jahr 1700 unter dem Titel *Entdecktes Judentum*, dessen Verbreitung noch im selben Jahr vom Kaiser des Heiligen Römischen Reiches wegen seines gefährlichen und zum Religionshass aufstachelnden Inhalts verboten wurde.

Judenfeindschaft im Zeitalter der Aufklärung

In ähnlicher Weise hatte im Zeitalter der Aufklärung Papst Pius VI. mit dem 1775 veröffentlichten Edikt über die Juden, *Editto sopra gli ebrei*, alle bisher von der katholischen Kirche erlassenen Diskriminierungen, Drangsalierungen und Stigmatisierungen noch einmal in scharfer Form zusammengestellt und erneuert. Obgleich die Bestimmungen dieses Dekretes unmittelbar nur im Kirchenstaat galten, prägte die Haltungen des Vatikans mittelbar die Einstellungen der katholischen Kirche in Zentraleuropa.

Eine subtilere Haltung nahmen protestantische Geistliche im Zeitalter der Aufklärung gegenüber dem Judentum ein. Während weite Teile des katholischen Klerus ihre Aversionen gegen das Judentum mit ihrem Kampf gegen die Aufklärung verknüpften, beriefen sich zahlreiche protestantische Geistliche in ihren Vorwürfen gegen das Judentum gerade auf die Aufklärung. Sie wiesen das Judentum als eine im Gegensatz zum Christentum nicht mit der Vernunft in Einklang zu bringende Religion zurück.

Was die unterschiedliche Haltung der verschiedenen christlichen Konfessionen und Glaubensgemeinschaften hinsichtlich der Juden verband, war das unbedingte Festhalten an dem Grundsatz der Bekehrung.

6. Die Brücke zum Antisemitismus

Neue Talmudverdammung

Nachdem Eisenmenger im Jahr 1700 das gesamte Repertoire des überlieferten religiös motivierten Antijudaismus noch einmal zusammengestellt hatte, fungierte seine Schrift im 19. Jahrhundert als kulturelle Brücke zum Antisemitismus. Vor allem der katholische Theologe August Rohling (1839–1931) lieferte der neuen antisemitischen Bewegung auf der Grundlage von Eisenmengers Schrift jene Legitimation, die sie für ihre judenfeindlichen Ressentiments brauchte. Er stellte ein weiteres Mal das gesamte Repertoire der überlieferten christlich-religiösen Judenfeindschaft zusammen und publizierte sein Ergebnis 1871 in der antisemitischen Streitschrift *Der Talmudjude*. Der westfälische Bonifatius-Verein verteilte dreißigtausend Exemplare in den katholischen Gemeinden, und in den darauf folgenden Jahren erschienen mehrere Auflagen. Insbesondere mit der 1877 vorgelegten sechsten Auflage des *Talmudjuden* begann eine fulminante Wirkungsgeschichte der antijüdischen Auslassungen von Rohling, die nun unmittelbar in die antisemitische Bewegung eingingen. Somit konnte es im Kontext des entstehenden Antisemitismus zu einem Prozess kultureller Aneignung kommen, vergleichbar jenen Entwicklungen, die in anderen Zusammenhängen als „Erfindung einer Tradition" beschrieben worden sind.

Die Aneignung der Tradition von Judenfeindschaft

III. Judenfeindschaft im Zeitalter der Emanzipation (1781–1878)

1. Gesellschaftlicher Umbruch und kulturelle Neubestimmung

Juden im Übergang von der ständischen zur bürgerlichen Gesellschaft

Über Jahrhunderte hinweg standen Juden im Abseits der ständischen Ordnung, sie waren in der kulturell eingebundenen und von der Religion bestimmten Gesellschaft Alteuropas eine missachtete und ausgegrenzte Randgruppe. Mit den katastrophalen Erfahrungen der konfessionellen Bürgerkriege des 17. Jahrhunderts wurden nicht nur die religiös-kulturellen Bande, die die alteuropäische Sozialordnung zusammengehalten hatten, brüchig, sondern auch der unbedingte und alleinige Geltungsanspruch einer Religion fragwürdig. Gleichzeitig begann sich das überlieferte, auf Tradition und Herkommen beruhende und durch kulturelle Praktiken aufrechterhaltene Wirtschaftsgefüge aufzulösen, um den am Gewinn orientierten und für den Markt produzierendem Gewerbe Platz zu machen. In dem gleichzeitig sich vollziehenden Übergang von der ständisch-korporativen zur bürgerlichen Gesellschaft formierte sich in den Städten des alten Reiches sowie der Eidgenossenschaft eine neue bürgerliche Klasse, die sich in Teilen die Ideen der Aufklärung zu eigen machte und die Grundlage des gesellschaftlichen Zusammenlebens jenseits der alten, kirchlich dominierten Ordnung neu reflektierte. Damit wurde auch eine Auseinandersetzung über die Stellung der Juden in der Gesellschaft notwendig. Das Zeitalter der Emanzipation ist somit in erster Linie vom Kampf um Anerkennung und um die politisch-kulturelle Hegemonie geprägt. Ausgangspunkt der neu auszuhandelnden Formen der sozialen Beziehungen von Juden und Nichtjuden war das Prinzip der religiösen Toleranz. Geführt wurde diese Debatte in den Zeitschriften der Aufklärungsbewegung, in Berlin etwa in der *Berlinischen Monatsschrift* oder in Basel in den von dem reformierten Aufklärer Isaak Iselin herausgegebenen *Ephemeriden der Menschheit*, während sie in Wien vor allem in einer Vielzahl von kleinen Schriften und Broschüren zum Ausdruck kam.

Die Lavater-Affäre

In den verschiedenen Staaten des Reiches wie in der Eidgenossenschaft äußerte sich jedoch auch Widerstand gegen die Anerkennung des Judentums und gegen die Aufnahme der Juden in die bürgerliche Gesellschaft. Zuvörderst kam dieser aus dem Kreis wissenschaftlich gebildeter Theologen. In der Schweiz etwa formulierte der Pfarrer der Zürcher evangelischen Kirchengemeinde Johann Caspar Lavater (1741–1801) das Überlegenheitsgefühl der christlichen Theologie gegenüber dem Judentum, als er Moses Mendelssohn ultimativ aufforderte, die Wahrheit des Judentums wissenschaftlich zu beweisen oder aber zum Christentum überzutreten. In Göttingen wiederum brachte diese Haltung der Theologe und Orientalist Johann David Michaelis (1717–1791) zum Ausdruck, während in der Habsburgermonarchie das allgemeine intellektuelle Klima entscheidend vom antiaufklärerischen Katholizismus geprägt war, der nicht nur die Anerkennung des Judentums, sondern auch die Ideen der Toleranz kategorisch ablehnte.

Reformdiskussion

Seinen Höhepunkt erfuhr die aufgeklärte Reformdiskussion mit der Publikation der 1781 erschienenen programmatischen Schrift des preußischen Diplomaten Christian Wilhelm von Dohm (1751–1820) „Über die bürgerliche Verbesserung der Juden". Während die Ideen der Toleranz und Gleichberechtigung in Preußen und den übrigen deutschen Staaten noch philosophisches Programm blieben, wurden sie in der Habsburgermonarchie, nachdem Joseph II. die von seiner Mutter Maria Theresia vertretenen Prinzipien des konfessionellen Staates aufgegeben hatte, mit den Toleranzedikten seit 1781 politisch umgesetzt.

Toleranzpolitik

In weiten Teilen des Reiches setzte eine intensive öffentliche Kontroverse über die Stellung der Juden in der Gesellschaft ein, in der sich nun auch die Widersacher der Aufklärung und der Ideen der Toleranz zu Wort meldeten und eine neue Feindseligkeit gegenüber der jüdischen Bevölkerung formulierten. Hervorgetan hat sich dabei wiederum der Göttinger Theologe Michaelis, der die Juden als „Fremdlinge" ausgrenzte und die Möglichkeit ihrer rechtlichen Gleichberechtigung in Frage stellte. War diese Debatte in den nördlichen Staaten des Reiches eine eher philosophische Auseinandersetzung über die Politik, so richtete sie sich in Österreich gegen die Politik. Österreichische Behörden hatten noch im Vorfeld der Toleranzedikte versucht, die Politik des Kaisers zu untergraben, und nach deren Erlass versuchte Papst Pius VI. den Kaiser Josef II. bei einem Besuch in Wien zu einer Rücknahme der Toleranzedikte zu bewegen. Der katholische Klerus schrieb in der *Wiener Kirchenzeitung* gegen die kaiserliche Politik und schlug an den Kirchen Plakate gegen die Toleranz an.

In der Schweiz ließ die öffentliche Auseinandersetzung über eine Reform der rechtlichen Stellung der Juden in der Gesellschaft noch auf sich warten. Mit der Revolution in Frankreich veränderte sich jedoch auch hier die politische Situation und öffentliche Meinung grundlegend.

2. Judenfeindschaft in der Zeit der Französischen Revolution

Nachdem französische Revolutionstruppen in die innerschweizerische Entwicklung eingegriffen hatten, wurde 1798 die Helvetische Republik gegründet. In den zwei Kammern, dem Großen Rat und dem Senat, setzten nun heftige Kontroversen über die Stellung der Juden in der Republik ein, wobei jüdische Gemeinden im Wesentlichen nur in den aargauischen Orten Endingen und Lengnau existierten. Beide Kammern äußerten deutliche Vorbehalte gegen die Verleihung der Bürgerrechte an die Juden, in den parlamentarischen Debatten wurden sie als „Fremde" bezeichnet, und es wurde ihnen „Andersartigkeit" vorgehalten. Als die französischen Truppen 1802 vorübergehend aus Schweizer Gebiet abzogen, entluden sich die judenfeindlichen Einstellungen der bäuerlichen Bevölkerung in gewalttätigen Übergriffen auf die Juden von Endingen und Lengnau.

Die Friedländer-Teller Kontroverse

Wie sehr sich das kulturelle Klima mittlerweile verändert und die Debatte über die „bürgerliche Verbesserung" der Juden in Beschuldigungen und Beleidigungen von Juden umgeschlagen war, zeigt sich insbesondere an den öffentlichen Kontroversen, die um 1800 in Berlin ausgetragen wurden. 1799 richtete sich der Berliner Kaufmann und Pädagoge David Friedländer (1750–1834), nach dem Tod von Moses Mendelssohn maßgeblicher Initiator jüdischer Reformprojekte und Sprecher der Juden Preußens, mit einer anonym veröffentlichten Schrift an den Berliner Probst Wilhelm Abraham Teller (1734–1804) und schlug Möglichkeiten praktischer Formen von Konvergenz zwischen Judentum und Christentum vor. Friedländer rief mit diesem ‚Sendschreiben' eine Fülle von Broschüren sowie Zeitungs- und Zeitschriftenbeiträgen hervor, in denen immer wieder heftige Vorwürfe gegen Juden erhoben wurden. Eine der schärfsten judenfeindlichen Schriften in dieser breiten öffentlichen Kontroverse stammte von dem preußischen Juristen Christian Ludwig Paalzow (1753–1824), der in seiner Replik *Die Juden* diesen vorwarf, durch ihre Stellung in Handel und Gewerbe die Wirtschaft zu dominieren, die Christen zu versklaven und die Weltherrschaft anzustreben.

Der Grattenauer-Streit

Eine zweite öffentliche Kontroverse, die den Wandel des kulturellen Klimas zum Ausdruck brachte, war die Debatte, die der Berliner Jurist Karl Wilhelm Grattenauer (1773–1838) auslöste.

Q

K.F.W. Grattenauer über die „Charakter-Züge des Jüdischen Volks"

Aus: Ueber die physische und moralische Verfassung der heutigen Juden, Stimme eines Kosmopoliten, Germanien [i.e. Leipzig] 1791, S. 1–2

Einige berühmte Männer unsers Zeitalters, haben sich theils aus Menschenliebe, und lautern Absichten, theils auch wohl aus Interesse, und politischen Gründen, der Judenschaft angenommen, sie vertheidigt, und ihnen bürgerliche Rechte, und Freiheiten zuwenden wollen. [...] Da aber alle Bemühungen der Weisen hierin fast fruchtlos sind, da die Juden in allen Stücken, in Sprache, Kleidung, und Lebens-Arten von den Christen in ewiger Absonderung leben, da Ihre Moral die unvollkommenste ist, die alle Bande der Rechtschaffenheit auflöset, und Treulosigkeit, Betrug, Falschheit, privilegirt, so bleiben die Juden ein Nazion, die man zwar aus Menschenliebe, wenn sie sich solcher nicht ganz unwürdig machen, dulden, aber keineswegs erheben, protegiren, und noch weniger christliche Rechte, des Menschen, und Bürgers, einräumen kann; kein Volk auch selbst das uncultivirteste nicht, hat solche abscheulichen Grundsätze der Moralität, als die Juden.

Er hatte darin einen fundamentalen Angriff auf das Judentum und die Rechte der Juden formuliert, ihnen die Menschenrechte abgesprochen und ihre Ausweisung empfohlen. Als Grattenauer diese Schrift 1791 anonym veröffentlicht hatte, fand er mit seinen judenfeindlichen Positionen zunächst kaum Beachtung. 1803 aber, als die Schrift erneut erschien, hatte sich die öffentliche Meinung so sehr verändert, dass diese eine breite Debatte erregte, in der sich immer mehr Gegner der bürgerlichen und rechtlichen Gleichstellung der Juden zu Wort meldeten.

Frühantisemitismus der Romantik

Ausdruck des mentalen Klimawandels, der sich in weiten Teilen Zentraleuropas mit dem sich ankündigenden Ende der Napoleonischen Herrschaft abzuzeichnen begann, war der Durchbruch judenfeindlicher Einstellungen innerhalb der jungen Generation von Schriftstellern, wie sie vor allem in der von Achim von Arnim (1781–1831) oder Clemens Brentano (1778–1842) mitbegründete „christlich-deutschen Tischgesellschaft" aufgekommen waren. Stand noch der literarische Salon von Rahel Varnhagen (1771–1833) – wenn auch mit gewissen Einschränkungen – für die gegenseitige Anerkennung von Juden und Nichtjuden, so schlug mit der Entstehung der Romantik die Atmosphäre derart um, dass Juden nicht nur von der Geselligkeit ausgeschlossen, sondern auch mit Vorwürfen und Anschuldigungen von Seiten christlicher Literaten überhäuft wurden.

Q

Rede von Achim von Arnims vor der christlich-deutschen Tischgesellschaft gegen Juden

Aus: Ludwig Achim von Arnim, Werke und Briefwechsel. Historisch-kritische Ausgabe Bd. 11, Texte der deutschen Tischgesellschaft, hrsg. v. Stefan Nienhaus, Tübingen 2008, hier S. 124.

Man nehme also diesen oder einen andern Juden, am bequemsten dazu sind Kleiderjuden, die kriechen einem mit Vergnügen an einen abgelegenen Winkel nach, wenn man ihnen alle Tressen [aus Gold-, Silber- und Seidefäden gewebte Streifen] verspricht, man nehme also so einen zerstosse ihn erst und gebe Achtung auf Kristallisation und Bruch, ob er schwer oder nicht sonderlich schwer, derb, fettglänzend, flachmuschlig, durchscheinend sey ob er scharfsüßlich schmecke, knoblauchartig rieche usw. Nachher zerreibe man ihn im Feuersteinmörsel, erwärme ihn mit Aetzlauge im Platinatiegel, allmälig bis zum Durchglühen.

Wie sehr das kulturelle Klima auch in Wien umgeschlagen war, zeigt sich insbesondere an der Biographie des Aufklärers und Freimaurers Leopold Alois Hoffmann (1760–1806), der 1781 in der anonym veröffentlichten Schrift *Über die Juden und deren Duldung* die Ideen der Toleranz und „bürgerlichen Verbesserung der Juden" unterstützt hatte. Nach der Revolution trat Hoffmann ins konterrevolutionäre Lager über, und in seiner 1792 und 1793 erschienenen *Wiener Zeitschrift* prangerte er die „Tollwuth der herrschenden Aufklärungsbarbarei" an. Die Ursache der Revolution sah Hoffmann nun in einer weltweiten Verschwörung der Freimaurer. In seinen Verdächtigungen und Anklagen griff er gelegentlich auf judenfeindliche Ressentiments zurück, sie blieben jedoch im Unterschied zu seinem Hass auf die Aufklärung marginal.

In der Schweiz wiederum stand die öffentliche Meinung selbst im Zeitalter der Aufklärung gegen die Idee der Toleranz, und um 1800 entzündeten sich öffentliche Kontroversen weiterhin an der Frage der Bürgerrechte. Flugschriften und Petitionen richteten sich gegen die Gleichberechtigung der Juden, ihnen wurde vorgehalten, eine eigene politische Korporation zu bilden und die Gesellschaft dominieren zu wollen. Judenfeindliche Positionen waren Teil der politischen Konflikte innerhalb der Schweizer Republik, artikuliert wurden sie in der Bürgerschaft selbst, ähnlich wie sie auch von Seiten des alten Stadtbürgertums in den freien Städten des Reiches vorgebracht wurden. In der Habsburgermonarchie verband sich die soziale Zurückweisung der Juden mit der Kritik an der kaiserlichen Reform- und Toleranzpolitik, und in den übrigen deutschen Territorialstaaten wiederum waren judenfeindliche Einstellungen nach dem kulturellen Umbruch von der Aufklärung zur Romantik selbst in literarischen Kreisen verbreitet, während sie zuvor vornehmlich von kirchlicher Seite oder aus dem antiaufklärerischen und konservativen Milieu kamen. Mit den politischen Erfolgen Napoleons tauchten Vorwürfe und Anschuldigungen gegen Juden auch unter den Parteigängern der Revolution auf, und ein Zeitkritiker wie Friedrich Buchholz (1768–1843) verband seine Kritik an den Vorrechten des Adels mit scharfen Anschuldigungen gegen Juden, die er als Feinde des Staates und der Gesellschaft bezeichnete. Das Besondere an Buchholz' Judenhass lag aber weniger in der Schärfe seiner Angriffe als vielmehr darin, dass er sich gänzlich von der überlieferten religiösen Argumentation gelöst hatte. Sein Interesse richtete sich auf gesellschaftliche Aspekte, und in seinen Schriften kommt eine neue säkularisierte Form von Judenfeindschaft zum Ausdruck.

Im Unterschied zur Schweiz konnten judenfeindliche Einstellungen in den verschiedenen Territorien des Reiches jedoch keine kulturelle Hegemonie erlangen.

3. Erste Emanzipationsgesetze und ihre Gegner

Erste Emanzipation und *Décret infâme*

Im Gegenteil erlebten die Juden, die in den unter der Ägide Napoleons entstandenen neuen Staaten lebten, in dieser Zeit ihre erste Emanzipation, auch wenn diese mit dessen *Décret infâme* erheblich eingeschränkt wurde.

Unter den deutschen Mittelstaaten erließ Baden erste vorsichtige Schritte in Richtung Parität, in Bayern, wo zuvor keine Juden leben durften, wurde ihnen 1813 ansatzweise eine Bürgerschaft ermöglicht, und im selben Jahr erklärte die „Constitution" des Herzogtums Mecklenburg-Schwerin die „jüdischen Glaubensgenossen" ebenfalls zu „Einländern".

Das Emanzipationsedikt von 1812 in Preußen

In Preußen konnten sich noch die für die Anerkennung der Juden als Staatsbürger eintretenden Teile der Bürokratie mit ihrer Reformpolitik insofern durchsetzen, als in dem 1812 erlassenen *Edikt, betreffend die bürgerlichen Verhältnisse der Juden* diese zu Staatsbürgern erklärt wurden. Das Dilemma der preußischen Emanzipationspolitik lag jedoch darin, dass die Befürworter der rechtlichen Gleichstellung der Juden wie der preußische Staatskanzler Karl August von Hardenberg (1750–1822) die kulturelle Hegemonie bereits verloren hatten. Der von der Romantik und den christlich-deutschen Ideen geprägte Zeitgeist stand gegen die noch von der Aufklärung inspirierten Vorschläge einer bürgerlichen Anerkennung der Juden. In Preußen unterminierte ferner die konservativ orientierte Bürokratie das Edikt dadurch, dass die emanzipatorischen Bestimmungen auf dem Verwaltungswege unterlaufen wurden.

4. Judenfeindschaft auf dem Wiener Kongress

Städtisches Bürgertum gegen die bürgerliche Anerkennung der Juden

Dies zeigte sich auch auf dem Wiener Kongress, auf dem die politische Neugestaltung Europas nach dem Sieg über Napoleon und dem Ende des Alten Reiches beschlossen wurde. Zunächst schien es gleichsam zu einer konzertierten Aktion des restaurativ-konservativen österreichischen Außenministers Klemens Wenzel Fürst von Metternich (1773–1859) und des reformorientierten Karl August von Hardenberg zu kommen, die beide aus Gründen der Staatsräson die Beibehaltung der den Juden bereits erteilten Rechte in der Bundesakte, der Verfassung des zu gründenden Deutschen Bundes, gewahrt wissen wollten. Die freien Hansestädte Hamburg, Bremen und Lübeck sowie die Stadt Frankfurt am Main aber widersetzten sich dem, wobei der Widerstand gegen die Gleichberechtigung der Juden hier aus dem Inneren der bürgerlichen Gesellschaft, zumeist von Handwerkern oder Kaufleuten, kam. Aufgrund dieser Interventionen wurde die im Entwurf der Bundesakte enthaltene Formulierung, dass alle „in den einzelnen Bundesstaaten bereits eingeräumten Rechte" erhalten bleiben sollten, dahingehend verändert, dass alle „von den Bundesstaaten" erteilten Rechte weiterhin gelten. Dieser unscheinbare Wechsel der Präposition „in" zu „von" erlaubte es den Staaten des Deutschen Bundes, alle in der französischen Zeit erlassenen Emanzipationsedikte rückgängig zu machen.

Die traumatischen Erfahrungen der napoleonischen Kriege und politischen Umwälzungen einschließlich des Endes des Alten Reiches führten zu mentalen Verunsicherungen, von denen die verschiedenen sozialen Klassen in unterschiedlicher Weise betroffen waren und die nicht ohne Folgen für die jüdische Bevölkerung blieben. Während die bäuerliche und kleinbürgerliche Bevölkerung an den überkommenen Lebensformen und alten konfessionellen Frömmigkeitsformen festhielt, entwarfen Intellektuelle mitunter romantisch verklärte, auf das christliche Mittelalter bezogene Vorstellungen von der Vergangenheit und erhoben die Idee einer organischen Gemeinschaft zum neuen Leitbild. So sagte sich die Generation von Intellektuellen, die noch in der Zeit der Aufklärung sozialisiert worden war und die Ideen der Französischen Revolution anfangs zum Teil begrüßt hatten, gänzlich von der Idee eines freien, aufgeklärten Weltbürgertums los.

5. Neue Leitbilder und der Ausschluss der Juden

Die Idee von der organischen Gemeinschaft

In der Schweiz führte das neue Leitbild der organischen Gemeinschaft zu einer Orientierung an den alteidgenössischen Traditionen mit ihren spezifischen kantonalen Bindungen und konfessionellen Besonderheiten. Für die Juden bedeutete dies, dass sie nun umso nachdrücklicher aus der Gemeinschaft der Schweizerischen Eidgenossenschaft ausgeschlossen blieben.

In Österreich wurde die Dynastie der Habsburger zum Kern der Gemeinschaftsidee, hinsichtlich der Juden aber wurden für die noch der Zeit der Aufklärung entstammenden Toleranzedikte zahlreiche Einschränkungen erlassen. So blieben den Juden öffentliche Ämter weiterhin verschlossen, auch konnten sie keinen Grundbesitz erwerben. Der Magistrat der Stadt Wien hatte schon während der Regentschaft von Kaiser Leopold vergeblich versucht, diesen zu einem gänzlichen Widerruf der Toleranzedikte zu bewegen. Nun aber erließ sein Nachfolger Franz annähernd sechshundert Dekrete, in denen er die Rechte der Juden beschnitt. Einen kosmopolitischer Fürsprecher der Juden wie den Theologen und Philosophen Bernhard Bolzano, Sohn eines Italieners und einer Prager Deutschen, der als Dekan der Philosophischen Fakultät an der Universität Prag tätig war, entließ er, und im Zuge der katholischen Restauration wurde eine gerichtliche Untersuchung gegen ihn eröffnet.

Das Volk als nationale Gemeinschaft

In Preußen und den deutschen Mittelstaaten führte das Leitbild der Gemeinschaft zu einem neuen Begriff von Volk als nationaler Gemeinschaft und zur Entstehung einer nationalen Rhetorik. Unter dem Einfluss der Romantik und des christlich-deutschen Zeitgeistes richtete sich diese immer

Auch in diesen vom Liberalismus bestimmten Jahren fehlte es nicht an Gegnern der rechtlichen Gleichstellung und sozialen Anerkennung der Juden. So hatte etwa der einstige Linkshegelianer Bruno Bauer (1809–1882) durch seine 1842 in den *Deutschen Jahrbüchern* erschienene Artikelserie *Zur Judenfrage* die Semantik dieses Begriffs mit seiner von Aversionen und Ressentiments gegen Juden geprägten Haltung entscheidend geprägt. Bauer hat jedoch, abgesehen von der radikalen Kritik durch Karl Marx (1818–1883), mit seiner Rhetorik des Argwohns und seiner judenfeindlichen Sprache in den vom liberalen Zeitgeist bestimmten 1840er Jahren nur relativ wenig Beachtung gefunden. Im Zusammenhang der sozialen Proteste der 30er und 40er Jahre kam es zwar zu Akten von physischer Gewalt gegen Juden, so etwa 1830 und erneut 1835 in Hamburg, doch blieben dies vereinzelte Übergriffe.

Die Streckfuß-Debatte

Eine breite öffentliche Debatte löste 1833 der Regierungsrat des preußischen Innenministeriums Adolf Streckfuß (1779–1844) mit seiner Schrift *Über das Verhältnis der Juden zu den christlichen Staaten aus*, in der er gegen die Forderung nach Emanzipation polemisierte. Er teilte die Juden in zwei Klassen ein und hielt der Mehrheit vor, ihre religiösen Gesetze und Rituale würden ihrer Gleichberechtigung im Wege stehen. Nun erhob sich ein Sturm der Entrüstung von Seiten jüdischer Intellektueller wie Isaak Markus Jost (1793–1860), Johann Jacoby (1805–1877), Michael Benedict Lessing (1809–1884) oder Gabriel Riesser (1806–1863). Wie sehr sich das politische Klima im Verlauf der 1830er Jahre verändert hatte, zeigt sich nicht zuletzt daran, dass Streckfuß 1843 eine zweite Schrift unter dem gleichen Titel veröffentlichte, in der er nun für die sofortige und bedingungslose Gleichstellung der Juden eintrat. Mag Streckfuß darin noch immer auf eine gänzliche „Verschmelzung" der Juden und das „Ende des Judenthums" gesetzt haben, so hatten doch auch andere einst judenfeindliche Intellektuelle einen Lernprozess durchgemacht, etwa der badische Politiker und Herausgeber des liberalen Staatslexikons Carl Theodor Welcker (1790–1869). Hielt dieser noch 1831 in den Verhandlungen der Stände-Versammlung des Großherzogtums Baden eine Zuerkennung des Gemeindebürgerrechtes an Juden für unmöglich, so trat er dort nur sechs Jahre später für die sofortige Emanzipation der Juden ein.

Gegen den Zeitgeist: Das judenfeindliche *Berliner Politische Wochenblatt*

Eines der Sprachrohre des Widerstandes gegen die Emanzipation war in Deutschland die von Karl Ernst Jarcke (1791–1852) redigierte Zeitschrift der preußische Konservativen, das *Berliner Politische Wochenblatt*. Wie sehr das politische Klima in diesen Jahren von der „Weggemeinschaft" von Juden und Liberalen bestimmt war, zeigte sich nicht zuletzt daran, dass Jarcke 1841 das Erscheinen seiner Zeitschrift einstellen musste. Gleichwohl fehlte es auch in diesen Jahren nicht an Judenfeinden, die an ihren antijüdischen Vorurteilen festhielten. Zu diesen gehörte nicht zuletzt der Philosoph und Publizist Constantin Frantz (1817–1891), der in seiner 1844 erschienenen Schrift *Ahasver oder die Judenfrage* erklärte, dass der deutsche Staat vom Christentum geprägt sei und Juden daher keine gleichberechtigten Bürger werden könnten.

Wie in Deutschland und Österreich war das politische Klima in der Schweiz in ähnlicher Weise vom Engagement der liberalen Bewegung geprägt, die mit der französischen Julirevolution hier gleichfalls Auftrieb erhalten hatte. Schweizer Liberale aber schlossen sich der Forderung nach Emanzipation der Juden nicht an. Zwar wurden nach einer breiten Petitionsbewegung im Zuge der liberalen „Regeneration" der Schweiz in zahlreichen Kantonen Verfassungen erlassen. Die kleine jüdische Bevölkerung blieb von dieser Demokratisierung der Staatsbürgergesellschaft jedoch ausgeschlossen. Gerade der als liberal geltende Kanton Basel-Land sorgte 1835 gar mit einer judenfeindlichen Entscheidung für breite Empörung in der europäischen Öffentlichkeit. Nachdem die beiden jüdischen Brüder Alexander und Baruch Wahl bei Basel ein Landgut gekauft und die Regierung die Erlaubnis erteilt hatte, erklärte der Landrat kurz darauf den Kaufvertrag für ungültig. Die Entscheidung des Landrates entsprach durchaus der Stimmung der örtlichen Bevölkerung, und so hieß es im *Basellandschaftlichen Volksblatt* im November desselben Jahres: „Die Juden sind eine Pest, und wo man sie hat, der Ruin des Landmanns."

Der Konflikt um die Brüder Wahl

War so in der Schweiz selbst in den 1830er und 40er Jahren auf der Grundlage der demokratischen Willensbildung und der republikanischen Traditionen den Schweizer Juden die bürgerliche Gleichberechtigung verwehrt worden, war Judenfeindschaft in Deutschland und Österreich in dieser vom liberalen Zeitgeist bestimmten Phase in die Defensive geraten. Die öffentliche Meinung stand überwiegend für die Anerkennung der Juden als gleichberechtigte Staatsbürger. So wurde diese Forderung zugleich zu einem zentralen Anliegen der neuen revolutionären Bewegung. Wiederum ging das Fanal von Paris aus.

8. Gewalt gegen Juden in der Revolution von 1848

Die Revolution von 1848: Ein innerjüdischer Wendepunkt

Nachdem im Februar 1848 der König Louis Philippe zurückgetreten, eine provisorische Regierung, darunter der jüdische Anwalt Adolphe Crémieux (1796–1880) als Justizminister, gebildet und die Republik ausgerufen worden war, brach sich auch in den Staaten des Deutschen Bundes einschließlich der Habsburgermonarchie die revolutionäre Bewegung Bahn. Getragen wurde diese vorwiegend vom städtischen Bürgertum, das vor allem politische Freiheit, die Einberufung von Parlamenten und die Verabschiedung von Verfassungen forderte, in denen die Rechte und Pflichten der Bürger festgehalten werden sollten.

Revolutionärer Aufbruch und Judenemanzipation

Da diese Forderungen die bürgerliche und rechtliche Gleichstellung der Juden einschloss, nahmen auch zahlreiche jüdische Bürger an der revolutionären Bewegung teil. Einer der Stichwortgeber des Wiener Aufstandes etwa war der jüdische Arzt Adolf Fischhof (1816–1893). Sie engagierten sich in den neuen politischen Organisationen, kämpften in den Straßen und auf den Barrikaden und nutzten die neue Bedeutung von Zeitungen und Zeitschriften im Kampf um die öffentliche Meinung. Juden waren dabei in allen politischen Fraktionen der revolutionären Bewegung zu finden, sowohl im liberalkonstitutionellen und demokratisch-republikanischen wie auch im sozialrevolutionären Lager.

Frankfurter Nationalversammlung

Deutsche und österreichische Juden wurden als Abgeordnete in die konstituierende Deutsche Nationalversammlung in Frankfurt am Main delegiert, und einer der aktivsten Vertreter der Interessen der Juden war der Hamburger Jurist Gabriel Riesser, der zugleich zu einem der stellvertretenden Vorsitzenden der Nationalversammlung gewählt wurde. Schließlich wurde das Prinzip der rechtlichen Gleichstellung der Juden in den Verfassungsentwurf aufgenommen.

Kirchliche und konservative Auflehnung

In den im Verlauf der Revolution erlassenen Verfassungen der Einzelstaaten des Deutschen Bundes wurde die Emanzipation der Juden jedoch lediglich in einigen kleineren Fürstentümern verankert, in Preußen und in Österreich paradoxerweise erst in den oktroyierten Verfassungen nach der Niederschlagung der Revolution. Gleichwohl erschienen in Preußen, den deutschen Mittelstaaten oder in Österreich zahlreiche kleinere Schriften, die gegen die Emanzipation der Juden und ihre Gleichberechtigung agitierten, in Berlin etwa die Schrift des Lehrers Johann Friedrich Wilhelm Boetticher *Die Herrschaft der Juden. Ein Wort zur Belehrung, zum Trost und zur Warnung für Juden und Christen.* Neben diesem Broschürenkampf begann das gegenrevolutionäre Lager eigene Zeitungen herauszugeben, in denen gleichfalls die Agitation gegen die Juden breiten Raum einnahm. In Berlin spielte diese Rolle die von dem Journalisten Hermann Wagener (1815–1889) redigierte *Neue Preußische Zeitung,* in der den Juden die Schuld an den revolutionären Unruhen gegeben wurde, in Wien hatte sie die von Kaplan Sebastian Brunner (1814–1893) herausgegebene *Wiener Kirchenzeitung für Glaube, Wissen, Freiheit und Gesetz* übernommen.

Während die deutsche Nationalversammlung mit ihrem Ziel, einen Österreich, Preußen und die deutschen Mittelstaaten umfassenden Nationalstaat auf konstitutioneller Grundlage zu schaffen, gescheitert ist, war es in der Schweiz nach einem Bürgerkrieg zwischen den liberalen und katholisch-konservativen Kantonen 1848 gelungen, einen föderalistischen und demokratischen Bundesstaat zu gründen, dessen liberale Verfassung im September 1849 verabschiedet wurde. Die Frankfurter Nationalversammlung hat in ihrem Verfassungsentwurf die „volle Glaubens- und Gewissensfreiheit" garantiert, die Emanzipation der Juden war damit anerkannt. Die demokratische Schweiz hingegen verweigerte ihren Juden weiterhin die Gleichberechtigung. Zwar hieß es auch in der von der Versammlung der Abgeordneten der Kantone entworfenen und von den Schweizer Bürgern in direkter Abstimmung angenommenen Bundesverfassung von 1848, dass alle Bürger gleich seien, doch galten die Niederlassungsfreiheit und Gleichheit vor dem Gesetz nur für christliche Schweizer Bürger, und Religionsfreiheit wurde dezidiert nur den „anerkannten christlichen Konfessionen" zugestanden. In den Verfassungsberatungen wurde die Frage, ob sich Juden in der Schweiz niederlassen dürften, heftig diskutiert. Nur vier von einundzwanzig Delegierten aber wollten den Juden dieses Recht gewähren. Selbst der demokratisch-republikanische Abgeordnete Jonas Furrer (1805–1861), der kurz darauf zum ersten Bundespräsidenten der Schweiz gewählt wurde, bezeichnete es in der Debatte als „wahres Unglück", sollte den Juden das freie Niederlassungsrecht gewährt werden. Da die Schweiz andernfalls „durch Wucher ausgesaugt" würde, sprach er sich gar dafür aus, die bisher geltenden restriktiven Gesetze weiter zu verschärfen. Nach Artikel vier der Verfassung waren jedoch formell alle Bürger vor dem Gesetz gleichgestellt, und so kam es in den folgenden Jahren immer wieder zu Konflikten sowohl zwischen Juden und Schweizer Behörden als auch unter den Kantonen.

Den Schweizer Juden wurde somit die Emanzipation vorenthalten, sie blieben aber verschont von der physischen Gewalt, unter der die Juden im

Deutschen Bund in den ersten Wochen der Revolution zu leiden hatten. Trotz der emphatischen Zustimmung und dem missionarischen Eifer, mit dem zeitgenössische Juden im Deutschen Bund die Revolution begrüßten, sind in dieser Zeit heftige Akte von kollektiver Gewalt gegen Juden ausgebrochen. Schon in den sozialrevolutionären Unruhen und Hungerrevolten, die in den vorangegangenen Jahren an zahlreichen Orten des Deutschen Bundes stattgefunden hatten, richtete sich die Gewalt zugleich gegen Juden. Im Zuge der sozialen Proteste gegen die Umwälzung der ländlichen Verhältnisse von der Subsistenzökonomie zur Marktwirtschaft wurde den Juden die Schuld an den sozialen Problemen zugeschrieben und ihnen Wucher und Profitorientierung vorgeworfen. Betroffen waren von der Gewalt nicht zuletzt jüdische Getreidehändler, die als ‚Korn-Juden' diffamiert wurden.

Ausbruch antijüdischer Gewalt in der Revolution

In genau jenen Monaten März und April, in denen die liberale und demokratische Bewegung in den Städten einsetzte, kam es vor allem in zahlreichen ländlichen Regionen zu erneuten gewalttätigen Übergriffen auf Juden. Das Elsass war davon am schwersten betroffen. Aber auch in den angrenzenden Gebieten des Deutschen Bundes, insbesondere im Großherzogtum Baden, waren zahlreiche Akte kollektiver Gewalt gegen Juden zu verzeichnen, wobei diese sich auch hier vor allem auf ländliche Gegenden konzentrierten. Für die Juden in den badischen Landgemeinden wurde die Revolution zu einer Zeit der Furcht und des Schreckens. Wie in der vorrevolutionären Zeit hingen diese Ausschreitungen nicht nur mit Missernten und Hungersnöten zusammen, sondern ebenso mit der immer stärker werdenden Abhängigkeit der bäuerlichen Bevölkerung vom Geld und von Krediten, mithin der sich verstärkenden Kommerzialisierung der ländlichen Agrarverhältnisse. Antijüdische Unruhen brachen gleichzeitig in einigen Kleinstädten aus, wobei die Gewalt hier vor allem von Handwerkern getragen wurde, die unter der Einführung der Gewerbefreiheit litten und den Juden die Schuld an der neuen Konkurrenz zuschoben.

Im Unterschied zu den vorrevolutionären Hungerunruhen waren diese Formen von antijüdischer Gewalt verknüpft mit Protesten gegen die Vorrechte des Adels, und die Gewalttätigkeiten richteten sich dezidiert gegen die Emanzipation der Juden. In den ländlichen Regionen und kleineren Landstädten zeigte sich ein deutliches Unbehagen gegenüber dem sich abzeichnenden sozialen Aufstieg der Juden und gegen deren Partizipation am öffentlichen Leben, und in den Städten, so etwa in Leipzig oder in Wien, protestierten beispielsweise Handwerksmeister gegen die Emanzipation der Juden, die ihnen als eine Bedrohung der alten Zunftordnung und bürgerlichen Hauswirtschaft erschien.

Weitere Zentren antijüdischer Ausschreitungen waren neben Baden das angrenzende Württemberg sowie Franken und Teile Westfalens und Schlesiens. Auch wenn es in Wien nicht zu Akten von Gewalt gegen Juden gekommen ist, so waren andere zentraleuropäische Städte der Habsburgermonarchie, etwa Prag, gleichwohl Schauplatz von gewalttätigen Übergriffen auf das jüdische Wohnviertel. Die Welle von Gewalt gegen Juden blieb aber auf die ersten Monate der revolutionären Entwicklung beschränkt.

Bayrische Petitionsbewegung gegen die Juden

Unmittelbar nach der Revolution aber wurde Bayern Schauplatz einer neuen Form von Judenfeindschaft, als die katholische Kirche in Bayern eine breite Petitionsbewegung gegen die bürgerliche Gleichberechtigung der Juden initiierte und damit die Befindlichkeit und die politische Einstellung weiter Teile der bäuerlich-ländlichen Bevölkerung traf. Begleitet wurde diese von einer intensiven Pressekampagne katholischer Zeitungen gegen die Emanzipation, unter denen sich vor allem der von Ernst Zander (1803–1872) redigierte *Volksbote für den Bürger und Landmann* hervorgetan hat. Aus 1700 bayrischen Ortschaften und Dörfern gingen über 550 Petitionen beim bayrischen Parlament ein, die sich gegen die vom König Maximilian II. vorgeschlagene und von der ersten Kammer bereits verabschiedete bürgerliche Gleichstellung der Juden richteten. In diesen von etwa 87.000 Personen unterzeichneten Petitionen kam ein Widerwille und eine Abneigung gegen die Juden zum Ausdruck, für die weniger die Religion, als vielmehr wirtschaftliche, soziale und politische Motive ausschlaggebend waren.

9. Judenfeindschaft in der Defensive?

Die Revolution war niedergeschlagen, die Revolutionäre entweder hingerichtet – unter ihnen etwa der jüdische Journalist und Schriftsteller aus Wien Hermann Jellinek – im Gefängnis – so in Berlin das ehemalige Mitglied des *Demokratischen Klubs* Moritz Lövinson (1820–1887) – oder ins Exil gezwungen – unter diesen der aus Mainz stammende jüdische Journalist und spätere Bankier Ludwig Bamberger (1823–1899). Die Ideen der politischen Freiheit und verfassungsmäßigen Rechte waren weiterhin präsent und damit auch das Prinzip der Gleichheit aller Bürger, einschließlich der Juden, vor dem Gesetz. Zunächst aber mussten die deutschen Juden Rückschläge hinnehmen. Die nach der Niederschlagung der Revolution in Österreich und Preußen oktroyierten Verfassungen hatten zwar die Emanzipation der Juden anerkannt, in beiden Ländern aber wurden deren Rechte in den folgenden Jahren ebenso eingeschränkt wie in den Verfassungen mehrerer mittlerer Staaten sowie der freien Städte des Deutschen Bundes. In Österreich hob 1851 der Kaiser die Verfassung wieder auf, und den österreichischen Juden wurden erneut zahlreiche Einschränkungen auferlegt. Auch in Hannover, Holstein und Württemberg wurde die Emanzipation widerrufen.

Liberaler Aufbruch und Judenemanzipation

Die politischen Ideen von 1848 sowie die Forderungen nach Verfassungen und rechtsstaatlicher Ordnung waren dennoch nicht aus der Welt. Im Gegenteil formierte sich nach anfänglichen Verunsicherungen aufgrund des Scheiterns in der Revolution das liberale Lager neu und bestimmte nun mit dem Schlagwort der Realpolitik sowie der Forderung nach nationaler Einheit und politischer Freiheit erneut die öffentliche Meinung. Entsprechend wurde in einigen Staaten und selbst in den freien Städten nach öffentlichen Debatten nun die Emanzipation der Juden durchgesetzt. So erhielten die Juden in Württemberg 1861 die gleichen staatsbürgerlichen Rechte, und im folgenden Jahr erließ das Großherzogtum Baden ein „Gesetz über die bürgerliche Gleichstellung der Juden". In der freien Stadt Frankfurt am Main verabschiedete die Bürgerschaft 1864 mit großer Mehrheit die Aufhebung aller bisher geltenden Einschränkungen der staatsbürgerlichen Rechte der Frankfurter Juden. Im selben Jahr erließ die Hamburger Bürgerschaft ein „Gesetz betreffend die Verhältnisse der israelitischen Gemeinden", mit dem die Prinzipien der Emanzipation durchgesetzt waren.

Dem neuen liberalen und nationalen Aufbruch entsprechend gründeten liberale Politiker 1859 den *Deutschen Nationalverein*, der die Ideen der nationalen Einheit auf konstitutioneller Grundlage aufgriff, nun aber für eine kleindeutsche Einigung der deutschen Staaten unter preußischer Führung eintrat. Zu den Mitgliedern und maßgeblichen Aktivisten gehörten zahlreiche Juden.

Dem Wandel der öffentlichen Meinung und der neuen Hinwendung zur Lösung der nationalen Frage entsprechend erschienen neue Zeitschriften, in denen linksliberale Intellektuelle sich über die neue politische Lage und die aktuellen Aufgaben auseinandersetzten. Zu diesen gehörten etwa die von Heinrich Bernhard Oppenheim in Berlin herausgegebenen *Deutschen Jahrbücher für Politik und Literatur*, an denen weitere jüdische Intellektuelle maßgeblich beteiligt waren wie Ludwig Bamberger, Moritz Lazarus (1824–1903) und Eduard Lasker (1829–1884).

In Österreich hingegen konnte sich die liberale Bewegung zunächst nicht gegen die neoabsolutistische Politik von Kaiser Franz Joseph durchsetzen. Erst nach der Niederlage der Habsburgermonarchie im Krieg gegen Preußen 1866, mit dem Österreich aus der deutschen Geschichte ausschied, musste Franz Joseph diese Regierungsform aufgeben und sich zu Zugeständnissen an die Liberalen in der Verfassungsfrage bereit erklären.

Hegemonie des Liberalismus

Die politische Hegemonie, die die deutschen Liberalen – unter ihnen nicht wenige Juden – in ihrem Engagement für die nationale Einheit in den 1860er Jahren erlangt hatten, führte dazu, dass nun auch ein dem Liberalismus gegenüber so feindselig eingestellter Politiker wie der konservative Ministerpräsident Preußens, Otto von Bismarck (1815–1898), sich die nationale Idee zu eigen machte. Zur Zusammenarbeit mit den Liberalen genötigt, zeigte er sich nun sogar bereit, die Emanzipation der Juden mitzutragen.

Im preußisch dominierten Norddeutschen Bund der Länder nördlich des Rheins sowie in der Habsburgermonarchie wurden nunmehr Verfassungen erlassen, in denen die bürgerliche und staatsbürgerliche Gleichheit der Juden verankert war.

In der Schweiz hingegen kam es erst durch diplomatischen Druck Frankreichs, der Niederlande und der Vereinigten Staaten von Amerika zu einem neuen Anlauf in der Frage der bürgerlichen und staatsbürgerlichen Gleichstellung der Juden. Nachdem die Schweizer Bundesregierung die Kantone aufgefordert hatte, die Juden rechtlich gleichzustellen, hatte die Regierung des Aargau, jenes Kantons, in der über ein Drittel der Schweizer Juden, vor allem in den Landgemeinden Endingen und Lengnau, lebte, in der Kammer eine Debatte über die Stellung der Juden eröffnet, die Ende 1861 zu schweren Ausschreitungen gegen die jüdische Bevölkerung führte. Trotz der Volksversammlungen, die die Gegner der Judenemanzipation weiterhin organisierten, und trotz der antijüdischen Broschüren, die im Zuge dieser Auseinandersetzungen erschienen, beschloss das Kantonsparlament, der Große Rat, im Mai 1862 mit überwältigender Mehrheit die rechtliche Gleichstellung der Juden. Nun aber verschärften die Judenfeinde ihre Agitation. Hervorgetan hat sich in dieser Bewegung vor allem der katholische Publizist Johann Nepomuk Schleuniger (1810–1874), der die Stimmungslage der bäuerlichen Bevölkerung mit seinen antijüdischen Ressentiments geschickt bediente. Durch Volksabstimmungen wurde nicht nur der Große Rat zur Auflösung gezwungen, über das von der neu gewählten Kammer wiederum eingebrachte Gesetz musste darüber hinaus ein Referendum abgehalten werden. Im November 1862 wurde das Gesetz über die Gleichstellung der Aargauer Juden mit großer Mehrheit abgelehnt. Nur wenig später setzte auch in den übrigen Kantonen eine breite Agitation gegen die Emanzipation der Juden ein, die vor allem von katholischen Kreisen und den Piusvereinen getragen wurde. Anlass war die Volksabstimmung, die im Januar 1866 in der Schweiz über die Revision von zwei Artikeln der Bundesverfassung durchgeführt wurde. Aber mit dem knappen Ergebnis von 170.000 gegen 150.000 Stimmen gewährten die Schweizer Bürger den Juden nunmehr freie Niederlassung und Gleichheit vor dem Gesetz.

Während in den 1860er Jahren die öffentliche Meinung der republikanischen Schweiz auf der Grundlage der direkten Demokratie von nachhaltigen Vorurteilen gegen die Juden geprägt war, stand der vornehmlich vom liberalen Bürgertum geprägte Zeitgeist in den konstitutionellen Monarchien Deutschlands und Österreich für die gesellschaftliche Anerkennung der Juden.

Gleichwohl fehlte es auch hier, vor allem in Deutschland, nicht an antijüdischen Ressentiments und an Vorbehalten gegen die Emanzipation. Die politische Hegemonie aber konnten Judenfeinde in den vom Liberalismus geprägten 1860er Jahren nicht erlangen.

Wider den Zeitgeist: Konservative Judenfeindschaft

Unter denen, die sich in dieser Zeit mit vehementen judenfeindlichen Schriften hervortaten, zählte in Deutschland vor allem der oben bereits erwähnte Herausgeber der *Neuen Preußischen Zeitung*, des konservativen *Staats- und Gesellschaftslexikons*, und der Wochenschrift *Berliner Revue* Hermann Wagener. 1856 stellte Wagener als Mitglied des preußischen Abgeordnetenhauses den Antrag, den Artikel über die Emanzipation der Juden aus der Verfassung zu streichen. Nachdem dieser abgewiesen worden war, veröffentlichte Wagener im folgenden Jahr 1857 eine Schrift über das Judentum und den Staat, in der er vor allem gegen die jüdische Reformbewegung polemisierte.

1854 gab Wagener die Schriftleitung der *Neuen Preußischen Zeitung* auf und gründete im folgenden Jahr seine eigene Zeitschrift, die *Berliner Revue. Social-politische Wochenschrift*, die er nun ganz in den Dienst seiner intransigenten Mission stellt. Mitarbeiter dieses Blattes – mit Schwerpunkt auf den Beiträgen zur Judenfrage – war der unerbitterliche Judenhasser Bruno Bauer. In einer anonymen, vermutlich von Bauer verfassten Annotation der *Berliner Revue* war etwa von dem „corrosiven Gift" die Rede, „das von jüdischen Federn der deutschen Literatur eingespritzt" werde. Was Bauers Beiträge so bemerkenswert macht, ist, dass er mit den Begriffen Blut und Rasse argumentiert. Durch seine „bloße Geburt" werde „der Jude" zum Angehörigen „seiner Race", und „sein Blut ist der unzersetzbare Sitz" seiner Zugehörigkeit zum jüdischen Volk. Dieses fühle sich zur Alleinherrschaft bestimmt und zwinge alle anderen Völker zur „Aufopferung ihrer Eigenthümlichkeit".

Q

Die jüdische Weltreligion oder die jüdische Reform und der Talmud, aus: Berliner Revue, Bd. 8, Jg. 1857, S. 370–386, 414–424.

Der Verfall der Dogmen und Principien ist eine Genugthuung für den Juden [...] Während alles haltlos geworden und niedergeworfen ist, steht Einer aufrecht – der Jude. [...] so hat das Judenthum auch anderwärts die Auflösung der alten Bande und Vorstellungen dazu benutzt, um mittelst seines Antheils an der Geldmacht vorzudringen und sich die oberste Standschaft zu verschaffen. [...] Sein Geld hat den Juden schon immer über die Nationalitäten gestellt und ihn zum wahren Kosmopoliten gemacht. [...] Was heißt das aber anders als: es [das Judentum] muß die Welt judaisieren und seinen Geist an die Stelle der anderen Volksgeister setzen?

Um seinen Anspruch auf unbedingte Gültigkeit seiner politischen Vorstellungen zu sichern, gab Wagener seit 1859 das *Staats- und Gesellschaftslexikon* heraus, in dem er das gesamte Wissen seiner Zeit seinen hochkonservativen judenfeindlichen Vorstellungen gemäß durchbuchstabierte. Wiederum war es Bruno Bauer, der die Artikel über das Judentum betreffenden Themen beisteuerte. Nun bot sich Bauer die Gelegenheit, seinen ganzen Hass und seine abgründigen Aversionen gegen Juden in systematischer Weise zu entfalten.

Folgenreich wurde Wageners Feldzug gegen die Juden nicht zuletzt dadurch, dass er an einer 1859 unter dem Pseudonym H. Naudh erschienenen und von dem Publizisten Heinrich G. Nordmann verfassten Schrift *Die Juden und der deutsche Staat* mitgewirkt hatte, die in immer wieder neuen Auflagen erschien und zu einem Standardwerk des Antisemitismus wurde.

Noch aber war die neue judenfeindliche Sprache nicht mehrheitsfähig, noch bestimmte sie nicht die öffentliche Meinung. Die Anschuldigungen, die Richard Wagner (1813–1883) in seiner 1850 zunächst unter einem Pseudonym publizierten Schrift *Das Judentum in der Musik* gegen die Juden erhoben hatte, blieben zunächst gänzlich unbeachtet. Wie sehr sich aber das kulturelle Klima nach und nach veränderte, zeigt etwa die Tatsache, dass Wagner mit der 1869 nun unter seinem Namen erschienenen Neuauflage breite öffentliche Aufmerksamkeit erregte.

Der Berliner Kongress: Die Durchsetzung der Judenemanzipation

Noch immer stand der Zeitgeist für die Anerkennung der Juden als gleichberechtigte Bürger, die moralische Führung hatten diejenigen, die für eine auf dem Grundsatz der Rechtsgleichheit basierende Verfassung eintraten. Seinen Höhepunkt erlebte das Zeitalter der Emanzipation mit dem Berliner Kongress im Jahr 1878, auf dem das Prinzip der bürgerlichen und staatsbürgerlichen Gleichheit der Juden zu einem Grundsatz der europäischen Diplomatie und zu einer völkerrechtlichen Voraussetzung für die Anerkennung der Staaten wurde.

Q

Auszug aus dem Berliner Vertrag
Aus: Der Berliner Kongreß 1878. Protokolle und Materialien, hrsg. v. Imanuel Geiss, Boppard am Rhein 1978, S. 367–408.

Der Unterschied des religiösen Glaubens und der Bekenntnisse darf Niemandem gegenüber geltend gemacht werden als ein Grund der Ausschließung oder der Unfähigkeit bezüglich des Genusses der bürgerlichen und politischen Rechte, der Zulassung zu öffentlichen Diensten, Aemtern und Ehren oder der Ausübung der verschiedenen Berufs- und Gewerbszweige, an welchem Orte es auch sei.

Schon im folgenden Jahr aber schlug das kulturelle Klima in Zentraleuropa grundlegend um. Waren die Judenfeinde zuvor in der Defensive, so gingen sie nun in die Offensive. Bald waren sie es, die die Themen besetzten und die Debatten bestimmten. Die alte liberale politische Klasse verlor ihre Hegemonie.

IV. Die Entstehung des Antisemitismus als soziale und politische Bewegung (1879–1914)

1. Der politische Klimawandel und die soziale Frage

Nachdem die neue, nicht mehr religiös motivierte Judenfeindschaft zu Beginn des Zeitalters der Emanzipation aufgekommen und in den Hep-Hep-Unruhen des Jahres 1819 als kollektive Gewalt gegen Juden in Erscheinung getreten war, ist im Verlauf des 19. Jahrhunderts die neue judenfeindliche Sprache in zyklisch wiederkehrenden breit ausgetragenen öffentlichen Debatten vorbereitet und entwickelt worden. Die zentralen Motive und semantischen Elemente der neuen Judenfeindschaft waren bereits in den 1860er Jahren präsent, noch aber fehlte der diese Einstellungen bündelnde Begriff. Vor allem aber übten in diesem und dem folgenden Jahrzehnt in Deutschland und Österreich noch diejenigen die kulturelle und politische Hegemonie aus, die für die bürgerliche Gleichberechtigung und soziale Partizipation der Juden eintraten; und selbst in der demokratischen Schweiz schien sich ein Stimmungswandel zugunsten der bürgerlichen Anerkennung der Juden anzudeuten. Noch stand der Zeitgeist für die Emanzipation.

Die Wende der öffentlichen Meinung und der Verlust der Hegemonie des Liberalismus

Dies änderte sich 1879. Dieses Jahr markiert den Umbruch der öffentlichen Meinung, die sich nun in allen Ländern Zentraleuropas gegen die Juden wendete. Mit der Prägung des Begriffs Antisemitismus stand zudem ein zugkräftiges politisches Schlagwort bereit, das der neuen Befindlichkeit öffentlich wirksamen Ausdruck gab, ein Schlagwort, das erstmals im Herbst 1879 in Berlin aufgetaucht war und sich sehr schnell im gesamten deutschsprachigen Raum verbreitet hatte. Die neue Form von Judenfeindschaft formierte sich nunmehr erstens als soziale Bewegung, sie kam zweitens in der Gründung antisemitischer Parteien zum Ausdruck und wurde drittens zu einem Faktor des Alltagslebens.

Der sozioökonomische Kontext

Diese Wende aber kam nicht plötzlich, und sie trat nicht isoliert auf, sondern ging einher mit einem ökonomischen Strukturwandel, der nicht zuletzt in der Expansion von Aktiengesellschaften und der zunehmenden Bedeutung des Bankwesens zum Ausdruck kam. Zugleich war die Wende Symptom eines generellen politisch-kulturellen Umbruchs und sozialpsychologischen Mentalitätswandels der zentraleuropäischen Gesellschaften. Innerhalb des Bürgertums, das als kleine soziale Gruppe die Herrschaft ausübte und den Zeitgeist prägte, wurde die ältere, vom Liberalismus und den konstitutionellen Forderungen des frühen 19. Jahrhunderts geprägte Generation von einer neuen bürgerlichen Generation verdrängt, die dessen humanitäre Ideale zurückwies und für eine nationalistisch-chauvinistische Wende eintrat. Sie war nicht mehr an einer Einhegung der Macht durch rechtsstaatliche Grundsätze und an der Integration der Juden interessiert, sondern an einer machtstaatlichen Ausweitung der Nation und der nationalistischen Ausgrenzung der Juden.

Die soziale Frage

Verbunden war diese politisch-kulturelle Wende mit dem Einbruch der sozialen Frage in das konservative Lager. Dies zeigte sich nicht zuletzt in der durch die Bank- und Börsenzusammenbrüche des Jahres 1873 ausgelösten

Krisenstimmung. Waren zuvor überschwängliche Erwartungen an den wirtschaftlichen Aufstieg geweckt worden, so brachen diese nun mit dem Einsturz von Bankhäusern und Aktiengesellschaften in sich zusammen. Wie die Daten der wirtschaftlichen Entwicklung in Europa zeigen, handelte es sich bei dieser ‚Großen Depression' jedoch weniger um eine reale Wirtschaftskrise als vielmehr um einen Einbruch des ökonomischen Zukunftsglaubens. Mit diesem kulturellen Umbruch verschärften sich antikapitalistische Haltungen im konservativen Lager, das schon zuvor nur mit Unbehagen auf die Auflösung der alten agrar-patriarchalischen Verhältnisse reagiert hatte.

Sowohl in Deutschland als auch in Österreich und der Schweiz wurden Juden als vermeintlich Schuldige der Krise angegriffen. Juden waren in der Sprache der Judenfeindschaft semantisch bereits zuvor mit dem Geld- und Finanzwesen assoziiert worden. Die soziale Frage wurde nun zur ‚Judenfrage' deklariert.

Börsenkrach

Vorbereitet hatte diesen Stimmungsumschwung der Journalist Otto Glagau (1834–1892). Nachdem Glagau bei dem Börsensturz von 1873 sein Aktienkapital verloren hatte, veröffentlichte er ab Dezember 1874 in der zuvor eher liberalen und bisher in keiner Weise durch Angriffe auf Juden hervorgetretenen populären Familien- und Unterhaltungszeitschrift *Die Gartenlaube* eine Artikelserie unter dem Titel *Der Börsen und Gründungsschwindel*. Darin gab Glagau den Juden die Schuld an dem Börsenkrach beschuldigte sie, durch ihr Geld- und Machtstreben die Herrschaft an sich reißen zu wollen. Glagau fand mit dieser Artikelserie eine breite Resonanz, kurz darauf erschien sie als Buch.

Q

Otto Glagau über die ‚Judenfrage'
Aus: O. Glagau, Der Bankerott des Nationalliberalismus und die ‚Reaction', Berlin 1878, S. 71

Das Manchesterthum predigt einfach die Ohnmacht des Staates und die Allmacht des Capitals. [...] Das Judenthum ist das angewandte, bis zum Extrem durchgeführte Manchesterthum. Es kennt nur noch den Handel, und davon auch nur den Schacher und Wucher. Es arbeitet nicht selber, sondern lässt Andere für sich arbeiten, es handelt und speculirt mit den Arbeits- und Geistesproducten Anderer. Sein Centrum ist die Börse; [...] Es hält selbst nach gesegneten Ernten die Preise hoch, es vertheuert durch Speculation und Zwischenhandel alle Waaren und Lebensmittel... Als ein fremder Stamm steht es dem Deutschen Volke gegenüber und saugt ihm das Mark aus. Die sociale Frage ist wesentlich Judenfrage, alles Uebrige ist Schwindel!

Neue konservative Judenfeindschaft

Sekundiert wurde Glagau im Juni 1875 von der *Neuen Preußischen Zeitung*, in der der Publizist Franz Fürchtegott Perrot (1835–1891) die Finanz- und Wirtschaftspolitik des Deutschen Reiches sowie Bismarck und dessen Zusammenarbeit mit den Liberalen vehement angriff. Die Politik des Deutschen Reiches, so Perrot, mache „den Eindruck von Judenpolitik, d.h. von und für Juden betriebene Politik". Die „Bank-, Aktien- und Börsenprivilegien", schrieb er diffamierend, „sind faktisch Judenprivilegien. Sie werden daher von der jüdischen Presse, den jüdischen Gelehrten und den jüdischen Volksvertretern mit allen Kräften geschützt und gefördert". Auch diese später als ‚Ära-Artikel' bezeichneten Aufsätze waren so erfolgreich, dass Perrot sie anschließend separat veröffentlichte.

Neue katholische Judenfeindschaft

Schließlich trat ab August 1875 die katholische Kirche in ihrer Tageszeitung *Germania* mit scharfen Angriffen auf die jüdische Bevölkerung hervor. Selbst auf christlicher Seite standen dabei nicht mehr die religiösen Motive der traditionellen Judenfeindschaft, sondern wirtschaftliche und soziale Aspekte im Vordergrund. Die Reichsregierung, so die *Germania*, sei von „jüdischen Börsenkönigen beherrscht", und Preußen sowie das Reich sei einer Clique von Judengenossen zur Ausbeutung preisgegeben. Die Juden hätten als „Wucherer, Börsenjobber, Gründer, kurz als Ausbeuter und Halsabschneider, die Taschen der Bürger geleert" und sie hätten Arbeitslosigkeit und Armut verbreitet. Neben dem Motiv des angeblich omnipotenten „Börsen- und Bankjuden" bedienten die Artikel auch das Bild vom „Pressejuden".

Der Position der deutschen konservativen und katholischen Presse vergleichbar, stellten sich auch die Konservativen und Katholiken in Österreich immer stärker gegen die Juden. Die in Wien erscheinende konservative Zeitung *Das Vaterland. Zeitung für die österreichische Monarchie* beschuldigte 1871 die Juden, mit ihrem Geld, durch ihren Handel und ihre Zeitungen die „Herrschaft über die christliche Welt" anzustreben.

2. Das Jahr 1879

Antisemitismus in Aktion

Nachdem durch diese konzertierte Aktion der bürgerlichen *Gartenlaube*, der konservativen *Neuen Preußischen Zeitung* und der katholischen *Germania* der Klimawandel eingeleitet worden war, kam der Umbruch im Herbst des Jahres 1879 in drei unmittelbar aufeinander folgenden öffentlichen Auftritten zum Ausdruck. Den Anfang machte der Berliner protestantische Hofprediger Adolf Stoecker, der am 19. September 1879 seine erste große judenfeindliche Rede *Unsere Forderungen an das moderne Judentum* hielt. Genau eine Woche später erschienen in Berliner Zeitungen Aufrufe zur Bildung einer *Antisemiten-Liga*, jener Organisation, in deren Kontext erstmals der Begriff Antisemitismus auftauchte und an der der Journalist Wilhelm Marr (1819–1904) maßgeblich beteiligt war. Am 15. November 1879 veröffentlichte der Berliner Historiker Heinrich von Treitschke (1834–1896) in der von ihm herausgegebenen renommierten Zeitschrift *Preußische Jahrbücher* den Aufsatz *Unsere Aussichten*, mit dem er den später sogenannten ‚Antisemitismusstreit' auslöste.

Q

Heinrich von Treitschke und der Berliner Antisemitismusstreit
Auszug aus: H. v. Treitschke, Unsere Aussichten, in: Preußische Jahrbücher Bd. 24, Berlin 1879, hier S. 570–575.

Der Berliner Antisemitismusstreit

Die wirthschaftliche Noth, [...] der Anblick der zunehmenden Verwilderung der Massen [...] das Alles hat Tausende zum Nachdenken über den Werth unserer Humanität und Aufklärung gezwungen. [...] es ist keine leere Redensart, wenn man heute von einer deutschen Judenfrage spricht. [...] ; über unsere Ostgrenze [...] dringt Jahr für Jahr aus der unerschöpflichen polnischen Wiege eine Schaar strebsamer hosenverkaufender Jünglinge herein, deren Kinder und Kindeskinder dereinst Deutschlands Börsen und Zeitungen beherrschen sollen; die Einwande-

rung wächst zusehends, und immer ernster wird die Frage, wie wir dies fremde Volksthum mit dem unseren verschmelzen können. [...]
Bis in die Kreise der höchsten Bildung hinauf, unter Männern, die jeden Gedanken kirchlicher Unduldsamkeit oder nationalen Hochmuths mit Abscheu von sich weisen würden, ertönt es heute wie aus einem Munde: die Juden sind unser Unglück!

Hatte Wilhelm Marr schon in seiner kurz zuvor erschienenen programmatischen Schrift *Der Sieg des Judenthums über das Germanenthum* zentrale Motive der neuen Judenfeindschaft formuliert, ohne jedoch in dieser Schrift den Begriff Antisemitismus verwendet zu haben, so legte 1880 der gescheiterte Philosoph Eugen Dühring mit seinem umfangreichen Buch *Die Judenfrage als Racen-, Sitten- und Culturfrage* das Fundament für die rassistische Sprache des Antisemitismus.

Die Sprache des Antisemitismus

Die neue Rhetorik des Antisemitismus wurde zu einem Instrument der politischen Auseinandersetzungen und zu einem Symptom des kulturellen Wandels. Sie trug dazu bei, ein antisemitisches Weltbild zu formen und wurde zu einem Faktor der sozialen Mobilisierung. Die Sprache des Antisemitismus erstreckte sich vor allem auf fünf gesellschaftliche Felder. Den ersten Bereich bildete die Wirtschaft, und hier stand der Vorwurf des Wuchers im Vordergrund. Diese Semantik des Antisemitismus zeigte sich etwa in den Wortverbindungen des Börsen- oder Warenhausjuden. Zweitens bezog sich die antisemitische Rhetorik auf die sozialen Probleme, ein zentrales Schlagwort war die von Otto Glagau geprägte Formulierung, „Die soziale Frage ist Judenfrage". Drittens fand die antisemitische Rhetorik in den Bereich der Öffentlichkeit Eingang, in dem die Presse und der Journalismus als angeblich jüdisch angegriffen wurden. Semantisch kam dies etwa in den Wortverbindungen von Pressejuden oder Judenpresse zum Ausdruck. Viertens erstreckte sich die Sprache des Antisemitismus auf die Politik. Die antisemitische Rhetorik verknüpfte semantisch das Judentum mit dem Liberalismus, was in verschiedenen neuen Wortbildungen zum Ausdruck kam. Karl Lueger etwa sprach so von „judenliberaler Herrschaft", die er beenden werde. Der fünfte Bereich bezog sich auf die Nation, Juden wurden als Angehörige eines fremden Volkes und einer fremden Nation, beziehungsweise in der rassistischen Ausprägung des Antisemitismus als Angehörige einer fremden Rasse definiert und diffamiert.

Wirtschaft

Soziale Frage

Journalismus

Liberalismus

Juden als fremdes Volk

3. Antisemitismus als soziale Bewegung

Auf der Grundlage dieser Rhetorik und im Zuge alltäglicher politischer Aktivitäten formierte sich der Antisemitismus als soziale Bewegung. Sie verstand sich selbst als Bewegung, griff diverse Aktions- und Protestformen auf und versuchte durch ihr Engagement weitere soziale Kreise für sich zu gewinnen. Ihr Ziel war es, die gesamte Gesellschaft in antisemitischem Sinne zu verändern.

Der christsoziale Flügel

Wie die antisemitische Sprache erstmals in Berlin in Erscheinung trat, so konstituierte sich der Antisemitismus auch als soziale Bewegung zuerst in Berlin. Soziale Bewegungen zeichnen sich gewöhnlich durch ihre politische

Heterogenität aus, und auch in Berlin waren sehr unterschiedlich orientierte Antisemiten beteiligt. Schon bald stilisierte sich der christlich-soziale Antisemit Adolf Stoecker als Initiator der „Berliner Bewegung".

Q

Antisemitische Agitation des Berliner Hofpredigers Adolph Stoecker
Auszug aus: Die Berliner Juden und das öffentliche Leben. Reden des Abgeordneten Hofprediger Stöcker, gehalten in der Versammlung Deutscher Bürger in den Sälen der Berliner Bockbrauerei am 2. Juli 1883, Berlin 1883

Hofprediger Stöcker (mit stürmischem Beifall begrüßt): Meine Herren, [...] Ich sehe: die alte Freundschaft ist noch vorhanden, die Berliner Bewegung geht noch vorwärts [...] gegen diese ganze Judenwirthschaft in Deutschland aufzutreten (Bravo) [...] Wer hat – so frage ich, in diese Versammlung hinein – wer hat in Berlin gehetzt? (Ruf: Die Juden!) Meine Herren, wer hat Jahrzehnte gehetzt? (Ruf: Die Juden!) [...] Meine Herren, es sind nicht blos die Juden, darin irren Sie, es sind auch bethörte, verblendete Deutsche, die an diesem nichtswürdigen Handwerk theilgenommen haben. [...] Ich weiß wohl, daß die liberale Presse, die Juden, wie die Judengenossen, uns als Judenhetzer ausschreien, mich voran. Aber ich bin glücklich darüber, (Bravo! Bravo!), daß ich hier in Berlin habe den Anfang machen dürfen, um dem jüdischen Übergewicht ein Halt zuzurufen! (Donnernder anhaltender Beifall.)

Der konservative Flügel

Der antikonservative Flügel

Damit konkurrierte Stoecker sowohl mit rassistisch-konservativen Antisemiten wie Max Liebermann von Sonnenberg (1848–1911) sowie den Brüdern Bernhard (1843–1889) und Paul Förster (1844–1925) als auch mit anderen extremen Antisemiten wie Ernst Henrici (1854–1915), für die der Antisemitismus in erster Linie mit der sozialen Frage zusammenhing und die sich energisch gegen eine konservative Ausrichtung der antisemitischen Bewegung wandten.

Die Antisemitenpetition

Zum Initiationserlebnis der Berliner Bewegung wurde die im Jahr 1880 initiierte Antisemitenpetition. Durch eine Eingabe an die Regierung wollte sie die in der Verfassung des Deutschen Reiches festgeschriebene Gleichstellung der Juden einschränken. Die Agitatoren sahen in der jüdischen Bevölkerung eine zerstörerische Gefahr, eine Bedrohung für die gesellschaftliche, wirtschaftliche und nationale Entwicklung des deutschen Volkes. Die Petition enthielt vier zentrale Punkte: Erstens forderte sie die gesetzliche Begrenzung der Einwanderung ausländischer Juden nach Deutschland, zweitens den Ausschluss der Juden von allen Regierungsämtern und die Beschränkung der Anzahl jüdischer Richter, drittens ein vollständiges Beschäftigungsverbot jüdischer Lehrer an den Volksschulen und die Einschränkung der Zahl jüdischer Lehrer an den höheren Schulen, und viertens die Wiedereinführung der konfessionellen Statistiken für die jüdische Bevölkerung.

Zunächst versuchte Bernhard Förster im Frühjahr 1880 in Berlin Unterschriften hochrangiger Persönlichkeiten zu bekommen, und es unterzeichneten zahlreiche Lehrer, Kaufleute, Rechtsanwälte, Professoren und Honoratioren. Die zweite Phase der Agitation begann im Herbst 1880 mit der deutschlandweiten Unterschriftensammlung. Nach Angaben der Initiatoren unterzeichneten etwa 265.000 wahlberechtigte Bürger die Petition. Ein Großteil der Unterschriften wurde dabei in Schlesien (ca. 54.000), Brandenburg (ca. 38.000) und Westfalen (ca. 27.000) gesammelt, während in Nord- und Süddeutschland die Resonanz geringer ausfiel. In Bayern erklärten sich lediglich etwa 9.000 Menschen zur Unterschrift bereit. Vor allem an den Universitäten aber erhielt die Petition viel Zuspruch. Mit etwa 4.000 Studenten gehörten fast 18 Prozent aller Studierenden des Kaiserreiches zu den Unterzeichnern. Insbesondere in Berlin und Leipzig kam es zu einer starken Mobilisierung der Studentenschaft, maßgeblich gefördert vom konservativpreußischen Historiker Heinrich von Treitschke. Aber, obwohl Treitschke die Antisemiten-Petition wohlwollend befürwortete, unterzeichnete er sie aus taktischen Gründen nicht.

Dem auf Kontinuität und historische Legitimierung angelegten Charakter sozialer Bewegungen entsprechend, erschien bereits 1884 eine erste geschichtliche Selbstdarstellung, die 100seitige Schrift von Erich Lehnhardt *Die Antisemitische Bewegung in Deutschland, besonders in Berlin, nach Voraussetzungen, Wesen, Berechtigung und Folgen dargelegt*, eine Schrift, die sich selbst, wie es im Untertitel heißt, als „Beitrag zur Lösung der Judenfrage" verstand. Wie sehr Lehnhardts Darstellung von der Sprache des Antisemitismus geprägt war, zeigt sich, wenn er vom Wucher, dem „Pestgewächs im Judentum" sprach. Eine radikale Abneigung gegen die Juden habe es in manchen Kreisen bereits vor der eigentlichen Bewegung gegeben. Der ursprüngliche Antisemitismus sei nach Lehnhardt in den Jahren unmittelbar nach der Gründung des Deutschen Reiches von den in dieser Zeit geschädigten Klassen, dem Mittelstand, den Handwerkern und kleinen Beamten, getragen worden. Lehnhardt machte in seiner Darstellung auf die besondere Bedeutung, die in der Geschichte des Antisemitismus dem Jahr 1879 zukam, aufmerksam, und stellte Adolf Stoecker als den eigentlichen Initiator der Bewegung dar, „epochemachend für die antisemitische Bewegung".

Auch ein so bedeutender Publizist und Historiker wie Heinrich von Treitschke habe, so Lehnhardt, einen entscheidenden Beitrag geleistet, so dass die Bewegung ihre „Salonfähigkeit" bewiesen habe. Entscheidend war, dass mit Treitschkes Beitrag – und in dieser Beobachtung Lehnhardts kommt ein generelles Merkmal sozialer Bewegungen zum Tragen – jeder Bürger „in die Frage hineingerissen wurde, zu ihr Stellung zu nehmen gezwungen ward". Die erste *„Tat"* der antisemitischen Bewegung war nach Lehnhardt die Antisemitenpetition von 1880.

Der Verleger der Bewegung

Zu einem der wirkungsmächtigsten Aktivisten der antisemitischen Bewegung wurde der Leipziger Verleger Theodor Fritsch (1852–1933). Ihm ging es – dem Charakter sozialer Bewegungen gemäß – vor allem um die gesellschaftliche Mobilisierung, die Durchdringung der Öffentlichkeit mit antisemitischen Vorstellungen. Sein Ziel war die Politisierung des Alltags, als Mittel dienten ihm der Aufbau von Netzwerken und die Aktivierung von Sympathisanten. Der propagandistische Charakter seiner Tätigkeit trat schon in seinem ersten, 1881 unter dem Pseudonym Theodor Frey erschienenen Pamphlet *Leuchtkugeln. Altdeutsch-antisemitische Kernsprüche* hervor. In den von ihm verfassten *Flugblättern zur Erweckung des deutschen Volksbewußtseins* – seit 1883 unter dem Titel *Brennende Fragen* erschienen – ging es ihm primär um den Bewegungscharakter, seine Aktivität richtete sich vor allem auf die antisemitische Öffentlichkeitsarbeit. Darüber hinaus bemühte sich Fritsch um die Professionalisierung der antisemitischen Agitation, gründete Verlage und baute diese zu effizienten Foren der Propagierung judenfeindlicher Ideen aus.

Fritsch war sich über die Bedeutung von Organisationen für die soziale Bewegung durchaus im Klaren, war er doch Mitte 1884 Mitbegründer des Leipziger *Reform-Vereins.* Er betrachtete ihn jedoch nicht als politische Partei, sondern als organisatorischen Mittelpunkt der antisemitischen Bewegung.

Seit 1885 veröffentlichte Fritsch in seinem Verlag die *Antisemitische Correspondenz,* die er im Untertitel als *Centralorgan der Deutschen Antisemiten* bezeichnete. Für Fritsch war der Antisemitismus, so seine programmatische Erklärung, „ein Stück Weltanschauung, die jeder sich zu eigen machen" könne. Sein Ziel sah er darin, die gesamte Gesellschaft „mit dem antisemitischen Gedanken zu durchsetzen". Seine Zeitschrift sollte daher zum Forum aller antisemitischen Strömungen innerhalb der Bewegung werden. Als Leitfaden und Handreichung für die Agitation veröffentlichte Fritsch seit 1887 den *Antisemiten-Katechismus. Eine Zusammenstellung des wichtigsten Materials zum Verständnis der Judenfrage,* in der er dem Titel entsprechend die Grundfragen der antisemitischen Gesinnung in Fragen und Antworten ausführte.

Q

Aus dem „Antisemiten-Katechismus" von Theodor Fritsch
Aus: Th. Frey [i.e. Theodor Fritsch], Antisemiten-Katechismus, Zweite vermehrte und verbesserte Auflage, Leipzig 1887, S. 5–21.

1) Was versteht man unter Antisemitismus?
‚Anti' heißt ‚gegen' und ‚Semitismus' bezeichnet das Wesen der semitischen Rasse. Der Antisemitismus bedeutet also die Bekämpfung des Semitenthums.
Da die semitische Rasse in Europa fast ausschließlich durch Juden vertreten ist, so verstehen wir unter den ‚Semiten' im engeren Sinne die Juden. ‚Antisemit' heißt also in unserem Falle ‚Judengegener' – ‚Judenfeind'.
2) Wie kann man nun in unsrer aufgeklärten Zeit die Juden noch ihrer Religion wegen verfolgen? Es fällt Niemandem ein, die Juden ihrer Religion wegen zu bekämpfen. [...] Wie schon der Name sagt, richtet sich der Antisemitismus gegen die ‚Semiten', also gegen eine Rasse, nicht gegen eine Religion. [...]
4) Was wollen die Antisemiten eigentlich?
Sie wollen den jüdischen Einfluß auf verschiedenen Gebieten durch gesetzliche Mittel beschränkt sehen, weil sie denselben für verderblich halten. [...]
5) Warum sollen aber die Juden nicht dieselben Rechte habe, wie die übrigen Bürger?
Erstlich, weil sie dieselben nicht verdienen; zweitens: weil sie dieselben missbrauchen! [...]
12) Sind die Juden nicht ebensolche Menschen wie wir?
Menschen sind sie auch, aber ‚ebensolche wie wir' nicht.

Mit dieser Schrift hatte Fritsch einen durchschlagenden publizistischen Erfolg. Bis 1893 sind 25 Auflagen erschienen, und 1907 legte er unter dem Titel *Handbuch der Judenfrage* eine neue und erheblich umfangreichere Bearbeitung vor, die noch einmal zahlreiche Auflagen erzielte.

Herausbildung einer akademischen Trägerschicht des Antisemitismus

Wie schon die überproportionale Teilnahme von Studenten an der Antisemitenpetition von 1880 gezeigt hatte, stieß der Antisemitismus vor allem im studentischen Milieu auf breite Resonanz, er nahm in diesem die Form einer Studentenbewegung an. Für einen großen Teil der Studenten wurde der Antisemitismus zu einer sozialen Norm, er bestimmte ihre kollektive Identität und ihren Habitus. Aus der Generation der in den 1880er Jahren an den Universitäten Studierenden ging eine neue akademische Trägerschicht des Antisemitismus hervor, ein Faktum, dem deshalb entscheidende Bedeutung zukommt, weil sich aus dieser Generation von Studenten die künftige Führungsschicht Zentraleuropas rekrutierte.

Während nicht zuletzt durch die unermüdliche Agitation von Theodor Fritsch die zunächst auf Berlin beschränkte Bewegung zu einer überregionalen, vor allem in Sachsen, Hessen, Baden und Hamburg präsenten sozialen Bewegung geworden war, lag der Schwerpunkt der österreichischen antisemitischen Bewegung in Wien. Und während der Antisemitismus in Deutschland als eine allgemeine soziale Bewegung in Erscheinung trat, nahm er in Österreich die Form einer Studenten- und Handwerkerbewegung an.

Schon 1867 hatten Studenten der Universität Wien, die in der Burschenschaft *Olympia* aktiv waren, jüdischen Studenten vorgehalten, sie könnten keine Deutschen sein, und in dem 1871 von antiliberalen und pangermanischen Studenten gegründeten *Leseverein deutscher Studenten Wiens* wurden judenfeindliche Einstellungen immer stärker. Nachdem der Wiener Professor Theodor Billroth (1829–1894) in einer 1876 erschienenen Schrift über das Medizinstudium vor der großen Zahl jüdischer, insbesondere ostjüdischer Studenten gewarnt und die Juden als Angehörige einer fremden Rasse diffamiert hatte, verbreitete sich der Antisemitismus besonders in der Medizinischen Fakultät. Mit diesen Äußerungen löste Billroth an der Wiener Universität eine verschärfte antisemitische Studentenbewegung aus, die nicht zuletzt in Demonstrationen gegen jüdische Kommilitonen zum Ausdruck kam. Die Studenten machten sich Billroths rassistischen Antisemitismus zu eigen und protestierten gegen die angebliche Überfremdung der Wiener Hochschule. So schloss 1878 die Wiener Burschenschaft *Libertas* nicht nur Juden sondern auch getaufte Juden aus, und 1882/3 bildeten Wiener Burschenschaften einen antisemitischen *Deputierten-Convent.*

Diese antisemitische Studentenbewegung blieb nicht auf Wien beschränkt, sondern zeigte sich ebenso an den Universitäten in Prag, Innsbruck oder Graz. 1896 schlossen sich die alldeutschen antisemitischen Studentenverbindungen der Monarchie im *Waidhofner Verband* zusammen und verabschiedeten die antisemitischen ‚Waidhofner Beschlüsse'.

Q

Die ‚Waidhofner Beschlüsse' antisemitischer österreichischer Studentenverbindungen 1896

Zit. nach: Bruce F. Paule, Österreichischen Antisemitismus, S. 67

In vollster Würdigung der Tatsache, daß zwischen Ariern und Juden ein so tiefer moralischer und psychischer Unterschied besteht, und daß durch jüdisches Unwesen unsere Eigenart schon so viel gelitten, in Anbetracht der vielen Beweise, die auch der jüdische Student von seiner Ehrlosigkeit und Charakterlosigkeit gegeben, und da er überhaupt der Ehre nach unseren deutschen Begriffen völlig bar ist, faßt die heutige Versammlung deutscher wehrhafter Studentenverbindungen den Beschluß ‚Dem Juden auf keine Waffe mehr Genugtuung zu geben, da er deren unwürdig ist.'

Handwerkerbewegung

Neben der akademischen antisemitischen Bewegung zeigte sich die neue Form von Judenfeindschaft in Österreich vor allem unter den Handwerkern. Auf einer Wiener Handwerkerversammlung von 1880, die sich gegen den Hausierhandel richtete, monierte ein Redner, dass die Juden, die zumeist aus

Russland, Polen oder Ungarn stammten, kein Handwerk gelernt hätten und nun als Händler das Gewerbe schädigten. Auf dem Gewerbetag in Wien im Jahr 1884 sprach ein Uhrmacher gar von einer jahrhundertealten Judenfeindschaft der Wiener Handwerker. In seiner Rede erinnerte er an die Ausweisung der Juden im Jahre 1669 und erzielte damit unter den Zuhörern, wie es im stenographischen Protokoll dieser Versammlung heißt, einen „minutenlangen Beifallssturm und tosenden Applaus".

Petitionsbewegung und Schächtfrage

In der Schweiz nahm der Antisemitismus die Form einer Petitionsbewegung an. Der eidgenössische Antisemitismus wurde zu einer sozialen Bewegung im Kontext der direkten Demokratie. Aufhänger war die Frage des rituellen Schlachtens, des den jüdischen Traditionen entsprechend praktizierten Schächtens, bei dem die Tiere mit einem Schnitt durch den Hals getötet werden. Auf Initiative von Schweizer Tierschutzvereinen war es schon seit Mitte der 1850er Jahre unentwegt zu Eingaben gegen das Schächten gekommen. In den von den Behörden angeforderten Gutachten ist daraufhin dargelegt worden, dass das Schächten keineswegs tierquälerischer ist, als wenn die Tiere zuvor betäubt werden. Die Debatte über diese Frage ist in zahlreichen Broschüren öffentlich ausgetragen worden. Besonders hervorgetan hatten sich in den Kampagnen gegen das Schächten die Tierschützer im Kanton Aargau, wo 1854 ein Schächtverbot erlassen worden war, für das die jüdischen Gemeinden von Endingen und Lengnau schon im folgenden Jahr eine Ausnahmeregelung erwirken konnten. Auch das 1866 im Kanton St. Gallen verfügte Schächtverbot ist auf Initiative der jüdischen Gemeinde aufgehoben worden, bis es 1874 erneut unter Strafe gestellt wurde. 1886 musste diese Frage auf Bundesebene verhandelt werden, nachdem Tierschutzvereine in einer Petition an den Bundesrat ein landesweites Verbot gefordert hatten. Noch bevor der Bundesrat den Vorschlag abgelehnt hatte, erließ nun der Kanton Bern ein Verbot, für das die jüdischen Gemeinden erneut eine Aufhebung erwirkten.

In dieser Situation griffen die Tierschutzvereine eine neue demokratische Möglichkeit auf, die in der Schweiz 1891 geschaffen wurde. Konnten die männlichen Bürger schon nach der Verfassung von 1874 zu den Bundesgesetzen ein Referendum verlangen, sofern 30.000 Schweizer einen entsprechenden Antrag unterstützten, trat 1891 auf Betreiben der sozialdemokratischen und katholischen Vereine ein weiteres Instrument der direkten Demokratie in Kraft, die Verfassungsinitiative. Diese erlaubte es Volksabstimmungen zur Revision der Verfassung durchzuführen, sofern ein entsprechender Antrag von 50.000 Bürgern unterzeichnet worden ist.

Diese Möglichkeit nutzend beschlossen die Tierschutzvereine eine Verfassungsinitiative zu eröffnen. Bis Herbst 1892 hatten sie weit über 80.000 Unterschriften zusammen, die zumeist aus den Kantonen Aargau, Bern und Zürich stammten. Auf dieser Grundlage forderten die Initiatoren die Aufnahme eines Artikels in die Verfassung der Schweiz, nach dem das Schächten verboten sei.

In den öffentlichen Kampagnen für die Volksabstimmung wurde die Schächtfrage zur Judenfrage. Einer der unermüdlichsten Agitatoren dieser antisemitischen Kampagne war der Präsident des aargauischen Tierschutzvereins Andreas Keller-Jäggi. Unverhohlen griffen die Tierschützer antisemitische Stereotype auf, bedienten sich aus Rohlings *Talmud-Jude* und diffamierten die Juden als „Halsabschneider", wobei sie die Doppeldeutigkeit dieser Formulierung für ihre antisemitische Strategie nutzten. Unmittelbar vor der Abstimmung schrieb die *Berner Volkszeitung*, dass das Schächten „das wahre, getreue Abbild des Treibens und Wirkens der Kinder Israels" sei.

Q

Die Schächtfrage wird zur Judenfrage: Ein Schweizer Gedicht
Aus: *Berner Volkszeitung* vom 19. August 1893. Zit. nach: Daniel Gerson, Gemeinschaftsbildung und „demokratischer" Antisemitismus. Das Entstehen eines Schweizer Judentums im Spannungsverhältnis von Akkulturation, Einwanderung und Ausgrenzung, in: Ulrich Wyrwa (Hg.), Einspruch und Abwehr, S. 104f.

Juden haben kein Erbarmen

Israel hat kein Erbarmen:
Um sein Opfer zu zerstücken,
Schlingt der Schächter seine Stricke,
Bis es wehrlos auf dem Rücken.

Wie den Tieren, so den Menschen,
Nahen sie mit ihren Schlingen,
Wenn sei watschelnd, mauschelnd,
In der Christen Häuser dringen.

Langsam, grausam geht das Schächten,
Langsam, grausam geht der Schacher;
Schmeichelnd nahet seinem Opfer
Und mit List der Widersacher.

Rinder fesselt er mit Seilen:
Komme nur mein liebes Thierchen!
Menschen bindet er mit Wechseln:
Unterschreib mir das Papierchen!
[...]

Israel hat kein Erbarmen.
Treibt es alle Tage dreister;
Wenn wir *ihm* nicht Meister werden,
Wird der Jude unser Meister.

Der einstige Präsident des Nationalrates der Schweizer Eidgenossenschaft, der Anwalt Christian Sahli (1825–1897), von den jüdischen Gemeinden um eine Stellungnahme gebeten, betonte, dass „dieses antisemitische Treiben" von unten komme. Es liege „in der Luft und vergiftet die Atmosphäre bis in die regierenden Kreise hinein".

Mit über 60% Zustimmung, mit 190.000 gegen knapp 130.000 Stimmen wurde der Gesetzesvorschlag zum Verbot des Schächtens angenommen. Während der Antrag in den französisch- und italienischsprachigen Kantonen verworfen wurde, sprachen sich im Kanton Aargau gar 90% und in den Kantonen Bern und Zürich über 80% dafür aus, jenen Teilen der Eidgenossenschaft, in denen die Kampagne der Tierschützer besonders intensiv geführt wurde.

In der Schweiz nahm der Antisemitismus somit aufgrund der Möglichkeiten, die die direkte Demokratie bot, die Form einer Bürgerinitiative an, die darauf zielte, die Verfassung im antisemitischen Sinne zu revidieren. In Österreich hingegen wurde die antisemitische Bewegung von konkreten sozialen Gruppen getragen, die über ihre antisemitischen Aktionen die öffentliche Meinung in ihrem Sinne verändern wollten. Im Deutschen Kaiserreich wiederum zeigte sich der Bewegungscharakter des Antisemitismus in den gemeinsamen antisemitischen Haltungen, der hohen symbolischen Integration sowie im Auftreten kollektiver Akteure, die hier jedoch unterschiedlichen Organisations- und Aktionsformen folgten.

Die Meinungsführerschaft der Antisemiten

In allen drei Ländern war es den sozialen Bewegungen indes gelungen, die Gesellschaft im antisemitischen Sinne zu verändern und den Antisemitismus zu einem öffentlichen Thema zu machen.

4. Antisemitismus als politische Bewegung

Unter der Voraussetzung demokratischer Partizipationsrechte und aufgrund der Möglichkeiten zur politischen Durchsetzung der eigenen Ziele tendieren soziale Bewegungen dazu, sich als politische Bewegung zu konstituieren und Parteien zu gründen. So auch im Fall des deutschen und österreichischen Antisemitismus. Obgleich die Schweiz als demokratisch-republikanischer Staat günstige Voraussetzungen dafür geboten hätte, blieb die antisemitische Bewegung in der Eidgenossenschaft politisch paradoxerweise auf die Form der Verfassungs- und Bürgerinitiative beschränkt.

In Deutschland bot vor allem das allgemeine, gleiche und geheime Männerwahlrecht zum Reichstag die Möglichkeit sowohl für die Propagierung der antisemitischen Weltanschauung als auch für die politische Mobilisierung von Anhängern und Sympathisanten, eine Entwicklung, die sich in Österreich nach den Erweiterungen des Wahlrechtes zum Reichsrat von 1893 und 1896, vor allem aber nach der Einführung des gleichen Wahlrechts für Männer im Jahr 1907, ebenfalls eröffnete.

Der Anfang des Antisemitismus als politische Bewegung ist wiederum auf das Jahr 1879 zu datieren. Er kam in den öffentlichen Aufrufen zur Bildung der Antisemiten-Liga zum Ausdruck. Insgesamt können in der Entwicklung drei Phasen unterschieden werden.

Die Gründungsphase des politischen Antisemitismus: 1879–1882

Die erste Phase, gleichsam die Gründungsphase des politischen Antisemitismus, reichte von 1879 bis 1882. In Deutschland formierten sich die ersten antisemitischen Parteien, während sich in Österreich lediglich in Wien erste Anzeichen eines politischen Antisemitismus zeigten.

Die Formierungsphase: 1883–1894

Die zweite Phase reichte von 1883 bis 1894. Sie ist in Deutschland geprägt von den Versuchen, eine einheitliche Organisation oder Partei zu bilden, wobei jedoch vor allem die organisatorische Vielfalt und die politischen Richtungskämpfe hervortraten. Dem antisemitischen Aufbruch mit Wellen antisemitischer Agitation folgten tiefe innere Konflikte und Streitigkeiten. Gleichzeitig verlagerte sich der Schwerpunkt der antisemitischen Agitation in Deutschland von Berlin auf andere Städte. In die letzten Jahre dieser Phase fiel auch der Höhepunkt der politischen Erfolge der deutschen Antisemitenparteien, als sie nach den Wahlen von 1893 sechzehn Abgeordnete in den Reichstag entsenden konnten. In Österreich blieb der politische Antisemitismus auf Wien konzentriert, wobei sich hier zwei konkurrierende Richtungen herausschälten.

Die Phase von 1894–1914: Gegenläufiger Entwicklungen. Niedergang in Deutschland und

Von 1894 bis 1914 reichte die dritte Phase, in der Deutschland und Österreich gegenläufige Entwicklungen verzeichneten. Während in Deutschland der Niedergang des politisch organisierten Antisemitismus einsetzte, begann in Österreich im Zeichen des christlich-sozialen Antisemitismus dessen Aufstieg. Auch wenn Antisemiten weiterhin im deutschen Reichstag vertreten waren, konnten sie ihren Stimmenanteil nicht erhöhen. Angesichts der Beruhigung des politischen Klimas in Deutschland verlor die antisemitische Bewegung hier an Anziehungskraft, während umgekehrt der Antisemitismus in Österreich nun seinen größten Triumph erlebte. Österreichische Antisemiten rückten in einflussreiche Positionen auf, die antisemitische Bewegung trat gleichsam den Marsch durch die Institutionen an. Dabei gingen jedoch die fanatischen und aggressiven Züge tendenziell zurück.

Aufstieg in Österreich

a. Für die erste, von 1879 bis 1882 reichende Phase lassen sich vor allem sechs unterschiedliche Parteien ausmachen:

Die erste Phase: 1879–1882:

– Die erste antisemitische Organisation war die maßgeblich von Wilhelm Marr mitbegründete *Antisemiten-Liga*. Ihr Ziel war es, das deutsche „Vaterland vor der vollständigen Verjudung zu retten". Zentrale Bedeutung kam dem Motiv der jüdischen Presse zu, deren Bekämpfung besonderes Anliegen des Vereins war. Im Statut wurde daher dezidiert zur Gründung nichtjüdischer Journale aufgerufen.

Die *Antisemiten-Liga*

Q

Aus den Statuten des Vereins „Antisemiten-Liga", Berlin 1879

§ 1

Der unter dem Namen der „Antisemiten-Liga" gegründete Verein von nichtjüdischen Männern hat den Zweck, die nichtjüdischen Deutschen aller Konfessionen, aller Parteien, aller Lebensstellungen zu einem gemeinsamen, innigen Verbande zu bringen, der [...] dem einen Ziel zustrebt, unser deutsches Vaterland vor der vollständigen Verjudung zu retten und den Nachkommen der Urbewohner den Aufenthalt in demselben erträglich zu machen.

§ 2

Er strebt dieses Ziel auf streng gesetzlichem Wege dadurch an, daß er sich der weiteren Verdrängung des Germanenthums durch das Judenthum mit allen erlaubten Mitteln widersetzt, [...] daß er das Germanenthum von dem auf ihm lastenden Druck des jüdischen Einflusses in socialer, politischer und kirchlicher Richtung befreit und den Kindern der Germanen ihr volles Recht zu Aemtern und Würden im deutschen Vaterlande sichert.

Auch wenn Wilhelm Marr nicht zum Vorsitzenden der Liga gewählt wurde, war er doch der entscheidende Stichwortgeber. Die Diktion des Programms war unverkennbar von der Sprache Marrs geprägt. Der *Antisemiten-Liga* war jedoch kein Erfolg beschieden. An der konstituierenden Sitzung nahmen nicht mehr als sechzig Personen teil. „Die Sache nahm einen kläglichen Verlauf", wie die *Allgemeine Zeitung des Judentums* berichtete. Die Liga konnte die politischen Hoffnungen, die ihre Begründer in sie gesetzt hatten, nicht erfüllen, und schon einen Monat später stellte sie ihre Tätigkeit ein. Der Antisemitismus der Liga war in erster Linie sozialpolitisch motiviert, im Mittelpunkt des Interesses stand die soziale Frage, und den Juden wurde die Schuld an den gesellschaftlichen Problemen und Verwerfungen angelastet.

– Die zweite Organisation der frühen politischen Bewegung war die von dem Berliner Hofprediger Adolf Stoecker gegründete *Christlich-Soziale Partei*, deren Antisemitismus als protestantisch-monarchistisch definiert werden kann. Zunächst hatte Stoecker Anfang des Jahres 1878 versucht, in einer öffentlichen Veranstaltung, der sogenannten Eiskellerversammlung, eine sozialreformerisch ausgerichtete christliche Arbeiterpartei zu gründen, war mit diesem Vorhaben aber kläglich gescheitert. Daraufhin konstituierte er die *Christlich-Soziale Arbeiterpartei* in einer nichtöffentlichen Sitzung. Bei den Wahlen vom Juli 1878 konnte Stoecker jedoch keinerlei Erfolg verbuchen.

Die *Christlich-Soziale Partei*

Vor allem gelang es ihm nicht, der sozialdemokratischen Partei Wähler abspenstig zu machen.

Nachdem Stoecker im Verlauf seiner weiteren politischen Tätigkeit merkte, dass er mit ihr im Mittelstand auf Zustimmung stieß, wandte er sich dieser Klasse zu und vertrat eine konservativ-mittelständische Politik. Und als er in diesem Milieu vor allem mit der Agitation gegen die Juden Erfolg hatte, schlug er immer dezidierter antisemitische Töne an. Dem neuen sozialen Profil der Partei entsprechend benannte er sie 1881 in *Christlich-Soziale Partei* um, und Stoecker entfaltete nun mit seiner antisemitischen Propaganda ein breite Aktivität. Zwischen 2000 und 3000 Besucher zählte die politische Polizei, wenn Stoecker mit Vorträgen zur sogenannten Judenfrage öffentlich auftrat. In einer Rede im preußischen Abgeordnetenhaus nahm er für sich und seine *Christlich-Soziale Partei* in Anspruch, die Judenfrage, wie er sich ausdrückte, aus dem literarischen Gebiet in die Volksversammlungen und damit in die politische Praxis eingeführt zu haben.

Ihre entscheidenden politischen Erfolge erzielte die *Christlich-Soziale Partei* aber erst, nachdem sie sich als selbstständige Gruppe der *Deutschkonservativen Partei* angeschlossen hatte, die 1876 als Sammlung unterschiedlicher Gruppen des alten preußischen Establishments gegründet worden war, zunächst aber nicht als dezidiert antisemitische Partei auftrat. Nach seinem Anschluss an diese wurde Stoecker 1879 als Landtags- und 1881 als Reichstagsabgeordneter Mitglied der jeweiligen konservativen Fraktionen.

Der *Dresdner Reformverein*

– Konzentrierte sich der Antisemitismus als politische Bewegung in Deutschland zunächst auf Berlin, so entstand bald darauf in Sachsen mit dem *Dresdner Reformverein* eine dritte antisemitische Organisation, die zwischen sozialer Bewegung und politischer Organisation changierte. Zu den Initiatoren gehörte der Kleinunternehmer Alexander Pinkert, der sowohl zu Wilhelm Marr als auch zu Adolph Stoecker Kontakt hatte und zwischen einem christlich-sozialen und einem rassistischen Antisemitismus schwankte. Pinkert verstand den Antisemitismus als Teil einer Reformpolitik, wollte den Kampf gegen die Juden aber nicht zum ausschließlichen Programmpunkt der politischen Ausrichtung machen. Zum Sprachrohr dieser Partei wurde die Zeitschrift *Deutsche Reform. Organ der Deutschen Reform-Partei*, wie diese sich seit 1881 nannte. Stand in Pinkerts pseudonym veröffentlichen Schriften der Kampf gegen das Judentum und dessen angeblich beherrschenden Einfluss auf die Gesellschaft im Vordergrund, so traten diese Aspekte im Programm der Partei und in ihrer Zeitung zugunsten sozialer und wirtschaftpolitischer Forderungen zurück. In der direkten Agitation der *Deutschen-Reform-Partei* wiederum stand die antisemitische Komponente deutlich im Vordergrund. Pinkerts Ziel war es, die antisemitische Bewegung unter seiner Leitung zusammenzuführen. Es gelang ihm, in anderen Städten, etwa in Kassel, Ortsgruppen seiner Partei zu etablieren. Zum Parteitag von 1881 lud er auch Vertreter christlich-sozialer Organisationen ein, die jedoch auf seine Avancen nicht eingingen. Ein Problem Pinkerts bestand darin, dass sich in der Zwischenzeit in Berlin weitere extreme, wiederum miteinander konkurrierende antisemitische Parteien konstituiert hatten.

Die *Soziale Reichspartei*

– Dazu gehörte als vierte Organisation der 1880 von dem Lehrer und Schriftsteller Ernst Henrici gegründete *Soziale Reichsverein*, der im folgenden Jahr in *Soziale Reichspartei* umbenannt wurde. Henrici, der sich zunächst in der linksliberalen Fortschrittspartei engagiert hatte, entwickelte sich im Zusammenhang mit dem politischen Klimawechsel von 1879 zu einem fanatischen Antisemiten, dessen Antisemitismus im Unterschied zu Stoecker, Pinkert und den konservativen Antisemiten areligiös, antikonservativ und dezidiert rassistisch ausgerichtet war. Henrici verknüpfte seinen Antisemitismus mit dem Kampf gegen Liberalismus, Konservativismus und Kapitalismus. Er forderte rigide antijüdische Ausnahmegesetze, und in einer Wahlkampfrede verlangte er „Rassengesetze gegen die Juden". Auch der Slogan „Kauft nicht bei Juden" ist von Henrici zu einem politischen Schlagwort seiner Agitation gemacht worden. Wie nicht zuletzt dessen am 17. Dezember 1880 in dem Berliner Lokal Reichshalle gehaltene Rede deutlich macht, zeichnete sich Henricis Auftreten durch eine vehemente Gewaltbereitschaft aus.

Q

Die sozialdemokratische Berliner Zeitung zur Reichshallenrede von Ernst Henrici
Aus: Volkszeitung. Organ für Jedermann aus dem Volke vom 19. Dezember 1880

Die Saat der Herren Stoecker und Treitschke fängt an gar herrlich aufzugehen. Der Worte sind genug gewechselt, man wollte endlich Taten sehn! [...] Es war das Vorspiel eines Rassenkrieges, der einstweilen noch mit den Fäusten ausgefochten wurde; wer will aber heute sagen, wie die nächste Campagne verlaufen wird? [...] Bei den Christlich-Sozialen scheint nunmehr das Faustrecht proklamiert zu sein und die erste Schlacht gegen die Juden ist am Freitag Abend im Saale der Reichshallen geschlagen worden.

Im Anschluss an eine öffentliche Versammlung am Silvesterabend des Jahres 1880, auf der Henrici wiederum eine seiner fanatischen antisemitischen Reden gehalten hatte, kam es in Berlin zu judenfeindlichen Krawallen, und nachdem Henrici im Februar 1881 in Neustettin in Pommern mit Hetzreden gegen Juden aufgetreten war, wurde ein Brandanschlag auf die Synagoge verübt. Auch in anderen Orten Hinterpommerns und Westpreußens brachen daraufhin gewalttätige Ausschreitungen gegen Juden aus. Ernst Henrici und die Mitglieder seiner *Sozialen Reichspartei* waren somit Vertreter dessen, was schon Zeitgenossen als ‚Radauantisemitismus' bezeichneten. Zu einem Bündnis oder einer Zusammenarbeit mit christlich-sozialen Antisemiten war Henrici nicht bereit. In den Wahlen des Jahres 1881 erlebte er eine vernichtende Niederlage, im folgenden Jahr löste er die Partei auf. Seine antisemitische Agitation aber stellte Henrici keineswegs ein.

Auch wenn Henrici mit seinen zu Hass und Gewalt aufrufenden Reden nicht ohne Wirkung blieb, scheiterte er mit dem Versuch, eine handlungsfähige antisemitische Partei zu etablieren. Dieser politische Misserfolg von Henrici hing auch damit zusammen, dass gleichzeitig in Berlin eine weitere antisemitische Partei gegründet wurde, die nicht weniger fanatisch in ihrem Judenhass war, sich aber politisch taktischer verhielt und eine andere politische Richtung einschlug.

Der *Deutsche Volksverein*

– Der maßgeblich von dem preußischen Offizier Max Liebermann von Sonnenberg und dem Schriftsteller Bernhard Förster im Jahr 1881 gegründete *Deutsche Volksverein* bildete die fünfte Partei des politischen Antisemitismus. Sie propagierte einen konservativ-monarchistischen Antisemitismus, trat für eine paternalistisch-korporative Wirtschaftsform ein und orientierte sich gesellschaftspolitisch am Modell der vorrevolutionären Ständegesellschaft. Gleichzeitig vertraten Liebermann von Sonnenberg und Förster einen extremen Nationalismus. Zur ersten öffentlichen Versammlung konnten sie über 6.000 Besucher mobilisieren, die Partei richtete sich politisch nicht ausschließlich gegen Juden, sondern kämpfte auch gegen Parlamentarismus, Liberalismus und Kapitalismus. Wie sehr antisemitisches Denken die politischen Maximen von Liebermann von Sonnenberg bestimmten, zeigte etwa seine Überzeugung, dass deutscher Glaube und deutsche Treue, wie er sich ausdrückte, durch die „Verjudung des deutschen Volkes" zerstört worden seien. Ihm ging es um eine materielle und sittliche Neugeburt des deutschen Volkes und um eine Vertiefung des deutschen Wesens.

Das *Conservative Central Comité*

Was den Berliner antisemitischen Parteien in dieser ersten Phase des politischen Antisemitismus einen zumindest agitatorischen Schub verlieh, war der Zusammenschluss der verschiedenen lokalen Organisationen – mit Ausnahme des *Sozialen Reichsvereins* von Ernst Henrici – zum *Conservativen Central Comité*, mit dem die Aufstellung von antisemitischen Kandidaten zur Reichstagswahl von 1881 gesichert und der Wahlkampf selbst im antisemitischen Sinne geprägt werden sollte. Das *Conservative Central Comité* stellte neben Liebermann von Sonnenberg und Stoecker zwei weitere Antisemiten als Kandidaten auf. Die Wahl brachte der antisemitischen Bewegung aber dennoch nicht den erhofften Erfolg. Alle sechs Sitze in Berlin wurden von der liberalen Partei gewonnen.

Die deutschnationale Bewegung in Österreich

– Einer der ersten, der in Österreich den Antisemitismus in die Politik einbrachte, war Georg Ritter von Schönerer. Schönerer, Sohn eines durch den Eisenbahnbau zu Reichtum und Adelstitel gekommenen Unternehmers, gehörte politisch zunächst der liberalen Partei an und wurde 1873 für die deutsche Fortschrittspartei in das Abgeordnetenhaus des Reichsrats gewählt. Drei Jahre später trat er aus der Partei aus und schloss sich der deutschnationalen Bewegung an, für die er von 1878 bis 1883 in den niederösterreichischen Landtag gewählt wurde. Schon 1879 hat Schönerer als Kandidat der deutschnationalen Bewegung den Antisemitismus in sein Wahlprogramm aufgenommen. Nach 1881 wurde der Kampf gegen die Juden zu einem zentralen Anliegen seiner Agitation.

Die zweite Phase: 1883–1894

b. Um 1883 setzte die zweite Phase des Antisemitismus als politische Bewegung ein, die bis etwa 1894 reichte.

Die deutschnationale Partei und das Linzer Programm

In Österreich war diese zunächst noch von Schönerer bestimmt, der nicht nur ein fanatischer Antisemit war, sondern ein ebenso heftiger Gegner der Habsburgermonarchie, der katholischen Kirche und des Liberalismus.

Q

Rede des Reichsratsabgeordneten G. Ritter von Schönerer über die Presse, Februar 1885

Aus: Reden des Reichsrathsabgeordneten Georg Ritter von Schönerer, Horn 1896, S. 31–41.

Und in der That dürften denn doch, angesichts der geradezu furchtbaren Verheerungen, welche die journalistische Giftmischerei unserer Tage im Staate und in der Gesellschaft anrichtet, gesetzlich Verfügungen […] dringend nöthig sein. […] Lauter und immer lauter erschallt daher der Ruf: „Wer wird uns endlich von diesen Kosmopolypen, von diesen am Lebensmarke des Volkes zehrenden Parasiten befreien?" […]

Einstimmig und laut tönte hinaus in die weiten Lande der Ruf: Hinweg mit der von corrupten und jüdischen Einflüssen beherrschten Presse: Hinweg mit dieser Pestbeule! Hinweg mit diesen Fremdlingen in unserem Heim!

Er vertrat eine völkisch-germanische Ideologie und kämpfte für einen engen Anschluss Österreichs an das Deutsche Reich. 1882 bestimmte Schönerer das Linzer Programm des deutschnationalen Vereins maßgeblich mit, das auch soziale und demokratische Elemente enthielt und dem Schönerer nach dem Ausscheiden der sozialdemokratisch und anti-antisemitisch ausgerichteten Teile der Partei eine judenfeindliche Ausrichtung gab. Kennzeichen von Schönerers politischem Antisemitismus war eine Verbindung von öffentlicher Agitation und Androhung von Gewalt. Sein politischer Einfluss endete abrupt im Jahr 1888, als er die von ihm als jüdisch diffamierte Redaktion des *Neuen Wiener Tagblattes* überfallen hatte, zu einer Gefängnisstrafe verurteilt worden war und sein Abgeordnetenmandat zurückgeben musste.

Der *Deutsche Antisemitenbund*

Während der politische Antisemitismus in Österreich vorwiegend auf Wien konzentriert blieb, breiteten sich antisemitische Organisationen in Deutschland nun auch in anderen Landesteilen aus. Zunächst aber stand wiederum Berlin im Mittelpunkt, wo Ernst Henrici 1884 eine neue Organisation, den *Deutschen Antisemitenbund*, gegründet hatte. Er richtete sich gegen die konservative Orientierung der antisemitischen Bewegung und versuchte diese für eine weitergehende, auch gegen das Establishment in Staat und Gesellschaft gerichtete Strategie zu gewinnen. Henrici hatte aber auch mit dieser Partei keinerlei politischen Erfolg.

Die *Deutsche Reformpartei* in Hessen

Einflussreicher und wirkungsvoller waren die Parteien, die in Hessen gegründet wurden. Hier war es vor allem der Bibliothekar Otto Böckel (1859–1923) in Marburg, der mit neuem organisatorischen Elan voranging. Böckel war mit anderen hessischen Antisemiten davon überzeugt, dass der Kampf gegen die Juden über die Parlamente geführt werden müsse, er strebte daher ein Mandat im Reichstag an. Im Herbst 1883 hatte er sich der antisemitischen Bewegung zugewandt und Beziehung zu der in Kassel gegründeten antisemitischen Ortsgruppe der *Deutschen Reformpartei* von Alexander Pinkert aufgenommen. Gleichzeitig pflegte er Kontakte zu dem von Henrici in Berlin neu gegründeten *Antisemitenbund.*

Kassler Antisemitentag 1886

Im Hinblick auf die für Anfang Februar 1887 ausgeschriebenen Reichstagswahlen kamen bereits im Juni 1886 Vertreter zahlreicher antisemitischer Organisationen und Bewegungen in Kassel zusammen – unter ihnen Theodor Fritsch, Ernst Henrici, Max Liebermann von Sonnenberg – um sich zu koordinieren und abzusprechen. Nicht anwesend waren Adolf Stoecker und die christlich-soziale Richtung der antisemitischen Bewegung. Im Mittelpunkt der Diskussion stand die Frage, ob man sich als soziale Bewegung verstehen oder als politische Partei formieren sollte. Zum Abschluss des Kassler Treffens wurde die *Deutsche Antisemitische Vereinigung* gegründet, die zunächst als Diskussionsforum dienen sollte. Man einigte sich auf den Formelkompromiss, dass die Vereinigung den „Grundstein zu einer künftigen großen deutsch-nationalen Partei" bilden solle.

Der hessische ‚Bauernkönig'

Mit Blick auf die anstehenden Reichstagswahlen wurde in Hessen dennoch die Gründung einer antisemitischen Partei beschlossen, und nur zwei Monate später konstituierte sich in Marburg unter dem Vorsitz von Otto Böckel ein eigener *Reform-Verein*. In den im Februar 1887 abgehaltenen Reichstagswahlen erzielte die antisemitische politische Bewegung daraufhin ihren ersten spektakulären Erfolg. Im Februar 1887 wurde Otto Böckel in Hessen als erster Abgeordneter, der sich in seinen Reden dezidiert als Antisemit bezeichnet und seinen Wahlkampf mit antisemitischen Argumenten geführt hatte, in den Reichstag gewählt.

Dieser Wahlsieg leitete in Deutschland eine neue Welle der antisemitischen Agitation ein, die wiederum den verschiedenen antisemitischen Organisationsversuchen neuen Auftrieb verlieh. Bald aber zeigten sich erneut die tiefe Zerrissenheit und politischen Divergenzen zwischen den verschiedenen antisemitischen Strömungen, insbesondere zwischen den christlich-sozialen, konservativen und extremen Antisemiten.

Für Böckel, der in seiner Propaganda nicht nur gegen die Juden, sondern auch gegen den Adel agitierte, und seinen Wahlkreis gegen einen Kandidaten der konservativen Partei gewonnen hatte, war eine Zusammenarbeit mit den christlich-sozialen Antisemiten um Stoecker ebenso undenkbar wie mit den adligen und konservativen Antisemiten um Liebermann von Sonnenberg. Böckel distanzierte sich daher im Frühjahr nach seiner Wahl in den Reichstag öffentlich von der *Deutschen Antisemitischen Vereinigung*, der er eine zu große Nähe zur christlich-sozialen und zur konservativen Partei vorwarf. Demgegenüber bemühte er sich um ein Bündnis der nicht-konservativen und nicht-kirchlichen Kräfte innerhalb der antisemitischen Bewegung.

Der Bochumer Antisemitentag 1889

Trotz aller Divergenzen wurde Mitte 1889 ein weiterer Versuch unternommen, die gegeneinander agierenden Flügel des politischen Antisemitismus zu vereinen. Dem Aufruf zu einem allgemeinen Antisemitentag nach Bochum folgten fast 300 Vertreter unterschiedlicher Richtungen. Die Gegensätze unter den Antisemiten konnten aber nicht überbrückt werden. Eine Einigung kam auf dem Bochumer Antisemitentag nicht zustande. Otto Böckel und die antikonservativen Antisemiten verließen die Versammlung, während die konservativen Antisemiten wie Liebermann von Sonnenberg und Paul Förster bald darauf die *Deutsch-Soziale Partei* gründeten, die dezidiert monarchistisch orientiert war. Ungeachtet seiner Skepsis gegenüber der Bildung einer politischen Partei war nun auch Theodor Fritsch an der Gründung der *Deutsch-Sozialen Partei* beteiligt und stellte seine *Antisemitische Correspondenz* ganz in deren Dienst. Ab 1890 erschien das Blatt unter dem Titel *Deutsch-Soziale Blätter. Organ der Deutsch-Sozialen Partei.*

Die *Antisemitische Volkspartei*

Trotz der organisatorischen Konflikte und inneren Zerrissenheit gab die Wahl Böckels in den Reichstag der antisemitischen Bewegung so viel Auftrieb, dass bei den nächsten Reichstagswahlen im Jahr 1890 neben Böckel und Stoecker vier weitere Antisemiten in das Parlament gewählt wurden. Zu diesen gehörte der konservative Antisemit Liebermann von Sonnenberg, der jedoch mit den antikonservativen Antisemiten keine gemeinsame Fraktion bildete. Die sozial und antikonservativ orientierten antisemitischen Abgeordneten um Böckel gründeten im Juli 1890 daraufhin eine neue antisemitische Partei, die *Antisemitische Volkspartei*, später *Deutsche Reformpartei.* Das Programm richtete sich deutlich gegen die konservative Partei und es trug in starkem Maße antikapitalistische Züge.

Ein Radauantisemit im Reichstag

In einer 1892 abgehaltenen Nachwahl kam mit Hermann Ahlwardt (1846–1914) schließlich ein Vertreter des sogenannten Radauantisemitismus in den Reichstag. Ahlwardt, der keiner Partei angehörte und als fraktionsloser Abgeordneter im Parlament saß, war Rektor einer Volksschule in Berlin gewesen, bis er wegen Veruntreuung von Schulgeldern aus dem Schuldienst entlassen wurde. In der Folgezeit widmete er sich der antisemitischen Agitation und der Aufdeckung angeblicher Korruptionsskandale. Dabei erregte er mit persönlichen Beleidigungen und Verleumdungen, für die er mehrfach vor Gericht angeklagt und schließlich zu vier Jahren Haft verurteilt wurde, breites öffentliches Aufsehen. In den Wahlkämpfen hatte er ähnlich wie der hessische Antisemit Otto Böckel „gegen Junker und Juden" agitiert.

Die Christsozialen in der *Deutschkonservativen Partei*

Gleichzeitig mit dem Erfolg von Böckel bei der Reichstagswahl von 1887 hatte auch die konservative Partei einen deutlichen Stimmenzuwachs erzielt und konnte ihren Anteil auf 25% erhöhen. In der folgenden Reichstagswahl von 1890 zogen die erklärten Antisemiten mit weiteren Abgeordneten ins Parlament ein, während der Stimmenanteil für die konservative Partei auf 19% zurückging. War durch die Agitation des Parteiorgans *Kreuzzeitung* der Antisemitismus immer schon ein beherrschender Grundzug in der politischen Orientierung der konservativen Partei gewesen, so führte der Stimmenrückgang der Wahl von 1890 dazu, dass die antisemitischen Kräfte in ihr Auftrieb erhielten. Ausdruck dafür war, dass Stoecker, dessen *Christ-soziale Partei* weiterhin als Gruppierung innerhalb der *Deutschkonservativen Partei* auftrat, in das Führungsgremium derselben gewählt wurde. Auf dem Parteitag von 1892 nahm die konservative Partei unter maßgeblichem Einfluss von Stoecker sodann antisemitische Forderungen in ihr neues Parteiprogramm, das sogenannte Tivoli-Programm, auf.

Das Tivoli-Programm der *Deutschkonservativen Partei*

Seinen Höhepunkt erreichte der politische Antisemitismus in den Reichstagswahlen von 1893. Die Tatsache, dass die konservative Partei mit ihrem Tivoli-Programm der antisemitischen Bewegung entgegengekommen war, verstärkte innerhalb der Böckelschen Partei die Meinung, auf die Konservativen zuzugehen und die rassistische und national-soziale Rhetorik zu mäßigen. Damit verloren auch die Konflikte zwischen den konservativen Antisemiten um Liebermann von Sonnenberg und der Böckelschen Richtung an Schärfe. Folge war, dass diese beiden wichtigsten miteinander konkurrierenden antisemitischen Parteien im Hinblick auf das Mehrheitswahlrecht für die Reichstagswahlen von 1893 ein Wahlbündnis mit der konservativen Partei schlossen, um die gegenseitige Unterstützung des jeweils aussichtsreichsten Kandidaten zu garantieren. Nicht zuletzt aufgrund dieser Absprachen erlangten die antisemitischen Parteien in diesen Wahlen von 1893 ihre größten Erfolge. Sie konnten nicht nur alle bisherigen antisemitischen Wahlkreise halten, sondern zehn neue hinzugewinnen, so dass sich die Zahl der antisemitischen Abgeordneten auf 16 erhöhte und ihr Anteil von 0,7% in den Wahlen von 1890 auf 3,5% im Jahr 1893 anstieg. Das Jahr 1893 stellte damit den Zenit des politischen Antisemitismus in Deutschland dar.

1893: Der Zenit des politischen Antisemitismus in Deutschland

Der Erfolg der antisemitischen Abgeordneten verhinderte aber nicht, dass die inneren Konflikte und gegensätzlichen politischen Orientierungen bald wieder aufbrachen.

Q

Aus den Memoiren von Hellmut von Gerlach, des einstigen Weggefährten von Stoecker und späteren Anti-Antisemiten

Hellmut von Gerlach, Von Rechts nach Links, Zürich 1937, S. 112

Bei den Reichstagswahlen von 1893 hatten die Antisemiten 16 Sitze davongetragen. Aber als sie nun in Fraktionsstärke im Reichstag saßen und ich von ihnen Taten erwartete, da erlebte ich nur persönliche Zänkereien und Eifersüchteleien. Jeder von ihnen [...] war eigentlich eine Partei für sich. Der eine war Mittelständler, der andere Arbeiterfreund, der eine Aristokrat, der andere Demokrat. Der eine rief zum Kampf gegen Juden und Junker auf, der andere ging mit den Großagrariern durch Dick und Dünn.

Vom *Christlichsozialen Verein* zur *Christsozialen Partei*

In Österreich wiederum wandte sich nach dem Ende der politischen Laufbahn des alldeutschen Antisemiten Georg von Schönerer der einst liberale Politiker Karl Lueger (1844–1910) dem antisemitischen Lager zu. Lueger, Sohn eines Berufssoldaten und von Beruf Rechtsanwalt, war 1875 als Liberaler in den Gemeinderat der Stadt Wien und 1885, nun auf Seiten der Demokraten, in den Reichsrat gewählt worden. Zwei Jahre darauf vollzog Lueger eine politische Wende, unterstützte einen antisemitischen Antrag von Georg von Schönerer im Reichsrat und begann sich gleichzeitig dem antiliberalen *Christlichsozialen Verein* und dem politischen Katholizismus anzunähern. So trat Lueger in Verbindung mit katholisch-konservativen Sozialreformern und begann die Sprache des Antisemitismus für seine politischen Zwecke einzusetzen. Er verknüpfte christlich-soziale Ideen mit Forderungen des Kleingewerbes und Mittelstandes und verband beides mit einem scharfem Antisozialismus und Antisemitismus. 1893 fasste er die verschiedenen christlich-sozialen Gruppierungen in der *Christsozialen* Partei unter seiner Führung zusammen.

Q

Aus einer Rede von Karl Lueger von 1895
Reden der Reichsraths-Abgeordneten Dr. Carl Lueger, Dr. Robert Pattai und Prinz Alois Liechtenstein, gehalten in der christlich-sozialen Parteiversammlung im Musikvereinssaale am 16. Mai 1895, Wien 1895, S. 3–7

Die Judenpresse hat alle Stände durcheinander gehetzt und alle Nationen durcheinander gehetzt (Sehr richtig!), sie hat den Bauer gegen den Gewerbsmann, den Gewerbsmann gegen den Bauer, alle Anderen gegen den Adel und gegen den Clerus gehetzt – das verletzt die Staatsgrundgesetze nicht. Wenn man aber dem Juden sagt: Sie, es ist doch nicht schön, daß sie den Christen das wegnehmen, was sie sich ehrlich verdient haben, so ist das eine Verletzung der Staatsgrundgesetze (Brausender Beifall) [...] Uebrigens, hochansehnliche Versammlung, dreht es sich nicht um die Gleichberechtigung der Juden, es dreht sich vielmehr um die Gleichberechtigung der Christen (Brausender Beifall) [...] Wenn wir [...] unser christliches Volk wirthschaftlich unabhängig machen wollen, dann verletzen wir nicht die Staatsgrundgesetze – nein, wir Christen erfüllen damit eine Pflicht im Interesse des Volkes [...]

3. Phase: 1894–1914

c. Damit war die von 1894 bis 1914 reichende dritte Phase in der Geschichte des politischen Antisemitismus in Österreich und Deutschland von gegenläufigen Entwicklungen geprägt. Während in Österreich nun der politische Aufstieg des Antisemitismus einsetzte, begann in Deutschland dessen Niedergang.

Triumphe in Österreich und Niedergang in Deutschland

Nachdem Lueger das konservative, kirchlich gebundene Lager in seiner neuen Partei gesammelt hatte, erzielte er in den Jahren 1895 und 1896 seine größten politischen Erfolge. Viermal ist Lueger in dieser Zeit zum Bürgermeister der Stadt Wien gewählt worden. Allein durch ein Veto des Kaisers konnte er dieses Amt zunächst nicht antreten, bis Franz Josef 1897 seinen Widerstand aufgeben und ihn als Oberbürgermeister der Stadt Wien bestätigen musste. Während in Österreich der Antisemitismus mit dem Triumph Luegers und seiner Ernennung zum Bürgermeister im Jahr 1897 seinen Höhepunkt erreichte, hatte in Deutschland mit dem Wahlerfolg von 1893 bereits der Niedergang des politischen Antisemitismus begonnen.

In den zwei Jahrzehnten von 1894 bis 1914 verlor der politische Antisemitismus in Deutschland seine politische Anziehungskraft. Zum Ausdruck kam dieser Niedergang auf mehreren Feldern, zunächst im Bruch zwischen Stoecker und der konservativen Partei. Zugrunde lagen diesem Konflikt die sozialreformerischen Vorschläge der Christlichsozialen, die die konservative Partei nicht akzeptierte. Auslöser für den Bruch war die Veröffentlichung eines Briefes („Scheiterhaufenbrief"), den Stoecker noch vor Bismarcks Entlassung an den Herausgeber der *Kreuzzeitung* geschrieben hatte und in dem er eine Kampagne gegen Bismarck angeregt hatte. Erst in diesem Augenblick aber gelangte der Brief an die Öffentlichkeit. Stoecker musste daraufhin 1896 aus dem Leitungsgremium der *Deutschkonservativen Partei* ausscheiden, kurz danach trat er aus der Partei aus.

Stoecker engagierte sich wieder verstärkt in seiner eigenen *Christlich-Sozialen Partei*, die nun die Verbindung mit der *Deutschkonservativen Partei* löste und als eigenständige Organisation auftrat. Es gelang Stoecker und seiner Partei jedoch nicht mehr politische Bedeutung zu erlangen.

Berliner Antisemitentag 1894

Durch den Wahlerfolg von 1893 ermutigt, versuchten die erklärten Antisemiten erneut zu einer Einigung zu kommen und riefen 1894 einen weiteren Antisemitentag nach Berlin zusammen, auf dem 200 Delegierte sowohl der sozialen als auch der konservativen antisemitischen Partei zusammenkamen. Kurz darauf gründeten die Antisemiten in Eisenach die vereinigte *Deutschsoziale Reformpartei*. Von der gegen die Konservativen gerichteten Rhetorik Böckels und Ahlwardts distanzierte sich der Parteitag, und beide Agitatoren wurden aus der Fraktion, die die Abgeordneten dieser neuen Partei im Reichstag bildeten, ausgeschlossen. Dennoch hatte die neue Partei nur kurze Zeit Bestand. Schon im Jahr 1900 kam es erneut zur Spaltung zwischen der konservativen und der anti-konservativen Richtung. Zum Widersacher des konservativen Liebermann von Sonnenberg avancierte nun der sächsische Journalist Oswald Zimmermann (1852–1910). Der schon seit Mitte der 80er Jahre in der dortigen anti-konservativen antisemitischen Bewegung aktive Zimmermann wurde nun zum Vorsitzenden der *Deutschsozialen Reformpartei* gewählt. Liebermann von Sonnenberg kommentierte den Bruch mit der Bemerkung: „Lieber klein, aber rein". Der erneuten Spaltung folgte der Niedergang des politischen Antisemitismus im deutschen Kaiserreich.

Neue Spaltungen

Zwar konnten die antisemitischen Parteien in den Reichstagswahlen von 1907 noch einmal 3,9% der Stimmen auf sich vereinigen. Mit dem Tod Stoeckers 1909, Oswald Zimmermanns 1910 und Max Liebermann von Sonnenbergs 1911 verloren die drei wichtigsten miteinander konkurrierenden antisemitischen Parteien jedoch innerhalb kurzer Zeit ihre bekanntesten Protagonisten, so dass ihr Stimmenanteil bei den Reichstagswahlen von 1912 auf 2,9% der Stimmen zurückging. Der Antisemitismus hatte im Deutschen Kaiserreich damit als politische Bewegung seine Bedeutung verloren.

Kulturpessimismus und die Entstehung einer völkischen Bewegung

Gleichzeitig aber formierte sich im Bildungsbürgertum aufgrund eines Unbehagens an der Wilhelminischen Kultur eine neue kulturpolitische Bewegung, die die Ressentiments gegen Juden aus dem politischen Antisemitismus aufgriff, diese mit einem integralen Nationalismus und rassistischen Kulturalismus zusammenbrachte und sich auf den Begriff Volk als positive Gegenutopie berief. Diese völkische Bewegung verstand sich als kulturelle Sammelbewegung, in der eine Vielfalt unterschiedlicher weltanschaulicher und lebensreformerischer Orientierungen zusammenkam. Ebenso vielfältig waren die Vereine, die sich diesem Lager zugehörig fühlten, und entsprechend heftig waren die Konflikte zwischen den einzelnen Führern der sich befehdenden Bünde. Die völkische Bewegung verstand sich selbst als „Erbin der antisemitischen Bewegung". Ihr fundamentaler Nationalismus beruhte auf der Überzeugung von der Überlegenheit des deutschen Volkes, und ihr Antisemitismus erwuchs aus einem kulturell gefassten Rassismus. Sie blieb im Kaiserreich zwar im Abseits der etablierten politischen Kultur, kompensierte diese Position aber durch umso eifrigere publizistische und organisatorische Aktivitäten.

5. Antisemitismus im Alltag

Antisemitismus als kulturelle Haltung und Gesellschaftsstimmung

Obgleich sich der Antisemitismus als politische Bewegung in Deutschland durch innere Zerrissenheit und scharfe politische Gegensätze einerseits, den raschen Aufstieg und baldigen Niedergang der Parteien andererseits auszeichnete, war es den Antisemiten gelungen, die deutsche Gesellschaft mit ihrer antisemitischen Haltung zu durchdringen. Der Antisemitismus zeigte sich, wie schon ein aufmerksamer zeitgenössischer Beobachter wie Friedrich Naumann (1860–1919) notiert hatte, als „Gesellschaftsstimmung". In Österreich wurde der Antisemitismus zugleich mit dem Triumph der christlich-sozialen Bewegung unter Lueger zu einer dominanten, nicht nur die politische Kultur, sondern auch das Alltagsleben bestimmenden gesellschaftlichen Kraft. In der Schweiz wiederum ist das kulturelle Klima selbst ohne politischen Antisemitismus von antisemitischen Haltungen und Einstellungen durchsetzt worden, so dass er auch in den eidgenössischen Kantonen das soziale Leben und die gesellschaftlichen Beziehungen prägte.

Der Antisemitismus wurde damit in allen Teilen Zentraleuropas zu einem kulturellen, den Zustand der Gesellschaft kennzeichnenden Syndrom und zu einem Faktor des Alltagslebens, der sich auf der einen Seite in den verschiedenen sozialen Klassen in spezifischen kulturellen Dispositionen äußerte und auf der anderen Seite in der jeweiligen sozialen Praxis zum Ausdruck kam. Für die jüdische Bevölkerung Zentraleuropas wurde er außerdem zu einer alltäglichen Erfahrung, die sie in den verschiedensten Bereichen des sozialen Lebens machen musste.

Antisemitismus und soziale Klassen

a. Mit den sozialen Umwälzungen des 19. Jahrhunderts haben sich in Zentraleuropa vor allem fünf soziale Klassen mit entsprechenden soziokulturellen Milieus herausgebildet: Mittelstand, Bürgertum, Adel, Bauerntum und Arbeiterschaft. In diesen hat sich in jeweils unterschiedlicher Weise eine spezifische Haltung zu antisemitischem Denken und Handeln durchgesetzt.

Alter und neuer Mittelstand Handwerker

Als Gesellschaftsstimmung artikulierte sich der Antisemitismus vor allem in den konservativ eingestellten Teilen des Mittelstandes und des Bürgertums, er fungierte in diesen Kreisen als ein **kultureller Code**.

E

Antisemitismus als kultureller Code
Wie die israelische Historikerin Shulamit Volkov in einem erstmals 1978 erschienen Aufsatz herausgearbeitet hat, wurde der Antisemitismus am Ende des 19. Jahrhunderts zu einem Symbol, einem Kürzel für eine Weltanschauung. Er war Teil eines Bündels von konservativen traditionalen Werten, dynastischen oder nationalistischen Orientierungen, ständisch-korporativen Vorstellungen und kirchengebundenen Haltungen. Der Antisemitismus fungierte in diesen Milieus als ein kultureller Code, mit dessen Hilfe die Angehörigen der spezifischen politisch-kulturellen Lager ihre Zugehörigkeit zu diesen signalisierten. Antisemitismus war somit Ausdruck einer umfassenden Anti-Haltung, die sich zusammen mit der Ablehnung der Emanzipation der Juden und der bürgerlichen Freiheitsrechte gegen Liberalismus und Parlamentarismus ebenso richtete wie gegen Kapitalismus und Sozialismus. (Vgl.: Shulamit Volkov, Antisemitismus als kultureller Code, in: Dies., Jüdisches Leben und Antisemitismus im 19. und 20. Jahrhundert, München 1990, S. 13–36)

Was gerade den Mittelstand für die Sprache des Antisemitismus so anfällig machte, war die Tatsache, dass er an den alten Wertvorstellungen der Subsistenzökonomie, den Vorstellungen von gerechter Nahrung, handwerklicher Ehre und patriarchalischer Ordnung festhielt. In seinem Beharren auf den traditionellen Formen der moralischen Ökonomie war diese Klasse von den sozialen Erschütterungen infolge der Gewerbefreiheit und kapitalistischen Marktwirtschaft am stärksten getroffen. Die sozialen und moralischen Verwerfungen, die mit der Durchsetzung der neuen Marktordnung verbunden waren, wurden in diesen Kreisen allein den Juden zugeschrieben. Ihnen wurde die Schuld an den Zumutungen aufgebürdet, die die kapitalistische Ordnung dem Mittelstand abverlangte.

Q

Polizeibericht über ein Kneipengespräch von Hamburger Handwerkern
Aus: Richard Evans (Hg.): Kneipengespräche im Kaiserreich. Die Stimmungsberichte der Hamburger Politischen Polizei 1892–1914. Reinbek 1989, S. 315.

Von 8–8.40 Uhr besuchte ich die Wirtschaft Stemmler, Regienenstraße, Ecke Brückenstraße. Anwesende Gäste erwähnten den Selbstmord eines Schumachers am Röhrendamm. Der eine Gast: ‚Den Meister haben die Juden in den Tod getrieben, überhaupt haben die Juden das ganze Schumachergewerbe vernichtet. Das Schumachergewerbe stand in Hamburg in voller Blüte, man kannte keine Sorgen, bis auf einmal der Jude Kassel auftrat und den Grundstein der Vernichtung dieses Handwerks legte. Man kann heute ganz richtig sagen, das ganze Ledergeschäft in der ganzen Welt liegt in Judenhänden, sämtliche Schuhwarenfabriken gehören den Juden. Ganz dasselbe ist es mit dem Schlachtergewerbe, es gibt heutzutage keinen Schlachtermeister mehr, der nicht in Judenhänden steckt. […] Der Landwirt wuchert nicht, wohl aber sind es die Juden, die im Schlachtergewerbe den Zwischenhandel und Schacher betreiben […]. So mischt sich der Jude in jedes Handwerk, um es zu vernichten.

Angestellte

Neben dem alten Mittelstand aus dem Handwerk hat auch der neue Mittelstand der Angestellten in hohem Maße antisemitische Dispositionen entwickelt. Die moralischen Wertmaßstäbe und gesellschaftspolitischen Orientierungen des alten Mittelstandes wie Untertanenmentalität und monarchische Gesinnung sich zu eigen machend haben weite Teile der Angestellten ähnlich autoritäre Charakterdispositionen entwickelt, wie sie in der Handwerkerschaft verbreitet waren.

Bürgertum

Die entscheidenden Wortführer und Stichwortgeber der antisemitischen Gesellschaftsstimmung indes kamen aus dem gebildeten Bürgertum. Auch wenn dieses nur eine kleine und zudem aus verschiedenen Teilen zusammengesetzte Schicht darstellte, war es doch die dominierende Klasse. Die unterschiedlichen Teile des Bürgertums waren verbunden durch ein gemeinsames Lebensgefühl, eine gemeinsame Kultur und gemeinsame Werte, und diese wiederum waren in Teilen von antisemitischen Einstellungen durchzogen. Aus dem Bürgertum kamen die entscheidenden intellektuellen Anstöße, es hat die Sprache des Antisemitismus nachhaltig geprägt.

Gleichwohl war das Bürgertum alltags- und mentalitätsgeschichtlich kein homogener Block. So gehörten in Zentraleuropa die Juden selbst weitgehend dem Bürgertum an, darüber hinaus kamen auch die Verbündeten der Juden im Kampf für die gesellschaftliche Anerkennung aus dieser sozialen Klasse.

So handelte es sich beim Antisemitismus im bürgerlichen Milieu um einen endemischen, sozialräumlich begrenzt auftretenden Antisemitismus, wobei es sich jedoch nicht um zwei diametral gegenüberstehende kulturelle Lager handelte. Was die antisemitischen Haltungen und judenfeindlichen kulturellen Dispositionen im bürgerlichen Alltag auszeichnete, waren vielmehr Ambivalenzen und Brüche. Sie changierten zwischen Ablehnung des offenen Antisemitismus, insbesondere des gewalttätig auftretenden Radauantisemitismus, bei gleichzeitigen Aversionen gegen das Judentum. Ferner war im Bürgertum der offene oder verdeckte Anspruch an die Juden verbreitet, zum Christentum zu konvertieren. Die Gespaltenheit im bürgerlichen Antisemitismus zeigte sich auch darin, dass Juden je nach Situation und je nach Kontext unterschiedlich, mal wohlwollend, mal abweisend begegnet wurde.

Generationsspezifische Unterschiede

Schließlich kamen im bürgerlichen Alltagsleben auch generationsspezifische Einstellungen zum Tragen. Nachdem die Generation, die das oligarchisch-liberale Zeitalter und ihre bürgerliche Kultur in Deutschland und Österreich geprägt hatte, abtrat, wuchs im letzten Drittel des 19. Jahrhunderts eine neue Generation heran, die sich von verschiedenen Seiten her bedroht fühlte. Diese hatte wesentlich an der Entstehung der Berliner Bewegung Anteil. So artikulierte die junge Generation des Bürgertums, die in den 1880er Jahren an den Universitäten studierte, mithilfe der antisemitischen Sprache und Rhetorik ihren Protest an der bürgerlichen Kultur und ihr Unbehagen an der etablierten Lebensweise ihrer Väter. Ihr Kulturpessimismus wurde zum Einfallstor für den Antisemitismus.

Zu einem der wesentlichen Stichwortgeber dieser Generation wurde der in England geborene und in Frankreich sowie der Schweiz aufgewachsene Houston Stewart Chamberlain (1855–1927), der, nach Deutschland übergesiedelt, im Kreis um Richard Wagner zu einem besessenen deutsch-nationalistischen und rassistischen Antisemiten wurde. Mit seinem Werk *Die Grundlagen des 19. Jahrhunderts* von 1899 prägte er die antisemitische Gesellschaftsstimmung dieser kulturpessimistischen Generation nachhaltig.

Adel

Neben den bürgerlichen Protagonisten gehörten sowohl in Deutschland als auch Österreich Angehörige des Adels zu den ersten antisemitischen Agitatoren. Vor allem innerhalb des durch die Industrialisierung und Kommerzialisierung in seiner Existenz sich bedroht fühlenden Kleinadels verbreiteten sich antisemitische Befindlichkeiten und judenfeindliche Haltungen.

Die bäuerliche Bevölkerung

Von dem Zusammenprall der überlieferten, an der alteuropäischen Subsistenzökonomie orientierten Wirtschaftsgesinnung mit den Anforderungen der neuen Marktordnung, diesem „clash of economic mentalities" (David Peal), waren in besonderer Weise die Bauern betroffen, so dass die bäuerliche Bevölkerung für die Sprache des Antisemitismus überaus anfällig war und antisemitische Einstellungen unter Bauern sich leicht mobilisieren ließen. Im Mittelpunkt der antisemitischen Haltungen in der bäuerlichen Bevölkerung stand der überlieferte Wuchervorwurf, der hier vor allem wegen der sozioökonomischen Umwälzungen, von denen die Bauern betroffen waren, eine vermeintliche Aktualisierung erfuhr. Was die bäuerlichen Erfahrungen in dieser Situation kennzeichnete waren Phänomene wie die Verschuldung von Höfen, die finanziellen Abhängigkeiten von Krediten, die Kommerzialisierung der landwirtschaftlichen Produktion und schließlich die globale Konkurrenz im Getreide- und Nahrungsmittelhandel, Umwälzungen mithin, die die antisemitische Propaganda den Juden zuschrieb.

Arbeiterschaft

Während so in weiten Teilen der zentraleuropäischen Gesellschaft antisemitische Einstellungen verbreitet waren, hat sich die Arbeiterschaft im zentraleuropäischen Raum weitgehend immun gegenüber der antisemitischen Gesellschaftsstimmung erwiesen. Unter Arbeitern war Antisemitismus als kulturelle Haltung verpönt, er galt als Ausdruck einer konservativen Gesinnung.

Q

Brief von August Bebel an Friedrich Engels vom 15. November 1891
Aus: W. Blumenberg (Hg.), August Bebels Briefwechsel mit Friedrich Engels, Den Haag 1965, S. 478

Ich habe schon oft gesagt, will man in anständiger Gesellschaft hier sein, kann man nur unter die Juden gehen.

Regionale Unterschiede

Dieses soziale Profil der antisemitischen Gesellschaftsstimmung traf sowohl auf das deutsche Kaiserreich, die deutschsprachigen Teile der Habsburgermonarchie wie auf die schweizerische Eidgenossenschaft zu. In allen drei Ländern aber zeigten sich regionale Schwerpunkte und lokale Zentren. Mittelpunkt des Antisemitismus in Deutschland bildete Berlin, zugleich Ursprungsort des Antisemitismus. Antisemitische Haltungen waren ferner in der preußischen Provinz Pommern, in Sachsen, Hessen und Baden verbreitet, ebenso in den Städten Hamburg, Hannover oder Braunschweig. In Österreich wiederum stand Wien, die Stadt, in der ein erklärter Antisemit zum Bürgermeister gewählt wurde, im Mittelpunkt, und in der Schweiz waren vor allem im Kanton Aargau antisemitische Einstellungen verbreitet.

Antisemitismus der Kirchen

Jenseits der sozialen Zugehörigkeiten waren antisemitische Einstellungen und judenfeindliche Dispositionen insbesondere in kirchennahen Kreisen, katholischen ebenso wie protestantischen, virulent. Die Kirchen propagierten den Antisemitismus dabei sowohl in den konfessionell gespaltenen Ländern wie dem deutschen Kaiserreich und der Schweiz, als auch im dominant katholischen Österreich.

Im deutschen Katholizismus war der Antisemitismus zu einem zentralen Bestandteil des kirchlichen Bekenntnisses geworden, und die katholische Kirche hat von sich aus an der Entstehung und Propagierung der neuen antisemitischen Sprache maßgeblichen Anteil genommen. Der Katholizismus war nicht nur ein Mitläufer des Antisemitismus, sondern in wichtigen Aspekten sogar ein Vorläufer. Von der Kirche und dem katholischen Milieu gingen folgenschwere Impulse für die Herausbildung des Antisemitismus aus. Im Kampf der Katholiken gegen die Juden wurden die überlieferten religiösen Motive von ihrem Unbehagen an den den Juden angelasteten gesellschaftlichen Umwälzungen überlagert. Mithilfe des Antisemitismus versuchten sie den Bedeutungsverlust der Kirche zu kompensieren.

Der geschlossenen katholischen Kirche stand eine gespaltene protestantische Kirche gegenüber. Der Grad des Antisemitismus unter den Protestanten hing davon ab, welchen Frömmigkeitsstil, welche Theologie, welche soziale Zugehörigkeit und welches subjektive Krisenempfinden die einzelnen Christen hatten. Im Wesentlichen standen sich im deutschen Protestantismus zwei Lager gegenüber: ein konservatives und ein liberales, die sich auch hinsichtlich ihrer Haltung zum Antisemitismus deutlich voneinander unterschieden. Während der konservativ-lutherische Flügel, zu dem der Berliner Hofprediger Stoecker gehörte, nachdrücklich antisemitische Positionen vertrat, ja zu den Mitinitiatoren des Antisemitismus gehörte, fand der Antisemitismus im liberal-evangelischen Flügel zunächst geringere Resonanz. Gegen Ende des 19. Jahrhunderts färbten sich aber auch Teile des liberalen Flügels der protestantischen Kirche in Deutschland antisemitisch ein.

Im dominant katholischen Österreich wiederum wurden innerhalb der katholischen Kirche unterschiedliche Positionen vertreten. Auf der einen Seite stand der dynastisch-staatstragende Teil des Klerus, der in der antisemitischen Bewegung eine Gefahr für den Bestand der Monarchie erblickte und sich gegen den politischen Antisemitismus stellte, auf der anderen Seite standen diejenigen Kirchenkreise, die sich um die christlich-soziale Bewegung scharten und den Antisemitismus zu einem Kernpunkt ihres kirchlichen Bekenntnisses und ihrer christlich-politischen Überzeugungen gemacht hatten. Einer ihrer aktivsten Propagandisten war der Wiener Pfarrer Josef Deckert (1843–1901).

In der konfessionell gemischten Schweiz schließlich standen Kantone mit ausschließlich reformierter Bevölkerung wie Zürich, Basel oder Bern neben rein katholischen Kantonen wie Uri, Schwyz oder Tessin und konfessionell gemischten Kantonen wie Aargau, St. Gallen oder Genf. Die stärksten Äußerungen von Judenfeindschaft waren vor allem in letzteren Kantonen zu beobachten, es hatten folglich sowohl Katholiken wie Reformierte an der judenfeindlichen Gesellschaftsstimmung teil.

Antisemitismus als soziale Praxis

b. Für die Erfahrungen von Juden waren nicht nur die mitunter eher verdeckt artikulierten Haltungen oder halboffen hervortretenden Einstellungen entscheidend, weit stärker noch waren sie vom konkreten Handeln im Alltagsleben, den unmittelbaren Beziehungen von Juden und Nichtjuden in den unterschiedlichen Lebensbereichen geprägt. Dort trat der Antisemitismus nicht nur als mentale Disposition hervor, sondern äußerte sich auch in der sozialen Praxis. Diese erstreckte sich auf jene Felder, in denen Juden unmittelbar mit antisemitischen Akteuren in Beziehung kamen und in denen sie erleben mussten, wie Antisemiten ihre Haltungen in konkretes Handeln umsetzten.

Während Juden im Privat- und Familienleben eher unter sich blieben, sind in Anbetracht der konkreten Beziehungen von Juden und Nichtjuden in den verschiedenen Bereichen des Alltags vor allem drei Felder zu unterscheiden: erstens die Arbeitswelt, zweitens die Zivilgesellschaft und drittens die Institutionen des Staates.

Antisemitismus in der Arbeitswelt

In der Arbeitswelt waren die konkreten Beziehungen von Juden und Nichtjuden in den unterschiedlichen Bereichen des Wirtschaftsleben zwar nicht frei von Ambivalenzen und Zwiespältigkeiten, im Vergleich zu anderen sozialen Feldern aber gestalteten sie sich weniger schwierig. Dies gilt insbesondere für die kleine Schicht der Wirtschaftsaristokratie, in der Juden und Nichtjuden in einem ständigen und gleichberechtigten Austausch miteinander standen. Im Bankgewerbe war die gegenseitige Anerkennung geradezu Voraussetzung von geschäftlichem Erfolg. Weniger belastete Formen sozialer Praxis zeigten sich genauso im Arbeitsleben der mittleren Schicht wohlhabender jüdischer Kaufleute und Händler, und auch im Presse- und Verlagswesen waren jüdische und nichtjüdische Geschäftspartner oder Arbeitskollegen auf eine vorurteilsfreie und unvoreingenommene Zusammenarbeit angewiesen.

Gegen die jüdischen Warenhausbesitzer richtete sich zwar die antisemitische Agitation mit besonderer Schärfe. Diese konnte aber nicht verhindern, dass in den Betrieben selbst die Beziehungen der nichtjüdischen Angestellten zu ihren jüdischen Vorgesetzten von antisemitischen Befindlichkeiten eher ungetrübt blieben.

Schließlich hat die große Zahl von Juden, die in den freien Berufen als Rechtsanwälte oder Ärzte, als Musiker oder Schauspieler tätig war, in der Arbeitswelt Formen einer sozialen Praxis erfahren, die von antisemitischen Vorhaltungen und Voreingenommenheiten weniger durchsetzt war. Wenn es einen Bereich des sozialen Lebens gab, in dem die Beziehungen eher ausgeglichen waren, so handelt es sich um die Arbeitswelt. Judenfeindliche Vorurteile konnten in diesem sozialen Feld durch gemeinsames Handeln und eine gemeinsame Praxis aufgehoben werden.

Antisemitismus in der Zivilgesellschaft

Anders war die Situation im zweiten Bereich, dem der Zivilgesellschaft. Es handelt sich um jenen Bereich des sozialen Lebens, in welchem sich die Bürger selbst organisieren, um ihre wirtschaftlichen Interessen zu artikulieren, in dem sie Initiativen entfalten, um ihre kulturellen und geselligen Bedürfnisse zu befriedigen, oder schließlich Vereine gründen, um wohltätigen und mildtätigen Zwecken zu dienen. Hier taten sich je nach sozialer Zusammensetzung, historischen Umständen und lokalen Besonderheiten erhebliche Unterschiede auf.

Antisemitismus in den Interessenverbänden

Den stärksten Formen von antisemitischen Vorbehalten und die gravierendsten Fälle einer vom Antisemitismus geprägten sozialen Praxis sind hier in den Interessenverbänden des Mittelstandes zu beobachten, vor allem derjenigen der Angestellten, Handwerker und Kleinhändler. Diese ließen in ihrer sozialen Praxis kaum Raum für positive Beziehungen von Juden und Nichtjuden, sondern waren ganz überwiegend von ihren antisemitischen Dispositionen bestimmt.

Ein nicht-antisemitischer Verein: Der *Hansa-Bund*

In den Verbänden der wohlhabenden Kaufleute, Unternehmer und Bankiers hingegen wurde selbst im geselligen Teil der Vereinkultur eine von antisemitischen Vorbehalten eher unbelastete soziale Praxis geübt, wie es sich etwa am Beispiel des Vereinslebens der 1909 gegründeten liberalen wirtschaftspolitischen Vereinigung des *Hansa-Bundes* zeigt.

Bürgerliche Vereinskultur: Gesangs- und Turnvereine

Im Unterschied zu den Interessenverbänden des Mittelstandes sind in den zivilgesellschaftlichen Initiativen auf lokaler Ebene Vereine zu beobachten, die von Christen und Juden gemeinsam getragen wurden, in denen die soziale Praxis von antisemitischen Anfeindungen weniger belastet war, kleinstädtische Gesangs- und Turnvereine etwa oder die vereinsmäßig organisierte Freiwillige Feuerwehr.

Q

Aus den 1933 erschienenen Erinnerungen des jüdischen Bauunternehmers Julius Berger, der 1863 in Westpreußen geboren und ca. 1944 in Theresienstadt umgekommen ist

Monika Richarz (Hg.), Jüdisches Leben in Deutschland. Selbstzeugnisse zur Sozialgeschichte im Kaiserreich, Stuttgart 1979, S. 251–260

Da ich sehr großes Interesse an Musik und eine einigermaßen gute Stimme hatte, habe ich mich zunächst darum bemüht, in Zempelburg einen Gesangsverein zu gründen. [...] Nachdem das Bestehen des Gesangsvereins durch weitere neue Mitglieder gesichert war, gründete ich einen Turnverein. [...] Schließlich habe ich [...] auch die ‚Freiwillige Feuerwehr' gegründet [...]. Die von mir gegründeten drei Vereine hatten ihre Zusammenkünfte 3–4mal wöchentlich. Selbstverständlich ist es nicht nur bei Turnen, Singen und Übungen der Freiwilligen Feuerwehr geblieben, sondern es schloß sich daran oftmals eine feucht-fröhliche Sitzung, die bis spät in die Nacht hinein dauerte. [...] Ich glaube aber sagen zu können, daß ich gerade durch die Gründung dieser Vereine, in denen alle Konfessionen vertreten waren, die verschiedenen Konfessionsangehörigen einander näher gebracht habe.

Dies galt auch für die bürgerliche Vereinskultur von Städten wie Breslau oder Königsberg, in denen das zivilgesellschaftliche Engagement noch relativ lange von liberalen Grundsätzen geprägt war und in denen die Beziehungen von Juden und Christen eher ausgeglichen waren. Mit dem allgemeinen Wandel des kulturellen Klimas wurden aber auch in diesen Städten antisemitische Tendenzen stärker. Diese haben sich vor allem in der Gründung von konservativen Vereinen gezeigt, die sich neben und gegen die liberalen Bürgergesellschaften bildeten und in denen antisemitische Einstellungen virulent waren.

Antisemitismus im Staatsdienst

Das dritte Feld, auf dem Antisemitismus im Alltag und als soziale Praxis in Erscheinung trat, lag im Bereich des Staatsdienstes, wobei hier entscheidend war, ob und inwiefern Juden aus ihm ausgeschlossen wurden. Für den Antisemitismus als sozialer Praxis sind vor allem drei Institutionen zu unterscheiden: erstens die Universitäten, zweitens der Justizdienst und drittens das Militär.

Universitäten

Höchst ambivalent waren die jüdischen Erfahrungen im Lehrkörper der Universitäten. Zwar konnten Juden in Deutschland und Österreich in Nischenfächern mitunter beachtliche Anerkennung finden, doch wurden der Berufung von Juden zu Professoren in beiden Ländern immer wieder erhebliche Widerstände entgegengesetzt, wobei sich in Österreich vor allem die katholische Kirche mit Nachdruck dagegen sperrte. Wollten Juden sich mit Erfolg auf prestige- und aussichtsreiche Lehrstühle bewerben, mussten sie zum Christentum übertreten. In der Schweiz wiederum, wo jüdische Wissenschaftler geringere Schwierigkeiten hatten, einen Lehrstuhl zu bekommen, wurden sie gleichwohl von antisemitischen Zeitschriften wie etwa dem *Samstag* scharf angegriffen.

Justizdienst

Im Justizdienst war eine ganz ähnliche Praxis zu beobachten. Auch wenn durchaus eine Reihe von Juden zu Richtern ernannt wurde, so ist doch immer wieder der Vorbehalt geäußert worden, als Juden könnten sie nicht über Christen Recht sprechen. In den einzelnen Ländern des Deutschen Kaiserreiches indes war die Situation sehr unterschiedlich. Hamburg war der erste Staat, der 1860 mit Gabriel Riesser einen Juden zum Richter ernannt hatte. In Baden und Bayern wurden gelegentlich Juden als Justizbeamte eingestellt, Preußen hielt an seiner restriktiven Praxis fest und ernannte nur unter Einschränkungen Juden zu Richtern. Sachsen, Württemberg, Braunschweig und Hessen hingegen verfolgten eine Politik der rigorosen Diskriminierung. In Österreich wiederum konnten bekennende Juden seit 1863 Notare werden, aber selbst unter dem in der liberalen Epoche als Justizminister tätigen konvertierten Juden Julius Glaser (1831–1885) ist kein Jude zum Richter ernannt worden. Erst 1893 erlangte ein Jude in Österreich die Beförderung zum Gerichtsrat.

Militärdienst

Im Bereich des Militärdienstes wiederum machten Juden in Deutschland und Österreich sehr unterschiedliche Erfahrungen. Im Fall des österreichischen Heeres, das eine gemeinsame, die beiden Teile der Doppelmonarchie verbindende Institution darstellte, konnten Juden zwar nicht in die höchsten Ränge aufsteigen, aber doch immerhin in großer Zahl als Reserveoffiziere dienen. Im deutschen Kaiserreich hingegen, in dem die Armeen den verschiedenen Einzelstaaten unterstanden, waren die höheren Ränge Juden gänzlich versperrt. Selbst als Reserveoffiziere, ein Status mit ungemein hohem sozialen Prestige im deutschen Kaiserreich, wurden Juden nicht aufgenommen.

In der Schweiz wiederum konnten Juden zwar durchaus Offiziere werden, doch auch hier sahen sie sich Anfeindungen und Vorbehalten ausgesetzt. In den Debatten im Aargauer Rat 1863 über die Stellung der Juden in der Gesellschaft wurde ihnen vorgeworfen „der Treue unfähig" zu sein, so dass sie für den Militärdienst nicht in Frage kämen. Das *Israelitische Wochenblatt für die Schweiz* klagte 1908 über den „Ausschluss des höheren Avancements beim Militär" sowie über die „schikanöse Behandlung" jüdischer Soldaten.

Antisemitismus als alltägliche Erfahrung

c. Antisemitismus wurde für die jüdische Bevölkerung Zentraleuropas zu einer alltäglichen Erfahrung, die antisemitische Bedrohung zu einem unmittelbaren Erlebnis. Zugleich haben sie diese Erfahrungen in komprimierten Erfahrungsschüben, ausgelöst durch eigene Erlebnisse oder ferne Ereignisse, zu Einsichten in das gesellschaftliche Zusammenleben verarbeitet. Schon frühzeitig haben jüdische Intellektuelle versucht, die antisemitische Bedrohung begrifflich und historisch zu erfassen und auf die Erfahrung des Antisemitismus politisch zu reagieren.

Antisemitismus als Kindheitserlebnis

Im Alltagsleben begegnete ihnen der Antisemitismus nicht selten schon in den Kindheitsjahren, im Schulalltag in Form von Hänseleien oder Benachteiligungen. Die verschiedenen Generationen von Juden im zentraleuropäischen Raum haben die antisemitische Bedrohung indes in unterschiedlicher Weise erfahren. Die ältere Generation deutscher und österreichischer Juden, die in ihrer Sozialisation noch stärker von den Erfolgen im Kampf um die Anerkennung und die rechtliche Gleichstellung geprägt waren, hielt eher an ihren positiven Erwartungen fest und neigte dazu, den Antisemitismus als eine vorübergehende Erscheinung einzuschätzen. Die seit den 1880er Jahren sozialisierten Generationen hingegen erlebten den Antisemitismus als eine unmittelbare Bedrohung ihrer gesellschaftlichen Lebensmöglichkeiten und staatsbürgerlichen Stellung.

Auch wurden die alltäglichen Beleidigungen, denen Juden ausgesetzt waren, insbesondere wenn sie von Kindern verhöhnt und beschimpft wurden, unterschiedlich erfahren, je nachdem ob sie in kleinstädtischen Gemeinden und Dörfern lebten, wo die Erniedrigungen und Hänseleien direkter waren, oder in Großstädten, wo die verschiedenen soziokulturellen Milieus eher getrennt blieben und die Beleidigungen unter Distanz wahrgenommen wurden. In Großstädten wiederum begegneten Juden besonderen Zeichen von Ausgrenzung, wenn sie aus Gastwirtschaften oder Hotels ausgeschlossen wurden.

Geschlechtsspezifische Vorwürfe

Schließlich traten geschlechtsspezifische Unterschiede in den Erfahrungen des alltäglichen Antisemitismus hervor. Während Männer zum Beispiel als Parvenüs, Schmarotzer oder Blutegel diffamiert wurden, sahen sich Frauen dem Vorwurf sexueller Ausschweifungen und Freizügigkeiten ausgesetzt. Neben dem Topos vom ‚hässlichen Juden' stand das Motiv der verführerischen ‚belle juive', das zusätzliche antisemitische Konnotationen erhielt, indem der ‚Jüdin' zersetzende und zerstörerische Macht zugeschrieben wurden. Auch wurden jüdische Frauen als ‚schöne Schickse' diffamiert. Enge semantische Verbindungen ergaben sich aus der Überlagerung antisemitischer und antifeministischer Topoi, da antisemitische Autoren zumeist ein konservatives Frauenbild hatten. Diese Haltung verschärfte sich in dem Maße, wie Jüdinnen in der bürgerlichen Frauenbewegung aktiv waren und sich für die Verbesserung der Situation der Frauen engagierten. Die ersten jüdischen Studentinnen wiederum hatten in der akademischen Welt unter der doppelten Missachtung als Frauen und als Jüdinnen zu leiden.

Erneute Ausbrüche von physischer Gewalt gegen Juden

Was die jüdischen Erfahrungen in den Jahrzehnten vor dem Ersten Weltkrieg am stärksten geprägt hat, waren die Ausbrüche von individueller oder kollektiver physischer Gewalt. Sie reichten vom Zufügen von Schmerzen, gingen über in Quälereien von Einzelnen oder Gruppen, und führten bis hin zu Demolierungen oder Sachbeschädigungen. Schließlich konnte die Gewalt auch in Mord und Totschlag enden.

Schon die ersten öffentlichen Auftritte von Ernst Henrici im Dezember 1880 in Berlin gaben zu Tumulten und Ausbrüchen von Gewalt Anlass. Wenig später kam es im Februar 1881 im Anschluss an eine öffentliche Rede von Henrici in der pommerschen Kleinstadt Neustettin zu antisemitischen Krawallen und zu einem Brandanschlag auf die Synagoge. In den folgenden Wochen breitete sich die antisemitische Gewalt in anderen pommerschen Provinzstädten aus.

Exzesse von Gewalt gegen Juden brachen vor allem im Kontext von Ritualmordvorwürfen aus, etwa 1891 in der niederrheinischen Kleinstadt Xanten oder 1900 im westpreußischen Konitz.

Für das deutschsprachige Österreich (wiederum im Gegensatz zu anderen Provinzen der Habsburgermonarchie) sowie für die Schweiz sind in diesem Zeitraum zwar keine so exzessiven Fälle antisemitischer Gewalt überliefert, wie sie in Deutschland vorgefallen sind, die antisemitische Rhetorik zeigte aber auch in Wien und Zürich Wirkung, auch hier folgte der Sprache der Gewalt die Gewalt auf der Straße.

6. Jüdische Abwehr

Interventionen und Einspruch

Zeitgenössische Juden haben die antisemitische Bedrohung sehr genau wahrgenommen, sich mit historischen und sozialpsychologischen Methoden mit dem Phänomen auseinandergesetzt und den besonderen Charakter der neuen Form von Judenhass durchaus erkannt. Auch waren es nahezu ausschließlich Juden, die sich kritisch mit dem Antisemitismus auseinandergesetzt und öffentlich Einspruch erhoben haben, und dies, obgleich er nicht nur eine Gefahr für die jüdische Bevölkerung darstellte, sondern den gesellschaftlichen Zusammenhang insgesamt bedrohte.

Organisierte Abwehr

Unsicherheit herrschte zunächst darin, wie politisch auf den Antisemitismus zu reagieren sei. Erste vorsichtige Ansätze einer organisierten Abwehr zeigten sich in Deutschland bereits in dem 1872 gegründeten *Deutsch-Israelitischen Gemeindebund*, als sich die Züge der neuen Judenfeindschaft nach den Börsen- und Bankenzusammenbrüche von 1873 in der Öffentlichkeit abzuzeichnen begannen. In Österreich hat die 1886 gegründete *Österreichisch-Israelitischen Union* begonnen, eine Abwehr zu organisieren. Unterstützung haben die Juden seit 1891 in beiden Ländern auch von nicht-jüdischer Seite bekommen, in Deutschland vom *Verein zur Abwehr des Antisemitismus* und in Österreich vom dortigen *Anti-Verein*.

Der *Centralverein deutscher Staatsbürger jüdischen Glaubens*

Im Jahr 1893, auf dem Höhepunkt des Antisemitismus als politischer Bewegung und zugleich als Ausdruck der Gegenwehr der Juden gegen die antisemitische Bedrohung, ist in Deutschland diejenige Organisation gegründet worden, die zur mitgliederstärksten Vereinigung der deutschen Juden wurde, und deren Ziel programmatisch im Namen des Verbandes zusammengefasst war, dem *CV deutscher Staatsbürger jüdischen Glaubens*. Dieser entfaltete eine rege Tätigkeit zur Bekämpfung des Antisemitismus, die nicht ohne Erfolg blieb. Im Niedergang des politischen Antisemitismus sahen die Protagonisten des Verbandes eine Bestätigung für ihr Engagement und ein Zeichen dafür, dass der Antisemitismus überwunden werden könne.

Zionismus als Alternative?

Als aber gegen Ende des Jahrhunderts die antisemitische Gesellschaftsstimmung weder aus Deutschland noch aus Österreich und der Schweiz gewichen war, brachten Teile der jungen Generation den Versprechungen der Anpassung kein Vertrauen mehr entgegen. Sie entwarfen als Antwort auf die alltägliche Erfahrung des Antisemitismus nun die zionistische Perspektive der Auswanderung nach Palästina.

Q

Ein zeitgenössischer jüdischer Historiker über Erfolg und Misserfolg des Abwehrkampfes

Aus: Martin Philippson, Neueste Geschichte des jüdischen Volkes, Bd. 2, Leipzig 1910, S. 51, 55, 68

Der ‚Zentralverein' hat seine Aufgaben wacker erfüllt [...]. Damit erhielt die antisemitische Keckheit allmählich eine recht empfindliche Abdämpfung. [...]
Allmählich kam der laute Antisemitismus, der so gar nichts Positives zu schaffen und nur zu verleumden und zu hetzen imstande war, in Misskredit. [...]
Bei den Landtagswahlen des Frühjahrs 1908 [...] fiel die antisemitische Partei vollständig aus [...] Freilich in der Gesinnung ist er [der Antisemitismus], wenn schon in gemäßigter Form, allgemeiner als je verbreitet. Und das ist das Ergebnis der Geschichte des Antisemitismus in Deutschland. Ob er in naher Zukunft auch aus dem Geiste des deutschen Volkes wieder verschwinden wird? Heute ist dazu wenig Aussicht.

V. Der Erste Weltkrieg: Ein Wendepunkt des Antisemitismus

Wendepunkt im europäischen Antisemitismus

Der Erste Weltkrieg und die unmittelbaren Nachkriegsfolgen (Revolution, Gegenrevolution, Republikgründungen und Pariser Vorortverträge), werden heute als Wendepunkt im europäischen Antisemitismus gesehen, der sich nun vor allem in den Ländern, die den Krieg verloren hatten (Deutschland, Österreich, Ungarn), aber auch in einigen anderen Staaten zu einer zentralen Kraft im politischen Leben entwickelte. "The First World War had proved to be a major turning point in the relation between Jews and German-speaking people in both Austria and Germany" (Bruce Pauley). Der systemloyale Antisemitismus der Kaiserreiche, der bis 1915 keine dominierende politische Kraft gewesen war und noch keine bedrohliche Größenordnung besaß, wandelte sich nun zu einer Ideologie, die sich zugleich auch gegen die neuen Republiken richtete, die in beiden Ländern von den Antisemiten als „Judenrepublik" bekämpft wurden. Ferner nahm der zuvor primär verbal aufgetretene Antisemitismus stärker aktionistische und gewalttätige Formen an.

1. Der brüchige „Burgfrieden"

Zurückdrängen des Antisemitismus

Bei Ausbruch des Krieges war diese fatale Entwicklung noch nicht vorhersehbar. Peter Pulzer sieht mit Ausbruch des Weltkrieges sogar eine dramatische Änderung der deutschen wie der österreichisch-ungarischen Regierungspolitik. Der innere „Burgfrieden" brachte Zugeständnisse an die Juden und ein Zurückdrängen des Antisemitismus, um so die finanziellen und intellektuellen Ressourcen der deutschen und das Wohlwollen der ausländischen Juden vor allem in den USA und im Zarenreich zu gewinnen. In führende Stellen der Kriegswirtschaft, Diplomatie und Wissenschaft wurden Juden wie Walther Rathenau (1867–1922) und Albert Ballin (1857–1918) berufen, die zu aktiven Mitgestaltern der Wirtschaftspolitik wurden. In der „Ostjudenfrage", dem zionistischen Projekt in Palästina und in den Bemühungen um Einfluss in den USA arbeiteten die deutschen Stellen eng mit jüdischen Organisationen zusammen. Die deutschen Juden erhofften sich – vom liberalen C.V. über die Orthodoxie bis zu den Zionisten – mit dem „Burgfrieden" und dem Nachweis ihrer patriotischen Gesinnung im Kriegsdienst die völlige Gleichbehandlung in der Gesellschaft. Dasselbe gilt bis auf wenige, prominente Ausnahmen wie Karl Kraus (1874–1936) oder Viktor Adler (1852–1918) auch für die österreichischen Juden, die einschließlich der Zionisten den Krieg begeistert unterstützten und darin eine Chance sahen, ihre Loyalität zum Staat und Habsburgischen Kaiserhaus zu beweisen. Zwar darf man den Loyalitätsdruck im Kriege nicht unterschätzen, doch muss man nach Ulrich Sieg die deutschen Juden – und dies gilt ebenso für die österreichischen – 1914 als in hohem Maße in die deutsche Gesellschaft integriert ansehen, so dass ihr nationales Engagement selbstverständlich und keineswegs eine Form der „totalen Assimilation" war. Dennoch, die jüdische Gemeinschaft zeigte in Deutschland und Österreich ein sehr hohes Maß an „Selbstmobilisierung". Um ihre Loyalität zu beweisen, haben Juden in beiden Ländern zahlreiche Aufrufe verfasst, sich freiwillig zu den Fahnen zu melden. Damit wollten sie, wie es die liberale jüdische Zeitung *Wahrheit* am 28. August 1914 formulierte, auch die ärgsten Judenfeinde beschämen und zum Schweigen bringen.

Kriegsermittlungen über Juden

Die Tatsache, dass der *Verband der Deutschen Juden* bereits am 14. August 1914 seine Leser aufrief, die Namen jüdischer Soldaten mitzuteilen, und im Februar 1915 ein „Büro für Statistik der Juden" einrichtete, verweist nach Manfred Messerschmidt jedoch auf eine anhaltende Skepsis angesichts der historischen Erfahrungen mit „Judenstatistiken" im preußischen Heer. Wie sehr die Skepsis begründet war, zeigt die Forderung des aggressiv antisemitischen *Reichshammerbundes*, der am 28. August 1914 seine Mitglieder dazu aufrief, „Kriegsermittlungen" über Juden anzustellen. Im Habsburger Reich war die Situation eine andere, da die Armee für Juden schon länger offen stand und Juden insbesondere im Offizierskorps überrepräsentiert waren. In deutlichem Unterschied zur deutschen Armee scheint Antisemitismus in der österreichisch-ungarischen kein ernstes Problem gewesen zu sein.

Zensur und antisemitische Propaganda

Bei Kriegsausbruch kam es in Deutschland zu Gewalt gegenüber zugewanderten Juden, die sich dem Vorwurf der Spionage ausgesetzt sahen, und der „Burgfrieden" erwies sich schnell als brüchig. Bereits gegen Ende 1914 ist ein Wiederaufleben von Antisemitismus zu erkennen und je mehr sich das Kriegsglück gegen die Mittelmächte wendete, desto mehr Raum gewann die politische Rechte mit ihrer antijüdischen Agitation. Auch wenn die Reichsregierung zunächst darauf bedacht war, den „Burgfrieden" einzuhalten und versuchte, den Antisemitismus mit Zensurbestimmungen zurückzudrängen, so zeigen doch die wenigen Untersuchungen zur antisemitischen Propaganda, dass etwa im radikalantisemitischen *Hammer* die „Ostjudenfrage" bereits ab 1914 breiten Raum einnahm und die antisemitischen Zeitschriften die Zensur dadurch unterliefen, dass sie über schreckliche Missstände klagten, über die sie nicht berichten dürften. In Österreich wurde die Zensur in den ersten drei Kriegsjahren strenger beachtet, da die Regierung die Unterstützung der Juden im Kampf gegen das antisemitische Russland nicht aufs Spiel setzen wollte. Dennoch finden sich in der *Reichspost*, dem offiziellen Organ der Christlich-Sozialen Partei, und in der *Ostdeutschen Rundschau* bereits Ende 1915 Anschuldigungen, die Juden würden einem Annexionsfrieden im Wege stehen. Der ungünstige Kriegsverlauf ab 1917 führte dann auch in Österreich-Ungarn zu einer Lockerung der Zensur, und verbale Angriffe auf Juden nahmen an Zahl und Schärfe zu. Die antisemitische Presse sah sich von feindselig gesonnenen Juden regelrecht umringt und beschuldigte ferner jüdische Emigranten, in den USA und Großbritannien gegen ihre Heimat zu agitieren. Immer wieder wurden in der Bevölkerung Vorwürfe laut, Juden würden für Russland spionieren, und in Österreich sind vor allem galizische Juden verleumdet worden, sich vom Militärdienst zu drücken. Nachforschungen ergaben die Haltlosigkeit dieser Anschuldigungen, doch ließen sich die Antisemiten nicht davon abbringen, sie nach Kriegsende zu erneuern.

Antisemitismus im Militär

Während in der habsburgischen Armee judenfeindliche Anschuldigungen seltener zu vernehmen waren, machte sich im deutschen Militär bereits 1915 Antisemitismus wieder offen bemerkbar: Die Beförderung jüdischer

Offiziere und Unteroffiziere ging merklich zurück, und der Antisemitismus fasste im aristokratischen Offizierscorps und in der Militärverwaltung Fuß. Die Zensur begünstigte nun die Veröffentlichung antijüdischer Artikel. Aber auch unter einfachen Soldaten begann eine zunehmende Isolierung der jüdischen Kameraden. Julius Marx stellte im September 1916 in seinem Kriegstagebuch fest: „Die Kriegslage scheint sich verschlimmert zu haben. Um das Volk abzulenken, macht man in Antisemitismus." Marx ist eine der vielen Stimmen, die Eva G. Reichmann in ihrem Beitrag *Der Bewusstseinswandel der deutschen Juden* zu Wort kommen lässt. Aus den antisemitischen Erfahrungen einiger Soldaten lässt sich kein pauschales Urteil ableiten, da die Feldpostbriefe jüdischer Soldaten keineswegs durchgehend über antisemitische Erfahrungen berichten, sondern einen „widersprüchlichen Eindruck" (Egmont Zechlin) boten.

„Judenzählung" 1916

Ab 1915 wurden im Zuge der schwindenden Hoffnungen auf den Sieg und der immer schlechter werdenden Versorgungslage antisemitische Stimmen aus den rechtsradikalen und völkischen Organisationen in Österreich und Deutschland immer lauter. Eine Flut von Eingaben an das Preußische Kriegsministerium warnte vor jüdischen „Drückebergern" und erhob Forderungen nach einer statistischen Untersuchung über die jüdische Beteiligung am Krieg und an den Kriegsgesellschaften. Eine Weile widerstand die Regierung dem Druck von rechts, doch ordnete sie im Oktober 1916 schließlich die „Judenzählung" an, die statistisch den Einsatz von Juden an der Front überprüfen sollte, eine Forderung, die auch österreichische Antisemiten erhoben. Damit gelang diesen Kräften der Durchbruch. Ihr Einfluss war auch ein Faktor, der 1917 zur Verfassungskrise und 1918 zum Erlass einer „Grenzsperre" für Ostjuden beitragen sollte.

Q

Erlass des preußischen Kriegsministeriums, Minister Wild von Hohenborn, zwecks Nachweisung aller beim Heer befindlichen wehrpflichtigen Juden vom 11. Oktober 1916

Aus: Werner T. Angress, Das deutsche Militär und die Juden, S. 97.

Fortgesetzt laufen beim Kriegsministerium aus der Bevölkerung Klagen darüber ein, daß eine unverhältnismäßig große Anzahl wehrpflichtiger Angehöriger des israelitischen Glaubens vom Heeresdienst befreit sei oder sich von diesem unter allen nur möglichen Vorwänden drücke. Auch soll es nach diesen Mitteilungen eine große Zahl im Heeresdienst stehender Juden verstanden haben, eine Verwendung außerhalb der vordersten Front, also in dem Etappen- und Heimatgebiet und in Beamten- und Schreiberstellen zu finden.

Um diese Klagen nachzuprüfen und ihnen gegebenenfalls entgegentreten zu können, ersucht das Kriegsministerium ergebenst um gefällige Aufstellung einer Nachweisung nach dem anliegenden Muster 1 und 2. Diese Nachweisungen wollen von den Armeekommandos, Armeeabteilungen, stellvertretenden Generalkommandos, General-Inspektionen und den General-Gouvernements in Warschau und Brüssel zusammengestellt bis zum 1. 12. 1916 dem Kriegsministerium eingereicht werden.

Wild von Hohenborn

Proteste gegen die „Judenzählung"

In einem Ergänzungserlass musste das Ministerium am 19. November dekretieren, dass die Behörden diese Zählung nicht als Gelegenheit nehmen sollten, Juden aus ihren bisherigen Stellungen zu entfernen. Gegen den Erlass gab es Proteste der SPD und Fortschrittlichen im Reichstag, und auch die verschiedenen Strömungen des deutschen Judentums versuchten sich gegen diese Unterstellungen zu verteidigen. Diese Statistik wurde nach Werner Angress von den Juden als Affront gewertet, auch wenn das Kriegsministerium auf Veranlassung von Sprechern der Juden, der Sozialdemokraten und der Freiheitspartei eine Art „Ehrenerklärung" abgab. Die Ergebnisse der „Judenzählung" wurden nie veröffentlicht, was antisemitischen Unterstellungen Tor und Tür öffnete und in Pommern sogar dazu führte, dass man Juden zu den Meldestellen schleifte, damit sie schnell an die Front kämen.

Agitation völkisch-antisemitischer Organisationen

Für den im „Kohlrübenwinter" 1916/17 immer spürbarer werdenden Mangel an Lebensmitteln machte die Bevölkerung, alten antijüdischen Stereotypen folgend, die Juden als „Schieber" und „Kriegsgewinnler" haftbar. Diese Stimmung wurde durch die Agitation völkisch-antisemitischer Organisationen im Deutschen Reich wie auch in Österreich weiter angeheizt. Alfred Roth (1879–1948), führender Funktionär des *Deutschnationalen Handlungsgehilfen-Verbandes(DHV)*, und der altgediente Antisemit Theodor Fritsch richteten eine „Denkschrift" an den Kaiser, andere deutsche Fürsten und führende Persönlichkeiten, um davor zu warnen, dass „die Juden in Wirklichkeit die Beherrscher des Wirtschaftslebens in Deutschland" geworden seien. Diese von der Rechten in die Welt gesetzte Legende von der jüdisch beherrschten Kriegswirtschaft war so wirkungsmächtig, dass sogar der Zentrumspolitiker Matthias Erzberger (1875–1921) 1916 im Reichstag die Frage nach den Juden als Kriegsgewinnlern aufwarf und anregte, die Anzahl der Juden in kriegswirtschaftlichen Ämtern zu ermitteln.

Siegfrieden oder Verständigungsfrieden

Die Torpedierung des „Burgfriedens" konterkarierte auch die Mobilisierungsanstrengungen der Regierung und destabilisierte die innenpolitische Lage, so dass die Regierung ihre integrative Politik, die zumindest für die Zeit des Krieges einen Ausgleich zwischen den konfessionellen, ethnischen und politischen Lagern anstrebte, nicht mehr durchhalten konnte. So bildeten sich in Deutschland zwei antagonistische politische Lager aus: Auf der einen Seite standen die „Falken", zu denen die *Konservative Partei* und Teile der *Nationalliberalen* sowie die Spitzenverbände von Industrie und Landwirtschaft und der *Alldeutsche Verband* gehörten. Sie alle wollten nur einen „Siegfrieden" akzeptieren, der dem Deutschen Reich eine Vormachtstellung in Ostmitteleuropa sichern und den Weltmachtanspruch erfüllen würde. Im Innern zielten sie mit der Forderung nach einer„Entfernung des Giftes aus dem deutschen Volkskörper" vor allem auf die Ausschaltung der Juden und auf einen autoritären Staat. Das gegnerische Lager, von ihnen als „Flaumacher" geschmäht, strebte nach einem Verständigungsfrieden, d.h. die Erhaltung des status quo ante, und trat innenpolitisch für ein allgemeines und gleiches Wahlrecht, Demokratisierung und für soziale Rechte ein. Zu diesem Lager zählten mit den Liberalen, Sozialisten, Juden und Katholiken diejenigen Kräfte, die man im Alldeutschen Verband unter die inneren und äußeren Reichsfeinde zählte. Der Reichstag verabschiedete im Sommer 1917 mit dem Stimmen von *SPD, Zentrum* und *Fortschrittlicher Volkspartei* eine – wenn auch letztlich wirkungslose – Friedensresolution (Juliresolution), die liberale Zeitungen ebenso begrüßten wie die jüdische Presse. Gegen diese Resolution starteten der *Alldeutsche Verband*, der *Bund der Landwirte*, die Veteranenverbände und antisemitische Gruppen eine heftige Agitation, indem sie den angestrebten Verständigungsfrieden als „Judenfrieden" denunzierten. Mit der Gründung der *Deutschen Vaterlandspartei* durch den späteren Putschisten Wolfgang Kapp (1858–1922) und Admiral v. Tirpitz (1849–1930) schuf sich das Lager der „Falken" eine mitgliederstarke Organisation.

Wiederaufleben des Antisemitismus in Österreich

Im Sommer 1917 kehrte auch in Österreich der Antisemitismus wieder auf die politische Tagesordnung zurück. Nach der Wiedereröffnung des österreichischen Parlaments, das in den ersten drei Jahren des Krieges nicht zusammengetreten war, stellten im Mai 1917 die deutsch-österreichischen Parteien im Reichsrat den Antisemitismus in den Mittelpunkt ihrer Aktivitäten. Der christlich-soziale Politiker Heinrich Mataja (1877–1937) erinnerte seinen Parteivorsitzenden an die antisemitischen Grundsätze der Partei und forderte, den Burgfrieden aufzukündigen. Parteigänger Georg von Schönerers bliesen ins gleiche Horn.

„Ostjudenfrage"

Die in Deutschland schon vor dem Ersten Weltkrieg geführte Debatte um die „Ostjudenfrage", also die Einwanderung von Juden aus dem Zarenreich (bis 1915 ca. 90.000 Personen), lebte schon bald nach Kriegsausbruch auf. 1915 meldete sich der Alldeutsche Georg Fritz (1864–1944) mit der Broschüre „Die Ostjudenfrage. Zionismus und Grenzschluß" zu Wort, der angesichts des Ausgreifens Deutschlands nach Osten in drastischen Worten vor einer Masseneinwanderung von „Millionen nicht nur armer, leiblich und sittlich verkümmerte Menschen, sondern rassefremder, verjudeter Mongolen" warnte. Die deutschen Juden standen einer Grenzsperre nicht gänzlich ablehnend gegenüber. Deren Befürchtungen aufgreifend plädierte Fritz in Übereinstimmung mit anderen rechten Organisationen für eine scharfe Auslese der Immigranten, da sonst auch für die deutschen Juden die „Aufhebung der Gleichberechtigung" drohe.

Galizische Juden als Zielscheibe

Waren in Österreich die Angriffe gegen Juden in der Armee vergleichsweise zahm, so richtete sich die antisemitische Propaganda dort gegen die jüdischen Flüchtlinge aus Galizien, die aus Angst vor Pogromen und aus Furcht vor einem Angriff der russischen Armee vor allem nach Wien geflüchtet waren. Die ersten Ankömmlinge waren 1914 noch mit einer gewissen Sympathie oder zumindest Indifferenz aufgenommen worden, glaubte man doch an ihre schnelle Rückkehr. Bis Ende 1915 waren 125.000 Flüchtlinge nach Wien gekommen, darunter ein hoher Anteil (60%) verarmter, nicht assimilierter Juden. Allerdings mussten viele nach dem Erfolg der Kaiserlichen Truppen nach Galizien zurückkehren, so dass 1918 noch 35.000 von ihnen in Wien lebten, während einige Antisemiten behaupteten, „dass sich zwischen 300.000 und 538.00" in Wien aufhielten (Bruce Pauley). 1918 wurden die galizischen Juden in Wien für alle sich verschärfenden sozialen Probleme verantwortlich gemacht. Vor allem die reale Knappheit an Wohnraum nutzten die Antisemiten für ihre Vorwürfe, die Ostjuden seien Kriegsgewinnler und lebten in den besseren Stadtvierteln oder gar in Palästen, währen die „Arier" keine Wohnungen fänden. Sie beschuldigten die galizischen Juden auch, für die hohe Kriminalität verantwortlich zu sein. Die Beschuldigungen waren so umfassend, dass bei Kriegsende die Begriffe „Ostjude", „Galizier", „Hamsterer", „Profiteuer", „Spekulant" und „Wucherer" geradezu zu Synonymen wurden (Pauley). Ab März 1918 nahm die Zahl antisemitischer Artikel in einigen Wiener Zeitungen deutlich zu, die *Reichspost* blieb dabei weiterhin tonangebend. Die Angriffe auf die Juden steigerten sich im Sommer 1918 zu Massendemonstrationen, die unter Duldung der Behörden immer gewalttätiger wurden. Einen Höhepunkt ereichten die Übergriffe auf dem „Deutschen Volkstag" im Juni, als Christlichsoziale und Alldeutsche nach Wien kamen, um Kaiser Karl ihre Loyalität zu bekunden. Hintergrund für die Pogromstimmung war neben der anhaltenden Knappheit an Nahrung und Wohnraum das Scheitern der letzten großen österreichisch-ungarischen Offensive an der italienischen Front im Juni 1918.

Grenzsperre für Ostjuden

Im April 1918 schloss das deutsche Reich seine Grenze für Ostjuden und begründete dies medizinalpolitisch mit Seuchengefahr (Fleckfieber). Die Grenzsperre wurde bis Kriegsende nicht wieder aufgehoben, obwohl diese seitens der deutschen Wirtschaft, die auf Fremdarbeiter aus Osteuropa angewiesen war, des Auswärtigen Amtes und deutsch-jüdischer Organisationen auf Ablehnung stieß, die eine Ausweitung von Ausnahmegesetzen auf die deutschen Juden befürchteten. Unterfüttert wurde eine negative Sicht auf die osteuropäischen Juden durch die Erfahrungen deutscher und österreichischer Soldaten mit den „befreiten Ostjuden". Einerseits gab es bei vielen Soldaten Gefühle des Mitleids mit den durch den Krieg noch weiter verarmten Juden, zum anderen aber auch solche des Abscheus und Befremdetseins über die „ostjüdische Welt", die für sie von Armut, Schmutz und Unkultur geprägt erschien. Dieses Gefühl gab es auch bei deutsch-jüdischen Soldaten. Diesen negativen Eindruck über den Ghetto-Juden gaben die Soldaten in Gesprächen, Briefen und Publikationen der Heimat weiter, so dass diese dort ein negatives Judenbild bestärkten. Wie deutsche Juden früh erkannten, sollte zwischen ihnen und den zugewanderten Juden kein Unterschied gemacht werden. Auch in Österreich, wo die ostjüdischen Flüchtlinge das „Hauptthema der antisemitischen Agitation in den Nachkriegsjahren" bildeten (Herbert Rütgen), nutzten die christlichsoziale und deutschnationale Partei es ausgiebig im Wahlkampf zur ersten Nationalversammlung im Februar 1919. Gleichzeitig diffamierten sie die Sozialdemokratie, ihren politischen Hauptgegner, als „Judenschutztruppe".

Juden als Sündenböcke für die Kriegsniederlage

Noch vor dem Ende des Krieges, der Abdankung des Kaisers und der Ausrufung der Republik im November 1918 traten in Deutschland die Alldeutschen sowie andere völkische und antisemitische Gruppen mit der „Dolchstoßlegende" auf den Plan, wonach der durch Sozialisten und Juden geschürte Defätismus an der Heimatfront die Niederlage des „im Felde unbesiegten Heeres" verschuldet habe. Die Alldeutschen interpretierten schon 1917 den Krieg als einen Kampf ums Dasein zwischen Deutschtum und Judentum. Noch im September 1918 setzte der AV einen „Ausschuss für die Bekämpfung des Judentums" ein, der entschied, den Antisemitismus rücksichtslos als politisches Kampfinstrument einzusetzen, indem man den „alljüdischen Einfluss" als Ursache von Niederlage und Zusammenbruch propagierte. Auch in Österreich wurde gegen die Juden nach Kriegsende der Vorwurf erhoben, sie hätten die Heimatfront unterminiert und die Niederlage der Mittelmächte verursacht, und das christlich-soziale Parteiorgan *Reichspost* griff in scharfen Attacken nicht nur die neue Republik sondern auch die Juden an, wobei vor allem die Zuwanderung der galizischen Juden immer wieder angeprangert wurde.

2. Die Abwehrhaltung gegenüber Juden in der Schweiz

„Ausländerfrage" und Überfremdungsangst

In der Schweiz, die nicht zu den Krieg führenden Mächten gehörte, war die Haltung zu Juden in der Zeit des Ersten Weltkrieges nach Silvia und Gérald Arlettaz Teil der „Ausländerfrage" und der Überfremdungsangst, die schon seit den 1890er Jahren die Zeitungen und die politische Elite des Landes angesichts einer starken Zuwanderung ausländischer Arbeitskräfte umtrieben. Eine aus den Parteien paritätisch besetzte Kommission, die „Neuner-Kommission", legte im Dezember 1912 dem Bundesrat eine Petition vor, die die leichtere Einbürgerung von Ausländern unter gewissen Bedingungen empfahl. Obwohl in dieser Phase noch die Strategie der Einbürgerung vorherrschte, wurde vor allem – etwa in Zürich – Ostjuden, aber z. T. auch Westjuden die Einbürgerung verweigert bzw. es wurde eine besondere, zehn- statt fünfjährige Wohnsitzfrist für sie eingeführt, die 1920 sogar auf fünfzehn Jahre verlängert wurde. Bei Kriegsbeginn dürften nach Patrick Kury ein Viertel bis ein Drittel der 20.000 Juden in der Schweiz zugewanderte russische Juden gewesen sein, unter denen sich seit den 1880er Jahren zahlreiche Studenten und Anhänger sozialreformerischer und revolutionärer Ideen sowie Flüchtlinge der Pogromwellen 1881–1883 bzw. 1903–1906 befanden.

Erschwerung der Einbürgerung

Während des Krieges ging die Zahl der Ausländer zurück, dennoch leitete der Krieg eine Wende ein und verstärkte die fremdenfeindlichen Gefühle gegenüber den Zuwanderern. Unter diesen befanden sich zahlreiche Deserteure oder Dienstverweigerer aus den Krieg führenden Ländern, und die Einwanderungspolitik nahm einen protektionistischen Charakter gegen „zweifelhafte ausländische Elemente" an. Ziel der Schweizer Behörden war es, die „nationale Arbeitskraft" zu schützen. Statt der Einbürgerung als Mittel der Assimilation wurde nun umgekehrt vor der Einbürgerung zunächst die Assimilation gefordert, und man sah in den „Nichtassimilierbaren" (Stefan Mächler) ein politisches und soziales Problem. Schon damals fanden in den Einbürgerungsakten für zugewanderte Juden Kennzeichnungen wie Davidsterne oder ein „J" Verwendung. Mit der bolschewistischen Revolution und dem Höhepunkt des Krieges wuchsen angesichts steigender Preise und sinkender Löhne auch in der Schweiz die inneren Konflikte und Krisengefühle. Für Unmut in der hungernden Bevölkerung sorgten Zeitungsberichte über „‚Spekulanten',‚Wucherer', ‚Schieber' und reiche Ausländer, die sich in die kriegsverschonte Schweiz zurückgezogen hätten" (Mächler). So kam es in Basel zu zahlreichen „Lebensmittelwucherprozessen", die sich häufig gegen polnische und galizische Juden richteten. Diese wiederum führten zu öffentlichen Auseinandersetzungen, in denen gegen Beamte der kantonalen Behörden Antisemitismusvorwürfe erhoben wurden. In der Schweiz nahm während des Krieges wegen „fremdenfeindlicher und antisemitischer Berichterstattung in der Presse der soziale Druck auf die Juden zu" (Patrick Kury), was zu Spannungen zwischen den einheimischen und den zugewanderten Juden führte. So überrascht es nicht, dass diese Hetze – wenn auch seltenen – antijüdische Übergriffe auslöste. Am 31. März 1918 schändeten in Zürich zwei Männer ein Gebetshaus und zerstörten die Thora-Rollen.

Zentralstelle der Fremdenpolizei

Die Furcht vor einem sozialistischen Umsturz im Innern, von außen hereingetragen durch kommunistische „Internationalisten" und Revolutionäre vor allem aus Osteuropa, führte am 21. November 1917 zur „Verordnung betreffend die Grenzpolizei und die Kontrolle der Ausländer" und zur Einrichtung einer eidgenössischen Zentralstelle der Fremdenpolizei. Durch Grenzsperren sollte eine weitere Zuwanderung verhindert werden. Auch wenn die Zuwanderung aus den Nachbarländern Deutschland und Italien zahlenmäßig weitaus stärker war, spielten Ostjuden in den „Überfremdungsdebatten" eine größere Rolle.

VI. Die Radikalisierung des Antisemitismus in der Zwischenkriegszeit (1918–1933/38)

Verschärfung der antisemitischen Stimmung

Der Zusammenbruch der drei Kaiserreiche führte Mittel- und Osteuropa in eine Phase radikaler Umwälzungen und revolutionärer Unruhen, die bis in die zwanziger Jahre hineinreichten und die antisemitische Stimmung in weiten Teilen der Bevölkerung verschärften. Mit der Vorstellung, diese Unruhen gingen von jüdischen Kommunisten aus, wurde der Antisemitismus durch ein neues, wirkungsmächtiges Motiv verstärkt: das des „jüdischen Bolschewismus". Die Zwischenkriegszeit war im Deutschen Reich, in Österreich und Ungarn, die den Krieg verloren und territoriale Einbußen hinzunehmen hatten, aber auch in manchen der neuen Nationalstaaten durch eine Schärfung des Nationalismus und nationales Machtstreben gekennzeichnet, was zu zahlreichen Grenzkonflikten mit den Nachbarn und zu Spannungen mit den ethnischen Minderheiten im Lande führte. In dieser Situation fand der Antisemitismus breite Resonanz in der Bevölkerung und bot sich damit als ein probates politisches Mittel für konservative, rechtsextreme und faschistischen Parteien und Bewegungen an.

Wendepunkt in der Geschichte des Antisemitismus

Das Jahr 1918 markiert einen Wendepunkt in der Geschichte nicht nur des deutschen und österreichischen Antisemitismus. Dabei lag der „Hauptunterschied zwischen dem Antisemitismus der Vor- und dem der Nachkriegszeit nicht im Gehalt, sondern im Erfolg" (Peter Pulzer). In den 1920er und 1930er Jahren lassen sich, abgesehen vom antikommunistischen Antisemitismus, keine neuen Elemente erkennen, doch war das antisemitische Arsenal nach dreißig Jahren beständiger Propaganda voll gefüllt, und antisemitisches Denken und Reden war in breiten gesellschaftlichen Schichten, vor allem in den Bildungsschichten akzeptiert. Entscheidend sind für Pulzer die Veränderungen in den politischen und sozialen Milieus, die die Resonanz für Agitation und Politik antisemitischer Organisationen erhöhten. Was den Antisemitismus nach dem Ersten Weltkrieg auszeichnet, war ferner dessen gestiegene Virulenz und Skrupellosigkeit sowie die hohe Bereitschaft zu physischer Gewaltanwendung. Auch in Österreich ist die Entwicklung des Antisemitismus zu immer kämpferischeren, gewalttätigeren und aggressiveren Formen zu beobachten. Zudem rückte der Antisemitismus nun von der Peripherie ins politische Zentrum, indem er sich mit dem Kampf gegen die als „Judenrepublik" geschmähten neuen demokratischen Regierungen in Deutschland und Österreich verband, wo tatsächlich zum ersten Mal Juden wichtige politische Positionen einnahmen. Eine weitere Veränderung des Antisemitismus bestand in einem neuen „Mythos vom Juden", dessen zentrale Elemente die „jüdische Weltverschwörung" und der Vorwurf der „Zersetzung der arischen Rasse" waren. (Saul Friedländer) Weite Teile der Öffentlichkeit definierten die „Judenfrage" neu, indem sie eine grundsätzliche Trennungslinie zwischen „Deutschen" und „Juden" zogen und letztere nun als abstrakte Andere, als „conceptual Jew" (Anthony Kauders), angriffen. Paradoxerweise ging dieser abstrakte Antisemitismus mit einer weitgehenden Integration von Juden in das politische, kulturelle und gesellige Leben einher.

Rolle des Antisemitismus für den Durchbruch des Nationalsozialismus

Angesichts der NS-Judenverfolgung ist es erstaunlich, dass die Geschichte des Antisemitismus in der Weimarer Republik erst in den letzten Jahren intensiver erforscht wird und dass zudem keine Einigkeit darüber besteht, welche Rolle ihm für den politischen Durchbruch des Nationalsozialismus zukommt. In einem selbstkritischen Aufsatz hat Shulamit Volkov angemerkt, dass die Geschichtswissenschaft die Kontinuitäten im deutschen Antisemitismus zu Gunsten der Betonung kurzfristiger Entwicklungen und funktionaler Zwänge wohl unterschätzt habe. Sie kritisiert damit Heinrich August Winkler und Hans Mommsen, die für die Weimarer Republik nach 1923 ein Abebben des Antisemitismus konstatiert und bestritten haben, dass dieser ein entscheidender Faktor für den Erfolg des Nationalsozialismus gewesen sei, während Ian Kershaw diese Auffassung vor einigen Jahren noch einmal bestätigt hat.

1. Der antisemitische Kampf gegen die „Judenrepubliken" (1918–1923)

Radikalisierung des Antisemitismus

Eine Radikalisierung des Antisemitismus als politische Waffe im Kampf gegen die sich ankündigenden Veränderungen der politischen Nachkriegsordnung zeichnete sich in Deutschland wie in Österreich spätestens seit 1917 ab, und für viele Juden war klar, dass die Alldeutschen und die Antisemiten, aber auch die Christlichsozialen in Österreich ihnen die Schuld an der Niederlage zuschieben würden. Die Prognose der Zeitschrift *Ost und West* im Juli 1918, „dass wir uns auf einen Judenkrieg nach dem Krieg gefasst machen müssen", sollte für das Deutsche Reich ebenso zutreffen wie für das zu einem kleinen, relativ machtlosen Staat geschrumpfte Deutschösterreich, das durch den Zusammenbruch des Habsburger Reiches besonders hart getroffen war. Übrig blieb ein Staat, „den niemand wollte", eine „verwaiste Republik" Österreich (Steven Beller), deren Bevölkerung und Politiker mehrheitlich den Anschluss an Deutschland wünschten. In diesem geschrumpftem Staat blieben die Juden als die „einzigen Sündenböcke" (George Berkley) übrig, denen man die Schuld für die Kriegsniederlage, politische Instabilität und die ökonomische Krise nach dem Ende des Ersten Weltkriegs zuschrieb.

„Ostjudenfrage" und „Kriegsgewinnler"

In der antisemitischen Mobilisierung standen die bereits im Krieg angeschlagenen Themen im Vordergrund: die „Ostjudenfrage" und die Juden als Kriegs- und Krisengewinnler. In Deutschland trat vor allem die *DNVP* ab 1920 eine neue „Ostjudenkampagne" los, die sie angesichts der Inflation mit dem Kampf gegen „Wucherer und Schieber" verknüpfte. Die ostjüdischen Zuwanderer, die ungefähr ein Viertel der 560.000 Juden in Deutschland ausmachten, besaßen in der Regel die russische oder polnische Staatsbürgerschaft und wurden so, wie Reiner Pommerin gezeigt hat, zur Zielscheibe staatlicher Ausweisungs- und Internierungspolitik insbesondere Bayerns und Preußens. Zu den Themen „Ostjudenfrage" und „Kriegsgewinnler" trat die Verbindung von Juden mit der (Welt-)Revolution und dem Zusammenbruch Deutschlands. Unter den liberalen, sozialdemokratischen und kommunistischen Führern waren viele Juden, die sich etwa in der Münchener Räteregierung, beim Spartakus usw. hervortaten. Da dies auch für die revolutionären Bewegungen in Russland und Ungarn galt, waren die Juden selbst über „zu viel Juden an der Spitze" (Avraham Barkei) besorgt. Dies führte auf Seiten der Antisemiten, und nicht nur dort, zur wirkungsmächtigen Identifizierung von Judentums und Bolschewismus.

Kriegsniederlage und Antisemitismus

Auch in Österreich wurden Niederlage, Demokratie und Sozialismus eng mit dem Judentum assoziiert, zumal der Friedensvertrag von St. Germain vom linkssozialistischen Außenminister Otto Bauer (1882–1938) vorbereitet worden war und die österreichische Sozialdemokratie, in der ein große Zahl von Juden aktiv war, bis 1920 mit in der Regierung saß. In Österreich existierte neben dem hergebrachten, eher „subtilen kulturellen und religiösen Antisemitismus vieler Katholiken" die „moderne rassistische und radikale Variante der Nazis" (Bruce Pauley). Da auf christlichsozialem Druck in der österreichischen Verfassung die katholische Kirche rechtlich privilegiert blieb, behielt diese mit ihrer antijüdischen Position im öffentlich-politischen Leben weiterhin Einfluss.

Radikalisierung der Rechten

Kriegsniederlage, Revolutionsfurcht, ökonomischer Kollaps und die Brutalisierung des politischen Lebens führten in Deutschland und Österreich zu einer bis dahin unbekannten Mobilisierung des Antisemitismus. Eine wesentliche Trägergruppe dieses „Radikalismus der Rechten" waren Menschen, „deren soziale und wirtschaftliche Stellung entweder ruiniert oder vom Ruin bedroht war: ehemalige Soldaten, besonders Offiziere, die sich dem Zivilleben nicht anzupassen vermochten; abgebaute Reichsbeamte, verschuldete Bauern und die akademischen Schichten, insbesondere Studenten" (Peter Pulzer), die für Rassentheorien anfällig waren.

Der Deutschvölkische Schutz- und Trutzbund (DTSB)

Entsprechend gewannen antidemokratische und völkisch-antisemitische Gruppen Mitglieder hinzu, oder wurden neu gegründet, so dass über hundert antisemitische Orden und Bünde sowie zahlreiche völkische Verlage in Deutschland in diesen Jahren aktiv waren, in Österreich zählte man gar über tausend. Die 1914 gegründete antisemitische *Deutschvölkische Partei* bildete die Basis für die größten politischen, antisemitisch agitierenden Organisationen: die 1918 gegründete *Deutschnationale Volkspartei* (DNVP) und den *Deutschvölkischen Schutz- und Trutzbund* (DSTB), der nach Verhandlungen des überverbandlichen „Judenausschusses" am 19. Februar 1919 in Bamberg auf Initiative des *Alldeutschen Verbandes* gegründet wurde. Der *DSTB* unter der Leitung des Judenhassers Alfred Roth wurde zum Sammelbecken für viele der bedeutendsten antisemitischen Gruppierungen, da Revolution und Bürgerkrieg die politischen Lager derart polarisiert hatten, dass die Bereitschaft auf der politischen Rechten zur Zusammenarbeit und zu organisatorischen Zusammenschlüssen wuchs. Der *DSTB* besaß nach Uwe Lohalms grundlegender Studie ein reichsweites Netz lokaler Organisationen, das im Jahre 1922 600 aktive Ortsgruppen mit ca. 200.000 Mitgliedern umfasste. Er war von 1919 bis zu seinem Verbot 1922 die treibende Kraft eines radikalen Antisemitismus, eng verbunden mit gegenrevolutionären Vereinigungen wie den Freikorps, der *Organisation Consul*, dem *Jungdeutschen Ordnen*, dem *Bund Wiking*. Die einfachen Mitglieder kamen aus dem unteren Mittelstand. Es waren vor allem rangniedere Beamte, Handwerker und Gewerbetreibende, die sich dem *DTSB* anschlossen, hingegen kam die Führungsschicht aus dem gehobenen bis großbürgerlichen Mittelstand, hier dominierten Berufe wie Lehrer, Arzt und Kaufmann.

Deutschbund und NSDAP

Zu den wenigen rechtsextremistischen Gruppierungen, die gegenüber dem *DSTB* Eigenständigkeit wahrten, gehörte der elitäre rassenantisemitische und vielfältig vernetzte *Deutschbund* und ab 1919 die *NSDAP*, die zwar über persönliche Kontakte und Doppelmitgliedschaften mit dem *DSTB* verbunden war, dessen Führungsanspruch aber ablehnte. Neben den völkisch-imperialistischen Ideen aus der Zeit vor 1918 gehörte ein radikaler Antisemitismus zum ideologischen Rüstzeug der frühen *NSDAP*. Die Partei gab sich im Februar 1920 ein Programm, wonach Juden aus dem Kreis der „Volksgenossen" und Staatsbürger ausgeschlossen werden sollten. Sie sollten als „Gäste" gelten und unter Fremdenrecht gestellt werden. Eingewanderte Juden wollte man ausweisen. In einer frühen Rede (Warum sind wir Antisemiten, 1920) versuchte Hitler einen „Antisemitismus der Vernunft" zu begründen, in dem er in einer pseudowissenschaftlichen Argumentation, die Rassismus, Antisemitismus, Rassenutopie und Gesellschaftsbiologie miteinander verband, die weltgeschichtliche Entwicklung als „Rassenkampf" deutete. Das Neue des nationalsozialistischen Antisemitismus sah er aber im Übergang von einer bloß theoretischen Betrachtung zur Tat.

Deutschnationale Volkspartei (DNVP)

Neben den dezidiert völkisch-antisemitischen Organisationen besaß auch die große konservative Partei, nämlich die *DNVP* (1919: 350.000 Mitglieder, 1923: ca. 950.000) in der Frühphase der Weimarer Republik einen dezidiert antisemitischen Flügel. Die Partei, in der die führenden Schichten aus Adel, Beamtenschaft, Großgrundbesitz, gewerblichem Mittelstand und hohem Militär vertreten waren, kämpfte für die Monarchie sowie einen autoritären Staat und radikalisierte sich in ihrem Kampf gegen Judentum und Republik 1920/21 immer mehr. Das judenfeindliche Treiben all dieser Organisationen brandete nach den Worten Alfred Wieners (1885–1964) aus dem Jahre 1919 wie eine „gewaltige antisemitische Sturmflut" über Nachkriegsdeutschland hinweg.

Die Christlich-soziale Partei (CSP)

Die österreichische Entwicklung in den frühen Nachkriegsjahren weist deutliche Parallelen zur Weimarer Republik auf. So stellten die *Christlich-soziale Partei* (CSP) und die Kirche das Judentum als den eigentlichen „Kriegsgewinnler" hin. Bereits das Manifest der *CSP* zur ersten Nachkriegswahl im Dezember 1918 enthielt schwere Angriffe auf die Juden und rief die Bevölkerung auf, dieser „jüdischen Gefahr" entgegenzutreten. Zwar hätten die Juden als separate Nation ein Recht auf Selbstbestimmung, dürften aber niemals zu Herren über das deutsche Volk werden. Das christlichsoziale Parteiorgan *Reichspost* verurteilte bereits im November 1918 die junge Republik und griff zugleich die Juden an. Nach Erika Weinzierl attackierte es insbesondere die zugewanderten galizischen Juden als „üble Spekulanten und Schieber". Auch die Schuld an der Inflation, in der weite Teile der Mittelschicht ihre Vermögen verloren, während einige Spekulanten, darunter auch Juden, erhebliches Kapital anhäuften, wurde den Juden angelastet und es gab feindselige Reaktionen bis hin zu sporadischen Ausschreitungen gegen die jüdischen Flüchtlinge aus Galizien in der Wiener Leopoldstadt. Zwanzig Abgeordnete der *CSP* brachten gar einen Gesetzesantrag ein, wonach die Einreise von Juden verboten und ihre Ausweisung bzw. Verbringung in Internierungslager aus politischen und gesundheitlichen Gründen (Seuchengefahr) gefordert wurde. (Anton Staudinger) Vor den Wahlen im Februar 1919 wurden antisemitische Broschüren in Wien verteilt, die zur Gewalt gegen Juden aufriefen. Sogar die sozialdemokratische Presse forderte die Ausweisung von Ostjuden wegen illegaler und unmoralischer Aktivitäten. Im September 1919 dekretierte das Innenministerium schließlich, dass wegen der Knappheit an Nahrungsmitteln und Wohnungen alle Bürger ausgewiesen werden sollten, die erst seit 1914 auf österreichischem Territorium wohnten. Eine entsprechende Aktion musste aber aus Mangel an Transportmöglichkeiten abgebrochen werden. Daraufhin beraumten die Alldeutschen eine Massendemonstration als Tag der „Abrechnung" an, um die Ostjuden aus der Stadt zu treiben, was von den Sozialdemokraten zwei Tage später mit einer Gegendemonstration beantwortet wurde. Die antijüdische Politik und soziale Ausgrenzung von Juden zu Beginn der 1920er Jahre blieb aber nicht auf Wien begrenzt, es gab auch in Oberösterreich und Tirol Aufenthaltsbeschränkungen für Juden in Kurorten oder die Weigerung, sie in Restaurants und Hotels zu bedienen. 1921 führte der Deutsch-österreichische Alpenverein auf Drängen seines österreichischen Zweiges den Arierparagraphen ein. Diesem Beispiel folgten später weitere Freizeit- und Sportvereine.

Kampf gegen das „rote, dekadente, jüdische Wien"

In Österreich bündelte sich für den katholischen Klerus und die bürgerlich-konservative österreichische Bevölkerung der Kampf gegen die Sozialdemokratie und die Juden im Kampf gegen das „rote, dekadente, jüdische Wien", das man vom flachen Land aus geradezu in den Händen „asiatischer Herren" (George Berkley) wähnte, da es bis 1934 von reformfreudigen, aber orthodox marxistischen und antiklerikalen Sozialdemokraten regiert wurde, unter denen es viele Juden gab. Wien stand für Materialismus, Parasitentum und Bolschewismus, in denen sich für die Konservativen „jüdisches Wesen" ausdrückte. 1923 lebten in Wien 201.000 Juden, die als Zeitungsherausgeber, Kinobesitzer, Ärzte und Rechtsanwälte oft eine herausgehobene ökonomische und kulturelle Stellung hatten. Davon unterschieden sich in ihrer sozialen Lage deutlich die etwa 30.000 ostjüdischen Flüchtlinge in der Stadt. Während Wien somit einen jüdischen Bevölkerungsanteil von über zehn Prozent hatte, lebten im übrigen Österreich nur 15–20.000 Juden. Österreich benötigte weniger Personal für seine nunmehr kleinere staatliche Verwaltung, so dass viele Arbeitsuchende versuchten, in die „jüdischen Berufe" in der Industrie und den freien Berufen zu kommen (Pauley). Die Inflation von 1921/22 und die Weltwirtschaftskrise am Ende der Jahrzehnts verschärften die Lage weiter und führten wie in Deutschland auch zu hoher Arbeitslosigkeit. Die Christsozialen versuchten, die Juden zum Rückzug aus ihren angestammten Erwerbszweigen zu drängen, schreckten aber vor Ausnahmegesetzen zur Entrechtung der Juden zurück.

Literarischer Antisemitismus

Die Ablehnung des dekadenten Wien fand nach Erika Weinzierl seinen Ausdruck im literarischen Antisemitismus. Emil Lucka (1877–1941) etwa hat in seinem 1918 erschienenen Roman *Das Brausen der Berge* seine Kritik am gesellschaftlichen und kulturellen Leben Wiens mit antisemitischen Invektiven verbunden. Auch einige Zeitschriften, wie die literarische Monatsschrift *Das Gewissen* (ab 1919) und die deutschnationale Zeitschrift *Der getreue Eckart* (ab 1923) kämpften gegen den als verderblich bezeichneten „jüdischen Einfluss" in Wien. In den 1920er Jahren bemängelten auch damals bekanntere Schriftsteller wie Roderich Müller-Guttenbrunn (1892–1956) (*Wiener Totentanz,* 1920; *Die vergessene Stadt,* 1921; *Die Weltverschwörer,* 1923; *Bagage* 1930), Hans Ludwig Rosegger (1988–1929), oder Theodor Heinrich Meyer (*Prokop der Schneider,* 1922) die Zustände im Wien der Nachkriegszeit und richteten sich dabei insbesondere gegen Juden.

Antijüdische Propaganda

Die Propaganda bediente sich neuartiger Formen wie Klebemarken, das Verteilen von Handzetteln und Broschüren sowie des Abdruckes von judenfeindlichen Inseraten in Zeitungen. Zeitschriften wie die *Deutschvölkischen Blätter* (Auflage 1922: 160.000), die rassentheoretische *Politisch-anthropologische Monatsschrift*, ferner zahlreiche Broschüren und Bücher verbreiteten in Deutschland das völkisch-antisemitische Gedankengut. Auch in Österreich agierten antisemitische Autoren und Verlage mit der Publikation zahlloser Hetzschriften, wie *Judentum und Sozialdemokratie* (1920) oder *Wir und die Juden* (o.J.) als „Einpeitscher" (Herbert Rütgen). Das antisemitische Klima wurde auch durch in hoher Auflage erscheinende Bücher wie den rassistisch-pornographischen Kolportageroman *Sünde wider das Blut* von Arthur Dinter (1876–1948) und die 1919 erscheinende deutsche Ausgabe der *Protokolle der Weisen von Zion* aufgeheizt, einem Werk des russischen Geheimdienstes, in dem die These von der jüdischen Weltverschwörung verbreitet wird. Die antisemitischen Organisationen waren aber nicht nur publizistisch aktiv, sondern nutzten Großkundgebungen und Aufmärsche zur Mobilisierung der Bevölkerung. Diese Massenveranstaltungen verliefen oft tumultuarisch und endeten nicht selten in antijüdischen Übergriffen. In der Formel „Die Juden sind an allem schuld" sah die Zeitung des *Centralvereins deutscher Staatsbürger jüdischen Glaubens* 1919 die Quintessenz der antisemitischen Hetze, die offen zu Gewalt und Pogromen vor allem gegen „Ostjuden" aufrief; ein Ruf, der Gehör fand. Zwischen 1920 und 1922 kam es im Deutschen Reich zu Ausschreitungen in ostpreußischen Ostseebädern, in Breslau und im damals zwischen Deutschland und Polen umkämpften Oberschlesien. Ein weiteres Zentrum der Gewalt bildete nach Dirk Walter das rechtsextrem geprägte Bayern. In München begannen die frühe *NSDAP* und die *SA* ab 1921 mit Kampagnen gegen jüdische Geschäftsleute, und prominente Juden wurden auf offener Straße angegriffen. An den Überfällen, Plünderungen jüdischer Wohnungen und Boykotten beteiligten sich auch Mitglieder anderer „vaterländischer" und völkischer Verbände. Übergriffe auf jüdische Friedhöfe und Synagogen waren zwischen 1921 und 1923 keine Einzelfälle. Antijüdische Gewalt ging in dieser Phase jedoch nicht allein von antisemitischen Organisationen aus, sie wurde auch aus der Bevölkerung heraus verübt. Zwischen September und November 1923 häuften sich, wie die *CV-Zeitung* berichtete, angeheizt durch die galoppierende Inflation Ausschreitungen: im ostpreußischen Neidenburg, in Erfurt, Nürnberg, Coburg, Bremen, Beuthen und Oldenburg. Vier Tage vor dem Hitlerputsch vom 9. November 1923 brach in Berlin, das in dieser Zeit von zahlreichen Lebensmittelkrawallen erschüttert wurde, das sogenannte „Scheunenviertelpogrom" aus. Vor allem Arbeitslose, wohl durch völkische Agitatoren aufgehetzt, fielen über die osteuropäischen Juden des Scheunenviertels her. Der aktionistische und gewalttätige Antisemitismus der Straße wurde von paramilitärischen und äußerst aktiven nationalen und rechtsextremen Organisationen (Freikorps, Wehr- und Heimatverbände, Geheimorden, Terrorgruppen und rechtsextreme Parteien) getragen, wobei diese konterrevolutionären Bewegungen in den Nachkriegsjahren in Deutschland, Österreich und Ungarn in engem Kontakt standen und sich mit Waffen und Logistik unterstützten. Diese Gruppen standen auch hinter den Putschversuchen, die wie der Kapp-Putsch vom März 1920 von Pogromgerüchten und judenfeindlichen Demonstrationen begleitet wurden. Sie waren ebenso verantwortlich für die

Mord- und Terroranschläge in der frühen Weimarer Republik, denen Juden, Kommunisten, Anarchisten und Repräsentanten der Republik zum Opfer fielen. Der Mord an Außenminister Walther Rathenau führte 1922 wegen des Verstoßes gegen das Republikschutzgesetz in den meisten deutschen Ländern schließlich zum Verbot des *DSTB*, und nach dem gescheiterten Hitlerputsch vom 9. November 1923 wurde auch die *NSDAP* verboten und aufgelöst.

Welle antijüdischer Übergriffe

Die ersten Nachkriegsjahre waren auch in Österreich von antijüdischen Übergriffen geprägt. Die Christlich-sozialen schürten die Feindschaft ihrer Anhänger Juden und machten auch vor Aufrufen zu Gewalt nicht halt, und so kam es sporadisch zu antijüdischen Ausschreitungen in Wien, wobei die Ostjuden das Hauptziel darstellten. Sozialdemokratische Politiker suchten demgegenüber zumeist die antisemitische Propaganda einzudämmen, doch beteiligten sich einige von ihnen an einer Politik, welche die Rechte der Ostjuden einschränkte und auch vor Ausweisungen nicht zurückschreckte.

Ein Zentrum hatten diese in den Universitäten, wo neben Juden auch liberale und sozialistische Studenten und Professoren attackiert wurden. Häufig kam es nach Veranstaltungen des *Antisemitenbundes*, der von 1918 bis 1938 bestand, Antisemiten aller Lager vereinigte und dessen „erklärtes und alleiniges Ziel die Bekämpfung des Judentums" war (Herbert Rütgen), zu antisemitischen Angriffen. Dieser von dem CSP-Abgeordneten Dr. Straffer und dem späteren Heimwehrführer Richard Steidle (1881–1940) gegründete Bund war besonders in Wien und Tirol aktiv. Den Höhepunkt erlebte die Welle antisemitischer Demonstrationen und Veranstaltungen während des Winters 1923, wo diese nach George E. Berkley fast täglich vorkamen, so dass verschiedene jüdische Organisationen eine Pressekonferenz einberiefen und versuchten sich öffentlich dagegen zu wehren. Danach ebbte die Gewalt ab, doch gab es von Zeit zu Zeit antijüdische Demonstrationen. Auch wenn es in Österreich keine derart hohe Zahl von Mordanschlägen auf Vertreter der Republik und auf Juden gab wie in der Weimarer Republik, so wurde doch mit Hugo Bettauer (1872–1925) ein prominenter jüdischer Schriftsteller im März 1925 Opfer der Mordhetze. In seinem Roman *Stadt ohne Juden* hatte er den Wiener Antisemitismus ebenso satirisch aufgespießt wie in seiner 1924 erschienenen Zeitschrift *Er und Sie*. Im Lager der Christlichsozialen, der Deutschnationalen und der Nationalsozialisten wurde Bettauer zu einem jugendverderbenden „Dämon" stilisiert und als „literarischer Sittenstrolch" (Murray G. Hall) diffamiert. Rechtsgerichtete Zeitungen begrüßten diesen antisemitisch motivierten Mord.

Antisemitismus salonfähig

Der Antisemitismus ging über extremistische Randgruppen hinaus und wurde salonfähig. Die Frage, ob jemand Jude sei („Ist er ein Jude?") wurde, wie Ludwig Hirschfeld 1927 in seinem humoristischen Reiseführer „Was nicht im Baedeker steht: Wien und Budapest" schrieb, vor allem in Wien auf allen staatlichen und gesellschaftlichen Ebenen immer wieder gestellt. Zahlreiche Zeitungen und Pamphlete griffen Juden an und diffamierten Berufsgruppen und Firmen als „verjudet". Zwar blieb es im Dunkeln, nach welchen Kriterien jemand als „Jude" definiert wurde, doch schien der Reiz des „Gesellschaftsspiels" gerade in der „Demaskierung" unerkannter Juden zu liegen (Peter Melichar).

2. Die Haltung der politischen Parteien zur „Judenfrage“

Die DNVP

Welche Rolle spielte der Antisemitismus für die politischen Kräfte in der Weimarer Republik und der Republik Österreich? Abgesehen von den erwähnten rechtsradikalen Parteien und Organisationen spielte er in Deutschland in der *DNVP* die größte Rolle, doch bestanden zwischen dem konservativ-monarchistischen und dem völkischen Flügel der Partei erhebliche Differenzen, gerade was die Haltung zum Judentum betraf. Die Stellung zum radikalen Antisemitismus war der „neuralgische Punkt“ (Stefan Breuer), an dem beide Strömungen immer wieder aneinander gerieten. Auch wenn sich die Völkischen auf dem ersten Parteitag (Juli 1919) nicht damit durchsetzen konnten, die *DNVP* auf einen klaren antisemitischen Kurs festzulegen, so konnten sie doch im Parteiprogramm von 1920 die Forderung unterbringen, die „seit der Revolution immer verhängnisvoller hervortretenden Vorherrschaft des Judentums in Regierung und Öffentlichkeit“ zu bekämpfen sowie ostjüdische Einwanderung zu unterbinden. Es gelang den Völkischen jedoch trotz eines jahrelangen Kampfes nicht, Juden und Personen jüdischer Abstammung generell von der Parteizugehörigkeit auszuschließen. Nach Darstellung Werner Liebes verfolgte die *DNVP*, vor allem in den mittleren Jahren der Republik, eher die Linie eines „gemäßigten Antisemitismus“, und die Mehrheit lehnte es – auch mit Rücksicht auf jüdische Wähler und potenzielle Koalitionspartner – ab, diesen in radikale politische Forderungen zu übersetzen. Deshalb trat auf dem Görlitzer Parteitag im Oktober 1922 die antisemitische *„Deutschvölkischen Arbeitsgemeinschaft“* aus der *DNVP* aus. Einige Radikale wie Reinhold Wulle (1882–1950) und Albrecht von Graefe (1868–1933) verließen die Partei, andere wie Alfred Roth und Ferdinand Werner (1876–1961) blieben aber, agitierten weiter und konnten 1926 schließlich den Ausschluss von Juden aus der Partei in die Satzung bringen, scheiterten aber mit noch schärferen antijüdischen Forderungen. Die Partei behielt ihre antisemitische Grundausrichtung bei, doch wurde die Stellung zum Judentum nun nicht mehr zentral diskutiert. Der *DNVP* standen antisemitisch orientierte Organisationen wie der *DHV*, der *AV*, der *Stahlhelm* und der *Reichs-Landbund* nahe. Durch die zweimalige Regierungsbeteiligung 1925 und 1927 mäßigte die *DNVP* ihren republikfeindlichen Kurs, doch bedeutete die Wahl Alfred Hugenbergs (1865–1951) zum Parteivorsitzenden 1928 eine Radikalisierung und die Rückkehr zur prinzipiellen, auf Systemveränderung zielenden Opposition. Mit dem Aufstieg der *NSDAP* radikalisierte sich die Politik der *DNVP* gegenüber Juden wieder.

Parteien des politischen Katholizismus

Uneindeutig war die Position der Parteien des politischen Katholizismus (*Zentrum, Bayrische Volkspartei*). Einerseits war im katholischen Milieu eine Abneigung gegen Juden weit verbreitet, andererseits lehnte man aus religiösen Gründen die Rassenideologie und damit auch den Rassenantisemitismus ab und sah in den völkisch-nationalen Parteien einen politischen Gegner.

Liberale Parteien

Der Tradition des Liberalismus folgend traten die beiden liberalen Parteien für die Rechte der Juden ein, die zu ihren politischen Unterstützern gehörten. Allerdings vermied es die nationalliberale *Deutsche Volkspartei*, deren Wähler aus Industrie und Bildungsbürgertum kamen und völkisch gesonnen waren, sich klar gegen den Antisemitismus zu positionieren. Bei ihr ließen sich durchaus antisemitische Tendenzen erkennen und sie grenzte sich nicht immer klar von der *NSDAP* ab. Anders die linksliberale *Deutsche Demokratische Partei*, die gegen Antisemitismus anging, die aber von 1919 (18%) bis 1932 (1%) fast ihre gesamte Wählerschaft verlor. 1932 wechselte sie schließlich die Seiten, indem sie sich mit dem antisemitischen *Jungdeutschen Orden* zur *Deutschen Staatspartei* zusammenschloss.

SPD und KPD

In der Arbeiterschaft zeigte sich zum Ende der Republik eine Anfälligkeit für dieses Ressentiment, dennoch war die *SPD* der einzige politische Bündnispartner der bedrängten jüdischen Minderheit in der Abwehr des Antisemitismus. Die *KPD*, in der gelegentlich selbst antikapitalistisch gestimmte antisemitische Töne zu vernehmen waren, setzte sich mit dem Antisemitismus der *NSDAP* nur sporadisch auseinander, sah sie in ihm doch – wie die *SPD* – eher ein demagogisches Ablenkungsmanöver, das die Proletarier irreführen und vom wahren Gegner der Nationalsozialisten, der revolutionären Arbeiterschaft, ablenken solle.

Politische Lager in Österreich

Österreich war politisch ebenfalls gespalten: den Sozialdemokraten standen die sozial-konservativ, korporatistisch und klerikal ausgerichteten Christlichsozialen und die weniger bedeutenden nationalistischen, marktliberalen und antiklerikalen Deutschnationalen gegenüber. Im Lager der Erstgenannten befanden sich auch die katholische Kirche und die privaten Milizen wie die Heimwehr, die einen klerikalen und wirtschaftlich-sozialen Antisemitismus vertraten. Nachdem die Sozialdemokraten zunächst die Mehrheitspartei in der Regierung gestellt hatten, wurde das Land ab 1920 von konservativ-bürgerlichen Koalitionen regiert, während in Wien bis 1934 die Sozialdemokraten an der Macht blieben. Das liberale Milieu, zu dem in Wien viele Juden zählten, war klein und zersplittert: Während die Juden sich zur nicht-antisemitischen Sozialdemokratie hin orientierten, wandten sich die christlichen Liberalen dem antimarxistischen und antijüdischen rechten Lager zu. Antimarxismus, Antisemitismus und der Kampf gegen das moderne „rote Wien" wurden zu einem ideologischen Bindemittel im bürgerlichen Lager, so z.B. in der *Deutschen Gemeinschaft*, in der nach Karl Stuhlpfarrer Christlichsoziale wie Engelbert Dollfuß (1892–1934) neben Großdeutschen wie Franz Dinghofer (1873–1956) bis hin zu später führenden Nationalsozialisten wie Arthur Seyß-Inquart (1892–1946) und Hermann Neubacher (1893–1960) gemeinsam gegen den „jüdisch-freimaurerisch-bolschewistischen" Einfluss in Österreich ankämpften.

Antisemitismus als Mittel parteipolitischer Agitation

In den ersten Wahlkämpfen nach 1918 war Antisemitismus wichtigstes Agitationsmittel aller nichtsozialistischen Parteien in ihrem Kampf gegen die dominierende Sozialdemokratie, wobei auch hochrangige nichtjüdische Sozialdemokraten als Juden hingestellt wurden. Wie in Deutschland verband sich dieser Kampf gegen die „verjudete" Sozialdemokratie mit einem Kampf gegen die Republik, wobei ein christlichsozialer Berufsantisemit wie Anton Orel (1881–1959) in den Juden den „wahren Souverän unserer elenden Judenrepublik" sah.

Radikale deutschnationale Gruppierungen

Der deutschen Entwicklung vergleichbar bildete sich nach Johnny Moser auch in Österreich 1918 eine Vielzahl radikaler deutschnationaler Gruppierungen, denen der Rassenantisemitismus gemeinsam war: der *Alldeutsche Verein* für die Ostmark, geleitet von Josef Ursin, der *Bund der Alldeutschen*, die *Deutschradikale Partei*, der *Deutsche Volksbund Wien* unter Führung von Leopold Waber (1875–1945) und der *Schutzverband deutscher Kriegs-*

teilnehmer, die *Deutschösterreichische Volkspartei* unter Anton Orel und die *Nationalsozialistische Partei* unter der Leitung von Walter Riehl (1881–1948).

Großdeutsche Volkspartei (GVP) und CSP

Antisemitismus gehörte nicht nur bei diesen kleinen radikalen Gruppen zum politischen Arsenal, sondern auch in den nationalistischen und rechtskonservativen Parteien. Die *Großdeutsche Volkspartei*, in der sich 1920 die meisten dieser deutschnationalen Gruppierungen zusammengefunden hatten, propagierte in ihrem Programm die Wiederherstellung der Volksgemeinschaft, um die Gefahr des Klassenkampfes und der Judenherrschaft zu bannen. Sie vertrat nach Stuhlpfarrer einen rassistischen Antisemitismus, in dem die parasitären und sittenlosen Juden für die Probleme der modernen Gesellschaft verantwortlich gemacht wurden. Das Salzburger Parteiprogramm enthielt einen Abschnitt zur „Judenfrage". Die *Christlich-soziale Partei* knüpfte 1918 nahtlos an ihre durch Karl Lueger geprägte antisemitische Tradition an. In ihrer Monatsschrift *Volkswohl* fanden sich nach Paul Rona ab Mitte 1918 in fast jeder Ausgabe antisemitische Artikel. „Die auch im neuen Staate hervortretende Korruption und Herrschsucht jüdischer Kreise", so heißt es im Wahlprogramm, „zwang die Christlichsoziale Partei, das deutschösterreichische Volk zum schärfsten Abwehrkamp gegen die jüdische Gefahr aufzurufen." In einem zunächst unveröffentlichten Gesetzentwurf wurde 1919 als Lösung der „Judenfrage" ein „Zurück zum Mittelalter" gefordert, sowie die „Aufhebung der Gleichheit und Verankerung der Ungleichheit von Christen und Juden" (Anton Pelinka). Christlichsoziale Politiker wie der Obmann und spätere Bundeskanzler Ignaz Seipel (1876–1932) betrachteten die Juden als eine Klasse von mobilem Großkapital und Händlertum, die sich auch in Politik, Presse, Wissenschaft und Kunst breit mache. Schließlich sah Seipel die größte Gefahr in der Verbindung der Sozialdemokratie mit den Juden: „Die bolschewistische Gefahr ist die jüdische Gefahr." Die Gleichsetzung von Sozialdemokratie, Bolschewismus und Judentum gehörte so Stuhlpfarrer zum Drohrepertoire des *CSP*. Die Zusammenstellung macht deutlich, dass in der *CSP* alle Dimensionen des Antisemitismus – also religiöser, rassischer, wirtschaftlicher und politischer – zusammenkamen, ohne dass sie eine klare Rassentheorie besaß. Das primäre Motiv blieb indes der religiös-kulturelle Kampf gegen die vom „jüdischen Geist" geprägte Moderne.

Christlichsoziale Arbeiterbewegung

Am offensivsten vertrat nach Pelinka die *Christlichsoziale Arbeiterbewegung* Leopold Kunschaks (1871–1953), der zugleich den Führungsgremien der *CSP* angehörte, antisemitische Positionen. Dieser Antisemitismus war nicht allein Instrument tagespolitischer Auseinandersetzungen, sondern programmatischer Natur. In ihrem Linzer Programm von 1923 (VII. Abschnitt) wird der antisemitische Kern der Bewegung erkennbar. Es wurde gefordert, dass die Führer der Arbeiterschaft in Abstammung und Denkart dem bodenständigen christlichen Volke angehörten und dass der zersetzende Einfluss des Judentums aus dem Geistes- und Wirtschaftleben des deutschen Volkes verdrängt werde. Kunschak sah im Antisemitismus ein Mittel, den sozialen Ausgleich ohne Klassenkampf zu erreichen. Damit entsprach er den Wünschen der kleinbürgerlichen und mittelständischen Handwerker und Gewerbetreibenden, und die Propagierung der Ausschaltung der Juden aus der Wirtschaft bot diesen eine Antwort auf ihre Abstiegsängste. Es waren im konservativ-katholischen Lager denn auch gerade „linke" Sozialreformer wie der *Bund Neuland* oder die *Studienrunde katholischer Soziologen*, die die

Juden als besonders „gefährlich“ bekämpften. In ihrem Antisemitismus und in ihrem Gesellschafts- und Geschichtsverständnis unterschied sich die *Christlichsoziale Arbeiterbewegung* nur graduell von den Nationalsozialisten und den Großdeutschen, die Hauptdifferenz lag im Bekenntnis zum politischen Katholizismus. Die Lösung der „Judenfrage“ wurde im Sinne der katholischen Sozialromantik in einem „Zurück ins Mittelalter“, zu Ghetto und Judenrecht gesehen (Pelinka). Tatsächlich waren Juden schon aus vielen Vereinen durch „Arierparagraphen“ oder andere Statuten ausgeschlossen, ganz gleich ob religiöse oder „rassische“ Kriterien angewendet wurden.

Heimwehr

In den mit offizieller Unterstützung der österreichischen Landesregierungen gegründeten *Heimwehren*, die organisatorisch und finanziell eng mit den bayrischen Einwohnerwehren und Rechtsverbänden unter der Führung des Forstrates Georg Escherich (1870–1941) von der *Bayrischen Volkspartei* zusammenarbeiteten, gab es zum Antisemitismus „gegensätzliche Stellungnahmen“ (Walter Wiltschegg). Neben antisemitischen Seitenhieben und radikalen Anfeindungen gab es auch Vorwürfe, die Heimwehrführung sei zu judenfreundlich. Ernst Rüdiger Starhemberg (1899–1956), der einflussreiche Führer der *Heimwehr* mäßigte seinen Antisemitismus aus Opportunismus, da er auf die finanzielle Unterstützung jüdischer Bankiers angewiesen war. Seine Absage an Gewalt bedeutete nach Sylvia Maderegger nicht, dass er nicht Maßnahmen befürwortete, die die Bevölkerung vor der „Vorherrschaft der Juden“ schützen sollten. In der *Heimwehr* war der Antisemitismus wesentlich durch ihren Antimarxismus bestimmt, der seine Funktion nach der Zerschlagung der Sozialdemokratie verlor. Radikal-völkische Kreise der *Heimwehr* insbesondere in der Steiermark, die einen Rassenantisemitismus verfochten und Juden unter Fremdenrecht stellen wollten, verließen deshalb die *Heimwehr* und gingen zu den Nationalsozialisten über.

Antisemitismus in der Sozialdemokratie

Auch die *Sozialdemokratie* war in der Frage des Antisemitismus nicht frei von Ambivalenzen. Obgleich Juden zum Führungspersonal der Partei gehörten, gab es unter ihren Mitgliedern durchaus Antisemiten. Die Partei wandte sich zwar deutlich gegen die antisemitische Agitation und die Diskriminierung von Juden, vermied es aber wegen ihres jüdischen Führungspersonals als „Judenschutztruppe“ aufzutreten (John Bunzl). 1923 gab die Partei mit der Schrift *Der Judenschwindel* kurzzeitig der Versuchung nach, das Stereotyp des „reichen Juden“ im Kampf gegen die rechten Partien zu nutzen. Wie auch die deutsche Sozialdemokratie verfügte die österreichische nicht über ein Programm zur Bekämpfung des Antisemitismus.

Haltung der Kirchen

Man kann also resümieren, dass von der *Heimwehr* (ca. 400.000 Mitglieder), über die Erben Schönerers in der *GVP* bis hin zum „überparteilichen“ *Antisemitenbund* und der *NSDAP* sowohl die rassische Begründung wie die Radikalität des Antisemitismus zunahmen und nur die Sozialdemokratische Partei als Gegner des Antisemitismus übrig blieb, denn auch von den Kirchen konnten die Juden weder in Deutschland noch in Österreich viel Unterstützung erwarten. Die Haltung der katholischen Kirche war ambivalent. Man lehnte dort zwar den politischen, rassistischen Antisemitismus ab, doch verhinderte der traditionelle Antijudaismus eine klare Stellungnahme für die Juden.

Parteien zu Juden und Antisemitismus

Was die Haltung der politischen Parteien zu Juden und zum Antisemitismus angeht, so ist Kamis-Müller zufolge in der Schweiz ein ähnliches Muster wie in Deutschland zu erkennen: *Katholische Volkspartei*, die *Christlich-Sozialen* und die bürgerlichen Parteien agitierten bei Wahlen mit antijüdischen Plakaten, Flugblättern und Broschüren, wobei Juden vor allem in Verbindung mit Sozialismus und Weltrevolution gebracht wurden. In ihren Wahlkämpfen forderten diese Parteien die Wähler auf, nicht für (eingebürgerte) Juden zu stimmen. Als Partei einer Minorität unterstützte aber die *Katholische Volkspartei* (ähnlich wie das *Zentrum* in Deutschland) fallweise jüdische Bestrebungen, z.B. in der Schächtfrage. Unter Juden galten vor allem die Konservativen und die Christlich-Sozialen als nicht wählbar. Die Sozialdemokraten waren diejenigen, die sich am deutlichsten gegen den Antisemitismus positionierten und in deren Reihen sich auch der größte Anteil jüdischer Kandidaten befand. Daneben waren Juden auch in der *Freisinnigen* und der *kommunistischen Partei* aktiv. In der Freisinnigen und Demokratischen Partei gab es jedoch immer wieder Probleme bei der Aufstellung eines jüdischen Kandidaten.

Antisemitische Organisationen in der Schweiz

Explizit antisemitisch ausgerichtete Organisationen, deren detaillierter Analyse durch Aaron Kamis-Müller wir hier folgen, waren in der Schweiz in der Zwischenkriegszeit zumeist recht kurzlebig und bestanden häufig nur aus einer Ortsgruppe mit zehn bis zwanzig Mitgliedern. Zu den aktivsten Antisemiten der Schweiz gehörte Georges Oltramare (1896–1960). Seine Arbeit für die Zeitung *La Suisse* musste er 1923 aufgeben, nachdem er in seinem Buch *Les Mystères de Genève* antisemitische Porträts dreier Genfer Juden veröffentlicht hatte. Seine Entlassung schrieb er dem Druck von jüdischer Seite zu. Nach der Fusion mit einer konservativen Partei wurde er Vorsitzender der neuen, sich am italienischen Faschismus orientierenden *Union Nationale*, die laut Mauro Cerutti zwischen 1500 und 2000 Mitglieder hatte. Weitere Verbreitung besaßen die auch in ländlichen Regionen präsenten Organisationen *Vereinigung Schweizer Republikaner* und die *Schweizer Heimatwehr*. Hinsichtlich der Altersstruktur dominierte abgesehen von zwei Schüler- und Studentengruppen die Generation der zwischen 25–35jährigen. Soweit die Berufe der Mitglieder bekannt sind, setzten sich die Gruppen aus Angehörigen des oberen, zumeist akademisch gebildeten Mittelstandes wie Ärzten, Anwälten, Architekten, Künstlern, Kaufleuten, Beamten und hohen Offizieren zusammen. Neben den Studentengruppen in diesen Organisationen wiesen vor allem Verbindungen, wie die 1924 gegründeten *Alpigenia* antisemitische Tendenzen auf. Nur wenige, radikale Randfiguren wie Stefan Stauber, Emil Keller-Zoller (1978–1950), Hans Unger (geb. 1894) und Adolf-Georg Alt (1880–1953), versuchten, mit der antisemitischen Propaganda auch ihr Leben zu fristen.

In der Westschweiz fanden in der Bildungsschicht die Ideen der *Action Française* in kleineren, reaktionären Gruppen (*Fédération nationaliste suisse*, deren Mitgliedergruppen eigene Namen führten wie *Ordre et Tradition, Cercle nationaliste, Cercle fédéraliste de Lausanne* usw.) Resonanz, in denen zum Teil Juden das Bürgerrecht bestritten und zum Schutz des einheimischen Handels aufgerufen wurde. In diesen Gruppen betätigten sich nach auch antisemitische Aktivisten, wie Oltramare und Jules-Ernst Gross, der 1919 die Redaktion *Revue Romande* übernahm, die ab November 1920 zahlreiche judenfeindliche Artikel publizierte. Er wurde auch zum Mentor einer Gruppe von Schülern in Genf, die sich ab 1926 *Res Helvetica* nannten. Sie fiel durch antijüdische Aktionen auf und gab zwischen 1926 und 1930 die Zeitschrift *Le Centurion* heraus, deren Hauptthemen Antidemokratismus, Antifreimaurertum und Antisemitismus waren.

Vereinigung Schweizer Republikaner

In Reaktion auf den Ersten Weltkrieg wurde 1919 die *Vereinigung Schweizerischer Republikaner* gegründet, der es unter dem Motto „Die Schweiz den Schweizern" neben dem Erhalt der nationalen Einheit und der „Schweizerart" im Kampf gegen fremde Einflüsse auch immer wieder um die „Judenfrage" ging (Kamis-Müller). Die mit 500 Mitgliedern zahlenmäßig größte und dezidiert gegen „jüdischen Einfluss" sich richtende Gruppierung war die Ende 1925 gegründete *Schweizer Heimwehr,* die im Kern aus höheren Offizieren bestand und satzungsgemäß Juden und Freimaurer ausschloss. Sie wollte den Einfluss von Juden auf allen Gebieten zurückdrängen, lehnte aber tätlichen Antisemitismus als Mittel ab. Ihre Zeitschrift *Schweizerbanner* griff alles an, was mit Juden zu tun hatte, und warb für in- und ausländische antisemitische Literatur. Die Zeitschrift lehnte sich Fritz Roth zufolge an deutsche und österreichische Vorbilder, insbesondere die *NSDAP,* an.

Kleine antisemitische Gruppierungen

Der kurzlebige *Schweizer Ring* (1921–22, wieder ab 1928) ging auf die Initiative des aktiven und dezidierten Antisemiten Theodor Fischer (1895–1957) zurück, der nacheinander auch Mitglied der *Kreuzwehr* und der *Schweizer Heimwehr* war. Der 1925 gegründete *Schweizerische Volksbund für Freiheit und Recht,* der die Zeitung *Telegramm* herausgab, bestand wohl nur aus zwei Personen. Der Spiritus Rector, Keller-Zoller, der schon 1923 in seinem Verlag das antisemitische und antifreimaurerische Buch *Ein Welt-Betrug durch Zeichen, Wort und Griff an der Werkmaurerei* herausgebracht hatte, nutzte das *Telegramm* zur Verbreitung seiner antisemitischen Ideen und zur Werbung für antisemitische Bücher seines Verlages.

Frontisten

Die **Frontisten** oder **Fronten,** so der Oberbegriff für mehrere nationalistische Gruppierungen (*Nationale Front, Neue Front, Bund nationalsozialistischer Eidgenossen*), die Ende der 1920er Jahre in der Schweiz entstanden, waren nach Eckart Schörle in der Verbreitung der *Protokolle des Weisen von Zion* und ähnlicher Schriften aktiv. Der *Schweizerische Israelitische Gemeindebund* klagte dagegen und es kam im November 1933 zum Berner Prozess, in dem die *„Protokolle"* vom Gericht als Fälschung und Schundliteratur eingestuft wurden.

E

Frontenbewegung
In der Geschichtswissenschaft hat sich der Begriff Fronten, Frontismus, Frontenbewegung als Sammelbegriff für eine größere Zahl von politischen Gruppierungen in der Schweiz der 1930er Jahre eingebürgert, die häufig die Bezeichnung „Front" (Neue Front, Nationale Front, Katholische Front) in ihren Namen führten. Diese politisch heterogenen, von einigen auch als überwiegend faschistisch eingestuften Organisationen waren von oft kurzer Dauer, fusionierten und spalteten sich immer wieder. Unzufriedenheit mit dem liberalen Parteienstaat, die Weltwirtschaftskrise und das Aufkommen des Faschismus ließen auch in der Schweiz im „Frontenfrühling" 1933 den Wunsch nach politischen Veränderungen laut werden. Ideologisch waren die Fronten nationalistisch, antikommunistisch, antiliberal und häufig auch antisemitisch ausgerichtet. Für rechtsextremistische Gruppierungen nach 1945, die z.T. den Begriff der Front aufgriffen (Neue Nationale Front, Patriotische Front), wird die Bezeichnung „neofrontistisch" gebraucht. (Lit.: Walter Wolf, Frontenbewegung, Historisches Lexikon der Schweiz (HLS), Bern, 2006, http:/www.his-dhs-dss.ch/textes/d/D17405–1–4.php)

Kreuzwehr und Christenwehr

Bei anderen Organisationen, wie den beiden 1923 gegründeten Organisationen *Kreuzwehr* und *Christenwehr,* ist der antisemitische Charakter umstritten. Mitglieder der *Christenwehr* traten aber wiederholt mit antisemitischen Aktionen hervor. Führende Figuren stammten aus dem gehobenen Bürgertum und folgten einem rassistischen Antisemitismus, distanzierten sich aber von der völkischen Bewegung und dem „Hakenkreuzlertum" in Deutschland.

Q

Umschlagrückseite des Buches „Die Eidgenossen am Scheideweg" (1929) von Adolf-Georg Alt (1880–1953)
in: Aaron Kamis Müller, S. 218.

Die internationale jüdisch-freimaurische Einkreisung unseres lieben Schweizerlandes begann sofort nach der ersten jüdisch-französischen Revolution und ist dann programmässig und international ausgearbeitet worden, so dass wir Eidgenossen vor der Alternative stehen, entweder unsere von den Vorfahren mit Eid übernommenen Verpflichtungen das Schweizer. Nationalrecht das Schweizer. Selbstbestimmungsrecht, die ewige Neutralität, die uns das Wiener-Kongress-Protokoll vom Jahr 1815 erneut gewährt hatte, zu verleugnen, oder mit der Waffe in der Hand zu behaupten!

3. Antisemitismus in den „ruhigen Jahren" (1924–1928/34)

Abflauen des Antisemitismus

In Deutschland führten der Rathenau-Mord und der Kapp- und der Hitlerputsch der Öffentlichkeit die Gefahr vor Augen, die Antisemitismus und Rechtsextremismus für die Stabilität der Republik bedeuteten. Zur Stabilisierung trug die nach dem Ende des Ruhrkampfes und der Hyperinflation einsetzende positive wirtschaftliche und politische Entwicklung bei, so dass die Weimarer Republik trotz anhaltender sozialer und politischer Probleme zwischen 1924 und 1928 eine ruhigere Phase erlebte. Die antisemitische Hetze der Nachkriegsjahre 1923 wirkte jedoch nach und der Antisemitismus blieb in bestimmten Kreisen der Bevölkerung virulent und diente den rechtsradikalen Gruppierungen als ideologische Klammer. Der offen gewalttätige Antisemitismus flaute zwar ab, es folgte aber eine „Periode stiller, aber bewusster Zurücksetzung und Ausgrenzung" (Werner Jochmann) der Juden, etwa in Form ihres Herausdrängens aus Vereinen (z.B. dem *Deutsch-Österreichischen Alpenverein*) und nationalistischen Organisationen (z.B. *Stahlhelm*) oder mit dem sogenannten „Bäderantisemitismus" (Frank Bajohr), d.h., die Diskriminierung und Anpöbelung von Juden in Bade- und Kurorten, die sich in den zwanziger Jahren radikalisierten.

Rechtsextreme Parteien

In den „ruhigen Jahren" konnte sich zudem die verbotene *NSDAP* organisatorisch konsolidieren und ihre Kandidaten über Listenverbindungen mit der *Nationalsozialistischen Freiheitspartei* in die Parlamente bringen. Diese konterrevolutionäre Mittelstandspartei, die Juden von der Mitgliedschaft ausschloss, verzeichnete im Bündnis mit Nationalsozialisten als *Völkischer Block* 1924 Wahlerfolge bei Reichs- und Landtagswahlen. Dieses Bündnis brach 1925 auseinander und es kam zur Gründung getrennter Parteien: der *NSDAP* und der *Deutschvölkischen Freiheitsbewegung*, die nach einer Reihe erfolgloser Wahlen ihren Niedergang erlebte. Die DNVP hingegen schloss 1922 nach der Welle von Friedhofsschändungen und Attentaten ihren radikalen Flügel aus. Dieser gründete daraufhin mit der *Deutschvölkischen Freiheitspartei* eine eigene Partei, die zur Nachfolgeorganisation des *DSTB* wurde. In diesen Jahren wurden Juden vor allem in Bayern, Pommern und Schlesien immer wieder Opfer des nationalsozialistischen Alltagsterrors. In Berlin setzte der neue Gauleiter Joseph Goebbels (1897–1945) ab 1926 auf brutalen Terror gegen Kommunisten und Juden, um seine Partei bekannt zu machen.

Mäßigung der Christlichsozialen

Wie in Deutschland trugen die Bekämpfung der Inflation (Genfer Sanierung 1922) und der ökonomische Aufschwung trotz weiterhin hoher Arbeitslosigkeit auch in Österreich zu einer gewissen Beruhigung des politischen Klimas bei. Hinzu kam, dass sich das „Ostjuden-Problem" durch Rück- und Abwanderung bzw. Integration entspannte. Durch diese Entwicklung ließ das politische Interesse der *Christlichsozialen* am Antisemitismus nach, zudem legten ihnen ihre Regierungsbeteiligung und ihr wirtschaftsfreundlicher Kurs Zügel an. So lief auch in Österreich die antisemitische Welle mit ihren Massendemonstrationen und ihrer Wahlkampfagitation nach 1923 aus.

Programm der CSP

Innenpolitische Probleme und neu ausbrechende Finanzskandale wurden in der österreichischen Öffentlichkeit jedoch immer wieder mit der „Judenfrage" in Verbindung gebracht. Im Programm der *Christlichsozialen Partei* (Art. VIII 1926) hieß es weiterhin, dass sie gegen die „Übermacht des zersetzenden jüdischen Einflusses auf geistigem und wirtschaftlichem Gebiet" vorgehen werde, ohne dass sie allerdings auf die Einführung diskriminierender Gesetze hinarbeitete. Eingeklemmt zwischen Kapitalismus und der erstarkten Arbeiterbewegung personalisierte man nach Stuhlpfarrer diese Ängste im „Juden", in dem sich beides zu verbinden schien.

Antisemitismus in der Studentenschaft

Virulent blieben antisemitische Einstellungen insbesondere unter der Studentenschaft. Die völkischen Korporationen erklärten schon 1918 den Kampf gegen das Judentum und die „das deutsche Volkstum verleugnende Internationale" zur ersten Pflicht der nationalen Studentenschaft. 1919 drängten die österreichischen Burschenschaften nach Robert Hein darauf, beim Zusammenschluss mit der *Deutschen Burschenschaft* den „Rassenstandpunkt" durchzusetzen und Juden nicht aufzunehmen. Bereits 1920 kam es an der Universität Wien zu heftigen Ausschreitungen gegen jüdische Hörer. Die *Deutsche Studentenschaft* protestierte gegen die Ernennung jüdischer Hochschullehrer und forderte – allerdings vergeblich – einen Numerus clausus für jüdische Studenten. Anfang der 1930er Jahre war es vor allem der Terror der nationalsozialistischen Studenten, die jüdische Studenten attackierten und verletzten, der den Vorlesungsbetrieb mitunter lahm legte. Die *„Völkische Arbeitsgemeinschaft"* informierte die Studenten der Universität Wien in dem Flugblatt „Deutsche Studenten!" darüber, welche Professoren jüdischer Rasse oder jüdischer Abstammung seien. Ziel dieser Studenten war es, „an der Befreiung unserer höchsten Kulturstätten vom fremdrassigen Judentum mitzuarbeiten" (Erika Weinzierl), und sie verfolgten ihre Interessen mitunter auch in Dissertationsprojekten zur Rassenlehre und Judenfrage. Auch sonst waren im Bildungswesen, etwa im Lehrerbund, antisemitische Tendenzen weit verbreitet.

Solange in Österreich die parlamentarische Demokratie funktionierte, waren die Juden zwar einem aggressiven Antisemitismus ausgesetzt und wurden an den Universitäten und in den Berufsverbänden diskriminiert, doch gab es staatlicherseits keinerlei Einschränkungen, geschweige denn eine Bedrohung von Eigentum und Leben.

4. Antisemitismus in der Endphase der Weimarer Republik

Aufstieg der NSDAP

Fand der Antisemitismus auch breite gesellschaftliche Resonanz, so spielte er doch für die politische Mobilisierung bis Anfang der 1930er Jahre nicht die Hauptrolle. Radikale Parteien wie die *NSDAP* und der *Völkische Block* erreichten 1928 nur 2,6% bzw. 0,9% der Stimmen. Auch in der Aufstiegsphase der *NSDAP* zwischen 1930 und 1932 standen in ihrer Agitation Themen wie „Versailles", der Young-Plan, die bolschewistische Gefahr und natürlich die schwere Wirtschaftskrise im Vordergrund, welche der Partei ab 1929 die erdrutschartigen Erfolge bei Kommunal- und Landtags- und schließlich Reichstagswahlen ermöglichten (1930: 18,3%). Antisemitismus nutzte sie damals, um dafür empfängliche Gruppen, wie die Landbevölkerung, den Mittelstand und die Studentenschaft für sich zu gewinnen.

Zwar hatten Übergriffe nationalsozialistischer Schlägertrupps bereits 1927–1928 wieder zugenommen, doch führten erst die Wirtschaftskrise und die Wahlerfolge der *NSDAP* ab 1930 wieder zu antijüdischen Ausschreitungen und Boykottaktionen. Eine der spektakulärsten Aktionen ereignete sich am Abend des Jüdischen Neujahrsfestes 1931 in Berlin: der „Kurfürstendammkrawall". Etwa 100 in Zivil gekleidete SA-Leute fielen auf ein Kommando hin über „jüdisch aussehende" Passanten her. Neben der SA-Gewalt der Straße waren vor allem an höheren Schulen und Universitäten jüdische Schüler und Studenten Ziel von Übergriffen seitens der NS-Schülerschaft bzw. NS-Studentenschaft.

Terroristische Politik der NSDAP

In der politisch instabilen Phase des Sommers 1932 häuften sich nach Dirk Walter Anschläge, Ausschreitungen und Übergriffe von Seiten der Nationalsozialisten. Sie richteten sich zwar primär gegen die politischen Gegner auf der Linken. NS-Schlägertrupps griffen aber auch Juden an, plünderten ihre Geschäfte und verübten Anschläge auf Kaufhäuser. Übergriffe auf jüdische Einrichtungen, wie die Synagoge in Kiel, waren die Ausnahme und stießen eher auf öffentliche Ablehnung. Gleichzeitig setzte ihm zufolge im Vorfeld der Reichstagswahlen eine öffentliche Debatte über die „Judenfrage" ein, in der führende Nationalsozialisten, wie Hermann Göring (1893–1946) und Gregor Strasser (1892–1934), ganz offen eine Reihe von Maßnahmen im Falle ihrer Machtübernahme ankündigten: Entfernung aller Juden aus leitenden Stellungen, Fremdenrecht für Juden, Ausweisung der „Ostjuden".

Pläne rechter „Vordenker"

Auf der Rechten erhoffte man sich nach Dirk Walter von der neuen Regierung v. Papen Änderungen in der Reichsverfassung und projektierte eine „praktische Lösung der Judenfrage", indem man wie Wilhelm Stapel (1882–1954) für einen „jüdischen Stand" minderen Rechts plädierte. Der offene Antisemitismus der *NSDAP* bedeutete demnach auch kein Hindernis in den Koalitionsverhandlungen mit der *DNVP* und Franz von Papen (1879–1969) im Sommer 1932, denn die NSDAP rückte keineswegs von ihrem antisemitischen Programm ab. Der Radauantisemitismus „von unten" und die Pläne über die legale Ausschaltung der Juden radikalisierten sich in einem dynamischen Prozess gegenseitig, und die Nationalsozialisten führten diesen nach 1933 weiter. Das NS-Regime begann denn auch bereits im März 1933 mit der Schaffung gesetzlicher Regelungen, um die Zuwanderung von polnischen Juden zu unterbinden und nicht eingebürgerte wieder auszuweisen.

5. Die Zeit des Austrofaschismus

Die Situation änderte sich in Österreich, als – ähnlich wie im Deutschen Reich – Antisemitismus und Nationalsozialismus im Zuge der Weltwirtschaftskrise in Österreich immer stärker wurden. 1932 gelang den Nationalsozialisten bei den Landtagswahlen ein massiver Einbruch in die Wählerschaft der *Christlichsozialen* und der *Großdeutschen Volkspartei*. Daneben verschärften die Kämpfe paramilitärischer Gruppen auf der Straße das politische Chaos. Durch den Druck des nationalsozialistischen Deutschland verschlechterte sich auch in Österreich die Lage der Juden bis zum Anschluss des Landes im Jahre 1938 zusehends. Die autoritären Regierungen unter Engelbert Dollfuß (ab 1932) und Kurt Schuschnigg (1897–1977, ab 1934), die beide noch in ihrer Studentenzeit aktive Antisemiten gewesen waren, aber als Politiker zunächst antisemitische Ausfälle vermieden, suchten den Antisemitismus für sich zu nutzen, um damit den Einfluss der Nationalsozialisten zurückzudrängen.

Politik der Regierung Dollfuß

Die Regierung Dollfuß schlug eine mittlere Linie ein, indem sie Antisemitismus in der ansonsten scharf kontrollierten Presse zuließ, antijüdische Maßnahmen jedoch von sich aus nicht forcierte. Im Herbst 1933 veröffentlichte der vormalige christlich-soziale Parteiobmann und Unterrichtsminister Emmerich Czermak (1885–1965) gemeinsam mit dem Zionisten Oskar Karbach (geb. 1897) die von Juden und Nichtjuden vieldiskutierte Schrift *Ordnung in der Judenfrage*. Durch ein Minderheitenrecht sollte die wirtschaftliche und soziale Eingliederung der Juden in das Gastvolk so geregelt werden, dass „möglichst wenig Anlass und Gelegenheit zu Hasskonflikten übrig bleibt" (Erika Weinzierl). Dieser Vorstoß zielte auf das Ende der Assimilation und auf die Konstituierung der Juden als nationaler Minderheit mit eigenem, minderen Rechtsstatus. Politiker wie Czermak unterstützten ein nationales Judentum und lehnten die Taufe von Juden aus völkischen Motiven ab. Die assimilierten Juden griffen sie als „entartet" an und forderten gar öffentlichen Schutz für christliche und jüdische Bürger vor „verderblichen jüdischen Elementen" (Maderegger).

Vaterländische Front

Da die Weltwirtschaftskrise die Arbeitslosigkeit ansteigen ließ und zu einer Zerrüttung der Staatsfinanzen führte, gleichzeitig die österreichischen Nationalsozialisten immer stärker wurden und Kanzler Dollfuß keine sichere parlamentarische Mehrheit hatte, schaltete dieser im März 1933 das Parlament aus und etablierte einen autoritären, christlichen und korporatistischen „Ständestaat". Im Mai gründete Dollfuß die **Vaterländische Front**, außerhalb derer keine Opposition, einschließlich der nationalsozialistischen Bewegung, geduldet wurde, so dass es zu Spannungen mit dem Deutschen Reich kam.

E

Vaterländische Front
Mit der „Vaterländischen Front" schuf der österreichische Bundeskanzler Engelberg Dollfuß am 20. Mai 1933 als Nachfolgeorganisation der Christlichsozialen Partei eine vorgeblich überparteiliche politische Organisation, in der alle staatstragenden Kräfte vereint werden sollten. Nach Auflösung bzw. dem Verbot der politischen Parteien (KPÖ, NSDAP, SDP,) wurde die V.F. zum alleinigen Träger der politischen Willensbildung und des Ständestaates, der das politische System der Demokratie durch einen „sozialen, christlichen, deutschen Staat Österreich

auf ständischer Grundlage und starker autoritärer Führung" (so Dollfuß in einer Rede am 11. 9. 1933) ablösen sollte. Die V.F. besaß mit ihren verschiedenen Unterorganisationen (Jungvolk, Frontmiliz u.a.) drei Millionen Mitglieder. Nach der Ermordung von Dollfuß wurden der frühere Heimwehrführer Ernst Rüdiger Starhemberg (1934–1936) und ab März 1936 Bundeskanzler K. Schuschnigg seine Nachfolger als Bundesführer. Mit dem „Anschluss" Österreichs an das Deutsche Reich im März 1938 wurde die V.F. aufgelöst. (Lit.: I. Bärnthaler, Die Vaterländische Front. Geschichte und Organisation, 1971.)

Parteienverbote

Die von österreichischen Nationalsozialisten verübten Terrorakte auch gegen Juden veranlassten im Juni 1933 die Regierung, die *NSDAP* zu verbieten, die jedoch in der Illegalität weiterhin aktiv blieb. Nach Einsetzung der autoritären Verfassung vom 1. Mai 1934 wurde die *Vaterländische Front* zur alleinigen Trägerin der politischen Willensbildung, nachdem nach der blutigen Niederschlagung des Aufstandes des *Republikanischen Schutzbundes* im Februar 1934 auch die *Sozialdemokratische Partei* verboten worden war. In dieser Phase propagierte die Regierung eine österreichische Staatsgesinnung und Traditionspflege, die Juden bei aller offiziellen Toleranz ausschloss.

Regierung Schuschnigg

Als Bundeskanzler Dollfuß bei einem missglückten Putschversuch der Nationalsozialisten am 27. Juli 1934 erschossen wurde, war dennoch unter den österreichischen Juden das Entsetzen groß, da er nach ihrer Auffassung für die Versöhnung der Klassen in Österreich eingetreten war. Sein Nachfolger Kurt Schuschnigg sicherte den Juden in wiederholten Erklärungen zur „Judenfrage" Gleichbehandlung zu, äußerte aber zugleich Verständnis für den Antisemitismus von Nichtjuden, die ihre Existenz angesichts der Wirtschafskrise in bestimmten, von Juden beherrschten Wirtschaftszweigen bedroht sahen. Dem Antisemitismus in untergeordneten Staatsorganen und in der Presse trat er nicht entgegen, es sei denn, er war mit einem „staatsfeindlichen" Bekenntnis zum Nationalsozialismus verbunden. Schuschniggs politischer Spielraum wurde durch den Druck des NS-Regimes immer enger, bis er schließlich im Juli 1936 in einem Abkommen mit dem Deutschen Reich einwilligen musste, die inhaftierten Nationalsozialisten freizulassen, die Bekämpfung der NS-Bewegung aufzugeben und zwei NS-nahe „Strohmänner" (Beller) in die Regierung aufzunehmen. Im Gegenzug erkannte das Deutsche Reich die Souveränität Österreichs an, ohne letztlich auf Einmischungen zu verzichten.

Vaterländische Front

In der *Vaterländischen Front*, die sich als Träger des österreichischen Staatsgedankens auf christlich-deutscher Grundlage verstand, waren antisemitische Einstellungen vor allem auf den unteren Ebenen präsent. Diese wurden dadurch verstärkt, dass auf nationalsozialistischen Druck hin „betont Nationale" in die höheren Ränge berufen wurden. Demgegenüber erteilten nach Maderegger führende Funktionäre wie Guido Zernatto (1903–1943) oder Walter Adam (1886–1947) sowie die Zeitschrift *Sturm über Österreich* dem NS-Rassenantisemitismus eine Absage. Sie akzeptierten Juden aus Österreich, sofern sie religiös und national-jüdisch eingestellt waren, als Teil der Nation, während sie liberale und sozialistische Juden als „Assimilanten" und „Auswürfe des Judentums" sowie als Gefahr für den „gesunden Volkskörper" attackierten.

Staat und katholische Kirche waren im österreichischen Ständestaat eng verbunden und beide unterschieden zwischen einer zu bejahenden traditio-

Judenfeindschaft in der katholischen Kirche

nellen Judenfeindschaft und der abzulehnenden Rassenlehre. Dies war vor allem in der Abgrenzung zu Hitler-Deutschland von Bedeutung, da die österreichischen Politiker einen politischen Anschluss und die Kirche die antichristliche Haltung der Nationalsozialisten fürchteten. In der katholischen Kirche Österreichs gab es jedoch ein breites Spektrum an Stellungnahmen zur „Judenfrage", die von ernsthaften theologischen Erwägungen bis hin zu den etwa von Bischof Alois Hudal, einem Bewunderer Hitlers, vertretenen Versuchen reichten, sich dem Nationalsozialismus in dieser Frage anzunähern.

Die katholische Kirche wandte sich zwar im Januar 1933 in einem Aufsehen erregenden Hirtenbrief des Linzer Bischofs Johannes M. Gföllner (1867–1941), der auf heftigen Protest jüdischer Organisationen traf, gegen die Irrtümer des Nationalsozialismus, darunter auch den Rassenantisemitismus, doch rief der Hirtenbrief zur Bekämpfung des schädlichen Einflusses des Judentums auf.

Q

Ausschnitt aus dem Hirtenbrief des Linzer Diözesanbischofs Johannes M. Gföllner „Über wahren und falschen Nationalismus" vom 1. Januar 1933
Quelle: Linzer Diözesanblatt, LXXIX (1933), 1, 1–14, hier S. 3. Abgedruckt in: Anton Staudinger, Katholischer Antisemitismus, S. 265.

Zweifellos üben viele gottentfremdete Juden einen überaus schädlichen Einfluß auf fast allen Gebieten des modernen Kulturlebens, Wirtschaft und Handel, Geschäfte und Konkurrenz, Advokaten und Heilpraxis aus, soziale und politische Umwälzungen sind vielfach durchsetzt und zersetzt von materialistischen und liberalen Grundsätzen, die vorwiegend aus dem Judentum stammen. Presse, Inserate, Theater und Kino sind häufig erfüllt von frivolen und zynischen Tendenzen, die die christliche Volksseele bis ins Innerste vergiften und die ebenso vorwiegend vom Judentum genährt und verbreitet werden. Das entartete Judentum im Bunde mit der Weltfreimaurerei ist auch vorwiegend Träger des mammonistischen Kapitalismus und vorwiegend Begründer und Apostel des Sozialismus und Kommunismus, der Vorboten und Schrittmacher des Bolschewismus. Diesen schädlichen Einfluß des Judentums zu bekämpfen und zu brechen, ist nicht nur gutes Recht, sondern strenge Gewissenspflicht eines jeden überzeugten Christen, ...

Katholischer Antijudaismus

Andere katholische Geistliche und auch Zeitschriften argumentierten nach Auffassung Madereggers weiterhin religiös. Sie warfen den Juden „religiöse Apostasie" vor, da diese den Messias nicht anerkennen würden und damit der göttlichen Berufung untreu geworden seien. Für Pater Bela Bangha ging, wie er seiner 1934 erschienenen Schrift *Katholizismus und Judentum* ausführte, von der jüdischen Religion eine religiös-sittliche Gefahr aus, da alle moralisch gefährlichen Bewegungen wie Liberalismus und Sozialismus aus ihr hervorgegangen seien. Auch der alte Ritualmordglaube erfreute sich kirchlicher Billigung, und in katholischen Zeitschriften wie *Schönere Zukunft, Katholische Monatsblätter* oder *Volksvereinsbote* finden sich ab 1934 in fast jeder Ausgabe antijüdische Artikel mit Verunglimpfungen des Talmud, Vorhaltungen über die gesellschaftliche Schädlichkeit der Juden bis hin zu Stellungnahmen, in denen Rassenantisemitismus und Rassenpolitik als nicht unvereinbar mit der katholischen Lehre, behandelt wurden. Dass kirchliche Kreise durchaus rassenantisemitisch dachten und deshalb Judenchristen nicht als gleichberechtigte Brüder in Christo anerkannten, zeigt auch die Einführung des Arierparagraphen in katholischen Vereinen.

Noch weiter in der Verbreitung antisemitischer Ideen ging Bischof Hudal in seinem Buch *Die Grundlagen des Nationalsozialismus* von 1937, der die „Verbundenheit mit der eigenen Rasse" und den „Versuch einer Lösung der Judenfrage" als wertvolle Gedanken des Nationalsozialismus pries und der Rassenlehre grundsätzlich zustimmte. Gegen die Judenpolitik des NS-Regimes hatte Hudal nichts einzuwenden, sondern sah darin, wie auch andere katholische Autoren, eine legitime Abwehr des in seinen Augen übergroßen jüdischen Einflusses. Neben der Fülle antisemitisch ausgerichteter katholischer Blätter gab es nur wenige Zeitschriften, die sich aus theologischen Gründen gegen jede Form des Antisemitismus wandten.

Antisemitismus im Protestantismus

Ein noch stärkeres Entgegenkommen fanden der Nationalsozialismus und sein Antisemitismus nach Meinung Madereggers in der protestantischen Kirche Österreichs, die als Minderheit im katholisch geprägten Staat das Deutschtum besonders betonte und sich als deutsche Nationalkirche gegen den römischen Katholizismus positionierte. Sie sympathisierte offen mit dem NS-Regime und stimmte auch dessen radikalem Antisemitismus zu, eine Haltung, die sich nach 1938 noch verstärkte.

Antisemitismus in Berufsorganisationen

Bereits im Ständestaat lassen sich, wie Sylvia Maderegger gezeigt hat, in einigen Berufsorganisationen, wo man starke jüdische Konkurrenz wahrnahm, massive antisemitische Tendenzen erkennen. Bereits im Juli 1933 gründete sich ein *Verband deutsch-arischer Rechtsanwälte*, der einen radikalen Rassenantisemitismus vertrat und in seinem *Mitteilungen* zur „Judenfrage" Stellung nahm. Etwas moderater und ambivalenter argumentierte die *Vereinigung christlich-deutscher Ärzte*, die sich zwar gegen den „zersetzenden Einfluss des Judentums" wandte, aber keinen strikten Rassenantisemitismus vertrat, sondern getaufte Juden in der *Vereinigung* willkommen hieß. Die wirtschaftliche Motivation trat am unverhohlensten beim Gewerbebund hervor, der schon 1934 Boykottmaßnahmen gegen jüdische Geschäfte forderte und sich dabei auf die Unterstützung führender Politiker stützen konnte. Ähnlich wie beim Gewerbebund dominierte auch im *Freiheitsbund*, einer Organisation innerhalb der *Vaterländischen Front*, die sich als Interessenvertreter der christlichen Arbeiter verstand, ein wirtschaftlich motivierter Antisemitismus, der den Juden vorwarf, viele Christen durch ihre Bank- und Finanzskandale zu ruinieren. Dass der *Freiheitsbund* eine enge Verbindung zum *Antisemitenbund* suchte, dessen antijüdische Forderungen denen des Nationalsozialismus entsprachen, spricht ebenso für die ausgeprägte Judenfeindlichkeit der Organisation wie die berüchtigte Rede des Vorsitzenden Kunschak, in der er 1936 eine rasche Lösung der Judenfrage anmahnte, wenn es nicht zu einer äußerst gewaltsamen Lösung kommen solle.

Antisemitische Organisationen

Neben dem *Antisemitenbund*, der Mitte der dreißiger Jahre offenbar erfolgreich öffentliche Versammlungen abhielt und in seinem Organ *Der Streiter* antisemitische Propaganda verbreitete, stand eine ganze Reihe kleiner sektenartiger antisemitische Vereine, wie der *Lumen-Klub*, der den Kreis um Lanz von Liebenfels(1874–1954) umfasste, und die *Pan-Arische Union*, die geradezu wahnhaften Arier-Phantasien anhing und ein dämonisches Bild des „Weltjudentums" und seiner Organisationen entwarf.

Staatliche Maßnahmen gegen Juden

Zwar betrieb der Ständestaat gegenüber den Juden keine offene Ausgrenzungspolitik, doch unternahm die Regierung nach Bruce Pauley erste

Schritte, um den Anteil der Juden im Bankwesen, in der Ärzte- und Juristenschaft und in der Verwaltung zu reduzieren (numerus clausus), und sie führte an den öffentlichen Schulen eine Trennung von christlichen und nicht-christlichen Klassen ein. Es gab zudem gesetzliche Neuerungen, die wie die Gewerbenovelle des Jahres 1934, Juden benachteiligten, obwohl sie nicht direkt genannt wurden. Ein radikaler wirtschaftlicher Antisemitismus wurde auch in zahlreichen Büchern und Broschüren mit bezeichnenden Titeln wie *Österreichs Lebenskampf* verbreitet, in denen die Juden – hier vor allem die Ostjuden – für den Niedergang des „arischen Mittelstandes" und die Wirtschaftskrise verantwortlich gemacht wurden. Ein radikaler Antisemitismus findet sich in diesen Jahren auch in vielen Vereinen, die häufig schon auf eine jahrzehntelange antisemitische Tradition zurückblicken konnten, wie den studentischen Verbindungen und Turnvereinen.

Abwehr des Antisemitismus

Es gab vereinzelt auch Versuche von nichtjüdischer Seite, wie die Bücher von Richard Graf Coudenhove-Kalergi *Judenhaß von heute* (1935) und von Irene Harand *So oder so? Die Wahrheit über den Antisemitismus* (1933), den Judenhass durch Aufklärung über den wahren Charakter des Antisemitismus zu bekämpfen, die aber auf wenig Resonanz stießen. Harand gründete zudem 1933 zusammen mit dem jüdischen Anwalt Moritz Zalman die gegen die NS-Bewegung gerichtete *Weltbewegung gegen Rassenhass und Menschennot*, die auch als *Harand-Bewegung* bekannt wurde.

Presse des Ständestaates

Die Presse des Ständestaates spiegelte die Haltung der verschiedenen politischen Lager wider. Sylvia Maderegger unterscheidet das christliche Lager in Fortsetzung der früheren christlich-sozialen Presse von den nationalen Zeitungen, die häufig – neben den illegalen NS-Blättern – getarnte nationalsozialistische Blätter waren. Beide Richtungen unterschieden sich in ihrer Haltung zur „Judenfrage" nur in Nuancen. Die von jüdischen Verlegern herausgegebenen Blätter waren betont österreichisch orientiert und scharf gegen den Nationalsozialismus und seine großdeutschen Ansprüche gerichtet, allerdings vermieden gerade sie das Thema Antisemitismus im österreichischen Kontext, um nicht als Vertreter jüdischer Interessen dazustehen. Eine Ausnahme bildeten hier nur die *Wiener Sonn- und Montagszeitung* sowie die *Morgenpost*. Man findet eine Ablehnung des Antisemitismus sogar eher noch in der projüdisch ausgerichteten monarchistischen Presse, wobei hier eine starke Deutschfeindlichkeit dahinter stand. Die illegale sozialistische Presse befasste sich kaum mit Juden und Antisemitismus, sie polemisierte nach ihrem Verbot allerdings gegen die regimetreuen Juden, denen sie vorwarf, die Bedrängnis der Juden in Österreich zu verschweigen und der Regierung Schuschnigg als „Dekoration" zu dienen. Den christlichen Blättern ging es vor allem um die Begrenzung des „jüdischen Einflusses" in Wirtschaft und Kultur, und sie propagierten eine sittlich veredelte christliche Geschäftswelt. Die nationalen und nationalsozialistischen Blätter beschworen primär die Gefahr einer jüdischen Weltverschwörung, der das Handwerk gelegt werden müsse. Die regimefeindliche nationalsozialistische Presse warf Schuschnigg vor, sich von Juden unterstützen zu lassen und unter ihrem Einfluss zu stehen.

Druck des NS-Regimes auf Österreich

Die Lage Österreichs verschlechterte sich ab 1934 durch die Ausschaltung der Arbeiterbewegung und durch den Druck des Deutschen Reiches und die Hereinnahme der „nationalen Opposition" immer weiter. Auf der Berchtesgadener Konferenz im Februar 1938 konnte Hitler den Vertrauensmann der

Nationalsozialisten Arthur Seyß-Inquart als österreichischen Innenminister durchsetzen, der bereits am 11. März auf massiven deutschen Druck Schuschnigg als Kanzler ablöste. Am Tag darauf rückten deutsche Truppen ein und bereits am 13. März wurde der „Anschluss" Österreichs an das Deutsche Reich vollzogen. Damit waren die Juden Österreichs der antisemitischen Politik des NS-Regimes unterworfen.

6. Antisemitische Fremdenabwehr: Die Zwischenkriegszeit in der Schweiz

Anwachsen des Antisemitismus

Weisen Deutschland und Österreich in den Jahren von 1918 bis 1933 viele Parallelen auf, so nahm der Antisemitismus in der Schweiz einen anderen Verlauf, auch wenn er dort nach dem Ersten Weltkrieg ebenfalls Auftrieb bekam. Dieses stärkere Hervortreten hatte nach Aron Kamis-Müller drei Gründe: Erstens den Import judenfeindlicher Artikel und Ideologeme vor allem aus Österreich, Deutschland und Frankreich. Zweitens stimulierten konkrete politische Ereignisse vor allem in Deutschland wie der Hitler-Putsch von 1923 und die Reichstagswahlen 1924 den endogenen Schweizer Antisemitismus. Drittens lehnte die Schweizer Öffentlichkeit die Zuwanderung von Juden immer deutlicher ab, obgleich diese immer stärker zurückging. Bei einem jüdischen Bevölkerungsanteil von 0,4% nahm der Anteil der ausländischen Juden von 66% im Jahr 1910 über 55,1% 1920 bis auf 45,4% im Jahr 1930 ab. Relativ hoch blieb indes die Zahl jüdischer Durchwanderer aus Osteuropa. 1920 wurde ein „Büro für jüdische Auswanderung" eingerichtet und die Jüdische Emigrationskommission Zürich gab eine eigene Zeitschrift *Emigrations- und Reisenachrichten* heraus. Zwar besteht kein direkter Zusammenhang von Durchwanderung und Antisemitismus, doch dürfte die Präsenz jüdischer Touristen, Studenten, Juden aus Osteuropa und die Konzentrierung von Juden in bestimmten großstädtischen Vierteln Einfluss auf die insgesamt fremdenfeindliche Stimmung der Schweizer gehabt haben, zumal es auch zwischen Ost- und Westjuden zu Spannungen kam, sahen die ansässigen Juden ihre gesellschaftliche Position sowie ihre Assimilationsbemühungen durch die kulturelle und religiöse Fremdheit des osteuropäischen Judentums gefährdet.

Abwehr von Zuwanderung

Wie schon während des Ersten Weltkrieges definierten die Schweizer Behörden die Abwehr von Zuwanderern als eine ihrer Hauptaufgaben, insbesondere von solchen, die man revolutionärer Umtriebe verdächtigte. Wegen der angeblichen „Überfremdung" befürchteten sie für die Schweiz ein soziales, moralisches und politisches Chaos. 1917 wurde deshalb vom Bundesrat per Notrecht eine *Zentralstelle für Fremdenpolizei* gebildet und die Pass- und Visumpflicht wieder eingeführt. Nach Kriegsende begann aus Furcht vor dem Zustrom demobilisierter Soldaten eine Diskussion über „Überfremdung" und die sozialen und wirtschaftlichen Folgen von Zuwanderung. Die Lösung der „Ausländerfrage" wurde von der *Freisinnig-demokratischen Partei* als die „Erfüllung einer politischen Aufgabe erster Ordnung" angesehen (Silvia und Gérald Arlettaz), und es gab politische Vorstöße zum Schutz der einheimischen Arbeitskräfte, zur Abwehr „zweifelhafter ausländischer Elemente" und zum Schutz des Volkstums, wie die *Christlich-Sozialen* es 1919 formulierten. Die Angst vor dem gerade an die Macht gekommenen Bolschewismus und einer sozialistischen Unterwanderung, der Generalstreik (Landesstreik) vom November 1918, der auf die wirtschaftliche Notlage vieler Arbeiter reagiert und das Bürgertum tief verschreckt hatte, und die Arbeitslosigkeit im Lande führten zu einer verschärften Ausweisungspolitik vor allem gegen militante Sozialisten, Gewerkschafter sowie gegen Kriegsflüchtlinge der Mittelmächte und zu einer „Ausländerinitiative" der Rechten, die auf eine Verfassungsänderung zielte, eine Politik, die nach S. und G. Arlettaz die sozialdemokratische Zeitschrift *Volksrecht* 1919 Politik vergeblich als Ausdruck eines wachsenden Antisemitismus und einer zunehmenden Fremdenfeindlichkeit kritisierte. Im November 1919 beschloss der Bundesrat die Verordnung „Einreise, Aufenthalt, Niederlassung und Ausweisung von Ausländern", und in seinem Kommentar warnte der Leiter der Fremdenpolizei des Kantons Zürich, Hans Frey, vor „Scharen von Neuzuwanderern in die Schweiz", worunter er, wie er erläuterte, vor allem „Juden aus den Oststaaten" verstand. Diese seien „hinsichtlich Denkungsart, Sitten, Geschäftsmoral etc." vollständig wesensfremd, auch bezeichnete er sie als Deserteure, Schieber und Wucherer, „die im Krieg Riesengewinne gemacht hätten und das Volk auf schamloseste Weise ausbeuteten" (Patrick Kury). In diesem Diskurs über die Frage der Zuwanderung verbanden sich Fremdenfeindschaft, Rassenhygiene, Sozialdarwinismus, Antibolschewismus und Antisemitismus miteinander.

Q

In den „Richtlinien" der „Vereinigung Schweizer Republikaner" (1920) wurde die Fremdenfrage mit der sozialen Frage und der Judenfrage verknüpft

Abdruckt in: Kamis-Müller, S. 193 (Quelle: Vereinigung Schweizer Republikaner (S.R.V.), Erster Jahresbericht 1919/1920, Richtlinien, S. 18, Schweizerische Landesbibliothek, Bern, V Schweiz 2642)

In engem Zusammenhang mit der Fremdenfrage und der sozialen Frage steht die JUDENFRAGE. Auch bei größtem Wohlwollen für den einzelnen Juden und bei humanster Gesinnung kann die V.S.R. nicht gleichgültig der Tatsache gegenüberstehen, dass eine fremde Rasse den Geldmarkt und den Handel beherrscht, über Gebühr die Presse, die politische wie die literarische und kommerzielle beeinflusst, sich Tausende von Schweizern zinspflichtig, also untertänig gemacht hat und auch je länger je mehr unsere Arbeiterschaft in ihre Gewalt bringt und damit in ein internationales und vor allem antinationales Fahrwasser drängt.

Antisemitische Propaganda

Nicht nur in der Schweizer Presse wie der katholischen *Schildwache* (1920), der freisinnigen Zeitung *Der Wehnthaler* (1920) sondern auch unter den eidgenössischen Diplomaten war die Vorstellung verbreitet, der Bolschewismus sei eine von Juden gesteuerte Bewegung, die in Russland, aber auch in Ungarn und Deutschland die Revolution angezettelt und eine Schreckensherrschaft errichtet hätte. Jüdische Politiker wurden in äußerst herabsetzender Weise als „bolschewistisches Judengesindel" beschrieben und in judenfeindlichen Karikaturen verunglimpft. Früh wurden nach Kamis-Müller auch die *Protokolle der Weisen von Zion* in mehreren Schweizer Blättern publiziert. Katholische Zeitungen druckten 1922 angebliche Weltherrschaftspläne der Juden ab, die auf einem Zionistenkongress in Lemberg 1911 verfasst worden sein sollten. Verstärkt wurde diese antisemitische Hetze noch durch den

Import antisemitischer Schriften vor allem aus Deutschland, etwa Flugblätter des *Deutschvölkischen Schutz- und Trutzbundes*. Das seit 1922 an Zeitungskiosken in der Schweiz verkaufte Buch *Der internationale Jude* von Henry Ford (1863–1947) wurde stark nachgefragt. Versuche des *Israelitischen Gemeindebundes*, den Verkauf der Schrift in Bahnhofsbuchhandlungen verbieten zu lassen, blieben erfolglos. Insgesamt lässt sich für die Schweiz von einer bis dahin ungekannten Flut antisemitischer Propaganda sprechen, gegen die die Juden in der Schweiz sich vergeblich durch Verbotsanträge zu wehren suchten.

Abwehr ostjüdischer Zuwanderung

Ähnlich wie in Deutschland, dessen Reichstagsdebatten zur Einwanderung von Ostjuden aufmerksam registriert wurden, befürchtete man 1919 angesichts der politischen Umwälzungen in Osteuropa eine „Invasion aus dem Osten" seitens polnischer und galizischer Juden. Immer wieder kam es bei den Einbürgerungs- und Einreisebewilligungen für „östliche Israeliten" von Seiten der Schweizer Behörden zu Diskriminierungen, wobei sich insbesondere der antisemitisch eingestellte Leiter der Fremdenpolizei Heinrich Rothmund (1888–1961) hervortat. Sein Vorgesetzter, der Polizeichef, formulierte nach Stefan Mächler 1921 die Prinzipien der Selektion sehr klar. Sein Augenmerk richtete sich darauf, ob sich der Fremde politisch, wirtschaftlich und sozial einfüge, und ob er „hygienisch akzeptabel und ethnisch adäquat" sei. „Es geht um unsere Eigenart, um unseren Volkscharakter, um unser Schweizertum, *das* heisst es schützen und retten."

Staatliche Abwehr gegen jüdische Zuwanderung

Mächler betont, dass die Verwaltung besondere Maßnahmen gegen jüdische Zuwanderung, Asyl und Einbürgerung ergriff, ohne dass es dafür Verordnungen oder Gesetze gab. Die Verwaltung behauptete, dass sich die Maßnahmen in gleicher Weise gegen andere Gruppen richteten. Tatsächlich wurden aber für osteuropäische Juden besonders strenge Einbürgerungsregelungen erlassen. Die verschiedenen jüdischen Gemeindeorganisationen kritisierten dies als Sonderbehandlung der Ostjuden, doch wurde von den Befürwortern der Gesetzesverschärfung der Vorwurf des Antisemitismus mit dem Argument zurückgewiesen, die schwerere Anpassung der Ostjuden rechtfertige längere Wartezeiten. 1926 kam es zu einer gewissen Lockerung der Bestimmungen, bis sie 1936 ganz aufgehoben wurden.

Anteil von Juden in Verwaltung und Politik

Der Bundesrat stand jüdischen Belangen insgesamt offen gegenüber, und Juden wurden gelegentlich gar in leitende Ämter der eidgenössischen Verwaltung berufen. Dennoch blieb nach Kamis-Müller der Anteil an Juden in der Beamtenschaft auch auf kantonaler und städtischer Ebene gering, was wohl an der ablehnenden Haltung der Schweizer Bevölkerung lag. Es gab aber in den 1920–30er Jahren vermehrt Juden in höheren politischen Ämtern als Bundesrichter, National- und Kantonsräte, auch wurden sie zu Stadt- und Gemeinderäten gewählt, wobei sie für ganz unterschiedliche Parteien kandidierten (*Sozialistische Partei, Freisinnige Partei, Bürger und Gewerbepartei, Fortschrittliche Bürgerpartei*).

Schächtfrage

Auch die seit dem Verbot von 1893 zum Dauerproblem gewordene „Schächtfrage" wurde nach Pascal Krauthammer wieder aktuell. Für die Zeit von März 1918 bis April 1920 hatte der Bundesrat eine vorübergehende Schächtbewilligung ausgesprochen, da eine Versorgung mit koscherem Fleisch aus dem Ausland nicht möglich war. Die Tierschutzvereine versuchten mit einer Eingabe an das Justiz- und Polizeidepartment, die gespickt war mit antijüdischen Vorwürfen, umgehend deren Aufhebung zu erreichen. In einem Brief wurde der *Israelitische Gemeindebund* gar als „volksfremde Gesellschaft" (Kamis-Müller) bezeichnet. Die politischen Parteien waren in dieser Frage jedoch gespalten. Als es Ende 1919 um eine Verlängerung der Bewilligung ging, sah ein katholischer Nationalrat im Schächtverbot eine Verletzung der Glaubens- und Gewissensfreiheit, während die Ortsgruppe Basel der *Vereinigung Schweizerischer Republikaner* eine weitere Verlängerung ablehnte und vermutete, der Bundesrat habe der ersten Verlängerung nur zugestimmt, „um die jüdische Finanz bei guter Laune zu halten". Der Bundesrat lehnte dann eine Verlängerung ab, indem er auf die Möglichkeit, Fleisch aus dem Ausland zu beschaffen, und auch auf den „immer wachsenden Widerstand" dagegen verwies (Kamis-Müller).

Angriffe auf jüdische Geschäftsleute

Neben den zentralen Themen Einwanderung und Schächten finden sich in der Schweiz auch, zum Teil regional begrenzt, die typischen antijüdischen Vorwürfe gegenüber der Wirtschaftstätigkeit von Juden. In rechten Blättern wurde gegen die Juden im Vieh- und Getreide- sowie im Detailhandel agitiert. Einen besonderen Angriffspunkt bildeten die Warenhäuser. Gewerbliche Interessenverbände agitierten in Zeitungsinseraten gegen jüdische Geschäftsleute und betonten dabei vor allem die Differenz zwischen jüdischen und christlichen bzw. „Schweizerischen" Firmen.

Schweizer Katholizismus und der Antisemitismus

Die Einstellung des Schweizer Katholizismus zu Juden entsprach ganz den Haltungen der katholischen Kirche in anderen Ländern Europas. In der Theologie wie im Standardwissen der katholischen Bildungselite kann man von einem „doppelten Antisemitismus" (Urs Altermatt) sprechen, einem widerchristlichen biologisch-rassistischen und einem christlichen. Dieser katholische Antisemitismus diente dazu, alle negativen gesellschaftlichen Entwicklungen auf den Einfluss der „entwurzelten" Juden zurückzuführen, wobei insbesondere die Aktivitäten von Bolschewisten und Freimaurern mit Juden verbunden wurden. Wie sehr Schweizer Pfarrer diese Form von Judenfeindschaft in ihren Predigten und Schriften bekräftigten, zeigt etwa eine 1923/24 erregt geführte Debatte über die Behauptung, Juden und Freimaurer würden die Zeugen Jehovas unterstützen, um den Sturz der christlichen Kirche herbeizuführen.

Dieser moderne Antisemitismus ging nach Altermatt jedoch bei einem Teil der Schweizer Katholiken eine Verbindung mit dem traditionellen Antijudaismus ein. Kirchliche Autoren konstruierten einen Gegensatz von „jüdischem und christlichem Geist", der seinen Ursprung im Abfall der Juden von Gott habe, und sie griffen häufig auf biblische Textstellen zurück, um moderne Phänomene zu kritisieren. Materialismus und Rationalismus führten sie auf die „jüdische Gottverlassenheit", die Erscheinungen der Konsumgesellschaft auf den diesseitsbezogenen „jüdischen Mammonismus" zurück. Alte antijudaistische Stereotype wurden aktualisiert, so der angebliche Christus- und Christenhass der Juden, den man in der „jüdischen Sozialdemokratie" und im „jüdischen Liberalismus", aber vor allem in der bolschewistischen Weltrevolution am Werke sah. Weite Verbreitung fand in der schweizerisch-katholischen Publizistik dieser Jahre auch ein sozialer Antisemitismus. Den Rassenantisemitismus des Nationalsozialismus lehnten Schweizer Katholiken zwar ab, weil er der theologischen Auffassung von der Gotteskindschaft und der gleichen Würde aller Menschen widersprach, dennoch waren nach Meinung Altermatts die Übergänge vom religiösen zum rassischen Antisemitismus auch in der Schweiz fließend. Der rassistische

Zeitgeist habe seine Wirkung gehabt, sah man doch Juden als fremdes Volk an, das nicht im „Schweizertum“ aufgehen könne. Nach 1933 protestierten Schweizer Bischöfe zwar gegen die nationalistischen und rassistischen Geistesströmungen, doch nur sehr vereinzelt nahmen sie Stellung gegen die Judenverfolgung im benachbarten Deutschland.

Antijüdische Grundstimmung

Schweizerisch-jüdischen Zeitungen beklagten sich seit dem Ersten Weltkrieg immer wieder über eine antijüdische Grundstimmung und „stumme Missachtung“, die insbesondere in der einfachen Bevölkerung, aber auch unter Gebildeten anzutreffen sei. Der Schriftsteller C.A. Loosli (1877–1959) charakterisierte diese Form der Judenfeindschaft 1931 als „religiös-konfessionellen Überlieferungsantisemitismus“, der im Alltagsleben in vielfältige Diskriminierungen von Juden überging. Das *Israelitische Wochenblatt* führte immer wieder Beispiele für antisemitische Vorfälle und Benachteiligungen von Juden in bestimmten Badeorten und Gaststätten an, wie Kamis-Müller gezeigt hat. Zur antisemitischen Grundstimmung trugen auch antisemitische Publikationen bei, die vor allem aus Deutschland in die Schweiz eingeführt wurden.

Antisemitische Aktionen

Nur selten schlug diese Stimmung in gewalttätige Aktionen um, doch kam es im Winter 1923 in vielen Schweizer Städten so Kamis-Müller zu einer bis in den Herbst 1924 anhaltenden „Hakenkreuzwelle“, in der antisemitische Slogans wie „Die Juden sind an allem schuld“ oder „Tod den Juden“ skandiert wurden. Auch nichtjüdische Schweizer Zeitungen wandten sich gegen diesen Radauantisemitismus und „Hakenkreuzlerterror“, die sie als Import aus Deutschland interpretierten. Doch äußerten nicht wenige dieser Blätter auch ein gewisses Verständnis für die Aktionen, da in weiten Kreisen aufgrund des Zustroms von „protzig auftretenden jüdischen Schiebern und Wucherern“ eine Abneigung gegen die Juden erzeugt worden sei, die – bedauerlicherweise – auf die einheimischen Juden übertragen würde.

Antisemitismus in der Presse

Im Vergleich zu Österreich und Deutschland zeigte die Schweiz in den 1920er Jahren ein geringeres Maß an Antisemitismus, zumal sich auch im kulturellen Leben, in Literatur, Theater, Film und Musik kaum antisemitische Tendenzen feststellen lassen. Antisemitische Vereine oder Organisationen blieben marginal, dagegen zeigt Kamis-Müllers die Analyse der Schweizer Presse für die Zwischenkriegszeit ein gemischtes Bild. Neben den genannten dezidiert antisemitischen Zeitungen gab es andere, die zeitweilig eine judenfeindliche Linie vertraten (*Schweizerische Republikanische Blätter, Berner Volkszeitung, Gazette de Lausanne,* die rechtskatholische *Schildwache*), die aber nicht zur wichtigen politischen Presse zählten, andererseits finden sich neben einzelnen, meist kurzen judenfeindlichen Artikeln auch judenfreundliche oder gegen den Antisemitismus gerichtete. Dabei waren die „Entgleisungen“ in der katholischen (*Schweizerische Kirchenzeitung, Vaterland*) und konservativen (*Berner Tageblatt*) Presse etwas häufiger als in freisinnigen und bäuerlichen Blättern und noch seltener in der sozialistischen Presse.

Ablehnung von Juden zeigte sich eher in Formen sozialer Distanzierung und Zurücksetzung, einer Ablehnung der jüdischen Religion und genereller Fremdenfeindlichkeit. In der Schweizer Öffentlichkeit der 1930er Jahre galt Antisemitismus vornehmlich als ein Problem des Auslandes. Mit der Machtübernahme der Nationalsozialisten in Deutschland war auch für das Nachbarland Schweiz eine neue Situation gegeben, die ihren Ausdruck zunächst in der Abwehr von jüdischen Immigranten fand.

Abwehr des Antisemitismus

Einen eigenständigen Verein zur Abwehr des Antisemitismus in der Schweiz hat es nicht gegeben, doch widmete sich nach Kamis-Müller sowohl das *„Israelische Wochenblatt für die Schweiz"* wie der 1901 gegründete *Schweizerische Israelitische Gemeindebund* dem Kampf gegen den Antisemitismus. Unterstützung im Kampf gegen den Antisemitismus fanden die Juden bei einer ganzen Reihe von „Philosemiten", vor allem unter Universitätsprofessoren, politischen Amtsträgern sowie unter Geistlichen und Schriftstellern. Den größten Effekt hatte der Schriftsteller C. A. Loosli mit seiner Schrift *Die schlimmen Juden* (1927), die im In- und Ausland Aufmerksamkeit erregte, allerdings innerhalb des *Gemeindebundes*, der eine größere Zahl von Exemplaren angekauft hatte, wegen sachlicher Mängel und der darin erhobenen Assimilationsforderungen eine Kontroverse auslöste. Loosli blieb nach Michael Hagemeister auch später mit weiteren Broschüren wie *Die Juden und wir* (1930) aktiv und beteiligte sich ab 1933 als Gutachter am Prozess gegen die *Protokolle der Weisen von Zion*.

VII. Staatlicher Antisemitismus (1933/1938–1945)

1. Im „Dritten Reich". Die Ausgliederung der Juden aus der „Volksgemeinschaft" (1933–1939)

Antisemitismus der NSDAP

Im Hinblick auf die Vernichtungspolitik des NS-Staates ist immer wieder die Frage gestellt worden, welche Rolle dem Antisemitismus dabei zukam und ob dieser in der NS-Weltanschauung besondere Züge aufwies. Nach Saul Friedländer hat die NSDAP den „völkischen Antisemitismus an seine extremsten und radikalsten Grenzen" geführt. Er bezeichnet ihn als *Erlösungsantisemitismus,* da dieser in der „Lösung der Judenfrage" den Schlüssel für die Errettung des deutschen Volkes, ja der gesamten Menschheit sah, die durch das „internationale Judentum" und die Emanationen des „jüdischen Geistes", wie Liberalismus, Kapitalismus und Bolschewismus, geistig wie rassisch tödlich bedroht seien („Rassentuberkulose der Völker"). Die Utopie einer erlösten „judenfreien" Welt war nur im erbarmungslosen Rassenkampf zu realisieren. So erscheint für ihn der Mord an den europäischen Juden als Ergebnis des Zusammenspiels radikaler ideologischer Zielsetzungen der NS-Führung (Erlösungsantisemitismus, Sozialdarwinismus, Antibolschewismus), die auch in den für die Umsetzung der „Judenpolitik" verantwortlichen Einrichtungen vertreten wurden, mit wirtschaftlichen und politischen Interessen und Entscheidungen sowie unvorhergesehenen Ereignissen und Problemlagen. Hier ist vor allem auf den Krieg als zentralem Faktor zu verweisen, denn nicht zufällig hatte Hitler in seinen Reden mehrfach gedroht, das Ergebnis eines von den Juden verschuldeten Krieges werde nicht der „Sieg des Judentums sein, sondern die Vernichtung der jüdischen Rasse in Europa".

Radikalisierung der Judenpolitik

Auch wenn kein konkreter Plan existierte, so gehörte es zum Wesen dieses manichäischen Rassenantisemitismus, keine dauerhafte Koexistenz von „guten Ariern" und „bösen Juden" akzeptieren zu können, sondern letztlich auf eine „Entfernung der Juden überhaupt" zu zielen. Das Zusammenspiel von Parteigliederungen und staatlichen Organen sollte sich nach 1933 schrittweise, wenn auch in Form einer zum Teil widersprüchlichen, aber keineswegs planlosen Politik, zu einer immer umfassenderen rechtlichen, wirtschaftlichen und sozialen Ausschließung der Juden bis hin zu Deportation und Massenmord radikalisieren.

Antijüdische Politik des NS-Staates

Mit der Übernahme der Regierungsgewalt durch die *NSDAP* begann etwas grundlegend Neues in der Geschichte des Antisemitismus. Zwar hatte die Partei schon in ihrem Programm von 1920 antijüdische Maßnahmen gefordert, doch konnte sie diese erst umsetzten, als sie in den Besitz der staatlichen Macht gelangt war. Weder von den konservativen Eliten noch aus der Bevölkerung erhob sich nennenswerter Protest gegen diese Verfolgungspraxis, ihre traditionelle Judenfeindschaft, aber auch Opportunismus, Neid oder Habgier genügten, um diese hinzunehmen oder sich an ihr willfährig zu beteiligen. Sie blieben nicht unbeeinflusst von einem Strom antisemitischer Propaganda, hatte Hitler doch antisemitische Scharfmacher wie Joseph Goebbels (1897–1945), Otto Dietrich (1897–1952) und Alfred Rosenberg (1893–1946) an die Spitze meinungsbildender Institutionen wie dem Reichsministerium für Volksaufklärung und Propaganda oder der Reichspressestelle berufen.

Antijüdische Aktionen

Hatten viele, darunter auch viele Juden angenommen, dass nach dem Straßenterror und den Boykottdrohungen im März 1933 das Regime sich mit der Konsolidierung seiner Macht auch in der antijüdischen Politik mäßigen würde, so sah man sich bald getäuscht. Auf der scheinlegalen Grundlage von über 2000 gesetzlichen Maßnahmen und Richtlinien wurden die deutschen Juden, wie man in der Sammlung zum Sonderrecht für Juden von Joseph Walk nachlesen kann, ihres Besitzes beraubt, sozial isoliert und diffamiert, tätlich angegriffen und in die Emigration getrieben. Die Marginalisierung und Pauperisierung der Juden machte diese, wie Gerhard Botz betont hat, dem antisemitischen Stereotyp immer ähnlicher, so dass die Antipathie und die kognitive Distanz gegenüber Juden wuchsen. Die antijüdische Politik gewann ihre ungeheure Dynamik aus dem Zusammenspiel vieler Akteure. Stetig vorangetrieben durch den Fanatismus Adolf Hitlers und anderer NS-Führer setzte, flankiert durch Initiativen aus den zahlreichen Parteigliederungen und unter Beteiligung vieler „Volksgenossen", eine Entwicklung ein, die von Hans Mommsen als „kumulative Radikalisierung" charakterisiert worden ist. Dazu kombinierte das Regime abwechselnd oder gleichzeitig verschiedene Vorgehensweisen wie Terroraktionen, Propagandakampagnen sowie administrative und gesetzliche Regelungen, wobei Tempo und Umfang der sich in Wellen steigernden Ausgrenzungspolitik immer von ökonomischen Eigeninteressen und taktischen außenpolitischen Rücksichten bestimmt wurden.

Boykott und beruflicher Ausschluss

Unter dem Vorwand, auf Boykottaufrufe des „internationalen Judentums" gegen Deutschland zu antworten, demonstrierte das Regime mit der Boykottaktion gegen jüdische Geschäfte, Anwaltskanzleien und Arztpraxen am 1. April 1933 seine Entschlossenheit zur radikalen Durchsetzung seiner antijüdischen Politik. Der Boykottaktion, die von der Bevölkerung ohne Protest, aber auch ohne Begeisterung hingenommen worden war, ließ das Regime schon am 7. April das „Gesetz zur Wiederherstellung des Berufsbeamtentums" folgen, das die Entlassung politischer Gegner und „Nicht-Arier" aus dem öffentlichen Dienst verfügte, wobei zunächst altgediente Beamte und „Frontkämpfer" ausgenommen waren. Mit dem „Arierparagraphen" hatte man in Vereinen, Verbänden und Berufsorganisationen ein probates Mittel an der Hand, um alsbald Juden ebenfalls auszuschließen. Dies geschah häufig in „vorauseilendem Gehorsam", noch bevor staatlicher Druck ausgeübt werden musste. Wenn auch mit einiger Verzögerung übernahm auch die

Evangelische Kirche

Evangelische Kirche den „Arierparagraphen", indem sie ab 1939 Pastoren und Kirchenbeamte jüdischer Abstammung entließ. Einige Landeskirchen weiteten den Ausschluss sogar auf die „nicht-arischen" Gläubigen aus und verwehrten ihnen den Zutritt zu ihren Kirchen. Kirchliche Krankenhäuser und Anstalten für geistig Behinderte nahmen keine jüdischen Patienten mehr auf oder versuchten, diese loszuwerden. Staatlicherseits wurden Juden bald auch aus medizinischen und juristischen Berufen, aus dem Militär, aus Presse, Rundfunk und Film sowie kulturellen Einrichtungen hinausgedrängt. Über Quotenregelungen wurde Juden der Zugang zu höheren Schulen und Universitäten erschwert, bis ihnen 1937 der Besuch deutscher Schulen ganz untersagt wurde.

Bereits 1933 gingen ca. 37.000 Juden, in erster Linie politisch gefährdete

Personen, in die Emigration. Die Mehrheit der Juden hoffte zunächst, es würde vielleicht nicht „so schlimm“ kommen“ wie angedroht. Die verschiedenen weltanschaulichen Lager im deutschen Judentum entschlossen sich jedoch bereits im April 1933 angesichts der prekären Lage, ihre Differenzen zurückzustellen und eine gemeinsame Dachorganisation zu schaffen, den *Zentralausschuss der deutschen Juden für Hilfe und Aufbau*, der vor allem soziale und ökonomische Unterstützung bieten sollte. Finanziert von den jüdischen Gemeinden und ausländischen Hilfsorganisationen bot er bis 1939 Hilfeleistungen für die bedrängten Glaubensgenossen. Bereits im September 1933 folgte der Zusammenschluss zur *Reichsvertretung der deutschen Juden*, deren Aufgabe in der Ausbildung jüdischer Kinder und Jugendlicher, der Sicherung des wirtschaftlichen Überlebens und in der Förderung der Auswanderung bestand. 1938 musste sich die *Reichsvertretung* nicht nur in *Reichsvereinigung der Juden in Deutschland* umbenennen, sondern diese nun vom NS-Apparat kontrollierte Organisation wurde nach Beate Meyer dazu missbraucht, bis 1943 bei der Organisation der mörderischen Judenpolitik des Regimes zu kooperieren.

Reichsvertretung der deutschen Juden

Nachdem zunächst im Sommer 1935 eine Welle antijüdischer Ausschreitungen durch das Land gegangen war, wurde mit den „Nürnberger Gesetzen“ im September 1935 der alte völkische Wunsch nach einem „Blutschutzgesetz“ erfüllt. Laut „Reichsbürgergesetz“ waren Juden keine „Reichsbürger“ mehr, sondern besaßen nur noch den minderen Status von „Staatsbürgern“, was ihnen das Recht nahm, an politischen Abstimmungen teilzunehmen und öffentliche Ämter zu bekleiden. Ein zweite Bestimmung, das „Gesetz zum Schutz des deutschen Blutes und der deutschen Ehre“ verbot die Eheschließung und sogar außereheliche sexuelle Beziehungen zwischen Juden und „Ariern“ (**„Rassenschande“**).

„Nürnberger Gesetze“

E

Rassenschande

Bereits in der völkischen Bewegung und im Rahmen eugenischer Rassentheorien waren sexuelle Beziehungen zwischen bestimmten „Rassen“ mit dem Begriff der Rassen- oder Blutschande stigmatisiert. Im Dritten Reich wurden „Mischehen“ zwischen „Juden und Staatsangehörigen deutschen und artverwandten Blutes“ durch den § 2 des sog. Blutschutzgesetzes vom 15. 9. 1935 (Nürnberger Rassegesetze) verboten, eine Zuwiderhandlung als Rassenschande streng bestraft. Durch eine weite juristische Auslegung wurde sogar der Versuch strafbar, und Frauen, deren Verurteilung eigentlich ausgeschlossen war, wurden von den Gerichten aufgrund anderer Delikte (Meineid, Begünstigung) angeklagt und ins KZ eingewiesen. Die Forderung nach einem entsprechenden Gesetz war in Denkschriften und Entwürfen des Innen- und des Justizministeriums schon seit 1933 diskutiert worden. Vor allem der „Stürmer“ entfachte Hetzkampagnen gegen jüdische „Rassenschänder“ und lokale nationalsozialistische Aktivisten veranstalteten schon ab 1933 Hetzjagden auf „Rassenschänder“, ließen die Namen betroffener Personen öffentlich verlesen oder stellten diese in „Prangerumzügen“ mit entsprechenden Schildern um den Hals bloß. (Lit. Alexandra Przyrembel, „Rassenschande“. Reinheitsmythos und Vernichtungslegitimation im Nationalsozialismus, Göttingen 2003.)

Die Hoffnung vieler Juden, dass mit dieser Regelung ihr, wenn auch stark geminderter Rechtsstatus gesichert wäre, wurde bald enttäuscht. Zwar erlegte sich das NS-Regime zur Beruhigung des „Auslandes“ während der Olympischen Spiele von 1936 eine gewisse Zurückhaltung bei judenfeindlichen

Weitere antijüdische Maßnahmen

Maßnahmen auf, doch drehte sich schon im kommenden Jahr die Spirale der Entrechtung weiter: 1937 verloren jüdische Ärzte ihre Krankenkassenzulassung, ein Jahr später dann auch ihre Berufszulassung, dies galt ebenfalls für die Rechtsanwälte. Auch der wirtschaftliche Druck nahm zu, da nun jüdische Firmen keine öffentlichen Aufträge mehr bekamen. Neu war die symbolische Stigmatisierung von Juden, die man durch die Einführung der Zwangsvornamen „Sara" und „Israel" und das, auf Wunsch der Schweiz in den Reisepass gedruckte, rote „J" brandmarkte, um so Untertauchen und Flucht zu erschweren.

„Neue Phase des antijüdischen Feldzuges"

Bereits 1936 verdichteten sich die Anzeichen für eine Vorbereitung des Krieges, was zugleich auch die „Judenfrage" wieder stärker ins Zentrum nationalsozialistischer Politik rückte. In dieser „neuen Phase des antijüdischen Feldzuges" lassen sich drei Schwerpunkte ausmachen: „beschleunigte Arisierung; in zunehmendem Maße koordinierte Bemühungen, die Juden zum Verlassen Deutschlands zu zwingen; und wütende Propagandaaktivitäten, um das Thema jüdische Verschwörung und Bedrohung als Angelegenheit von weltweiter Bedeutung erscheinen zu lassen" (Ian Kershaw). So wurde der „Antisemitismus zum Kernstück der Staatsdoktrin" und zum Leitmotiv einer potenziell „genozidalen Führung".

2. Gewalt und Ausplünderung nach dem „Anschluss" Österreichs

Radikale antisemitische Aktionen

Mit dem von der Mehrheit der Österreicher begrüßten „Anschluss" Österreichs im März 1938 erstreckten sich die judenfeindlichen Gesetze und Verordnungen nun auch auf die neue „Ostmark", die in hohem Tempo und mit aller Härte innerhalb weniger Monate implementiert wurden. Es war nicht nur eine Machtübernahme von außen, vielmehr ergriffen die österreichischen Nationalsozialisten die Initiative und entfachten einen Aufstand von unten, an dem sich auch Teile der Bevölkerung beteiligten. „Verhaftungen, Plünderungen, Beschlagnahmen von jüdischen Wohnungen, Geschäften und Betrieben waren an der Tagesordnung" (Karl Stuhlpfarrer), und es wurden öffentlich demütigende Rituale inszeniert: Juden wurden misshandelt oder mussten in „Putzkolonnen" auf Knien Straßen säubern. Bereits am 18. März 1938 verhaftete die Gestapo die führenden Amtsträger der Israelitischen Kultusgemeinde Wiens. Dies war der Startschuss der Umwandlung der autonomen Körperschaft in ein Vollzugsorgan des NS-Staates. Im November 1942 wurde auch diese Organisation aufgelöst und ein *Ältestenrat der Juden Wiens* eingesetzt.

„Wilde" Arisierungen

Bereits die erste Verhaftungswelle der Gestapo traf nicht nur die politischen Gegner, sondern auch eine große Zahl von Juden. Partei- und SA-Dienststellen eigneten sich in „wilden Übernahmen" derartig viele jüdische Unternehmen an, dass die staatlichen Stellen sich veranlasst sahen, gegen dieses „reine Freibeutertum" vorzugehen.

Q

Der Kampf einer „wilden Kommissarin" im März/April durch Unterstellung von „Rassenschande"
Abgedruckt in: Hans Safrian und Hans Wittek, Und keiner war dabei, S. 43–44

Ursache der Bestellung: Ing. Andor Reich, ein getaufter ungar. Jude, besitzt in Wien unter eigenem Namen u. Namen seiner Verwandten 14 Gewerbescheine (Bonbonsgeschäft Burgring 1, dto. Mariahilferstr., Theaterbuffet Skala, Lustspieltheater, Buffet: Buschkino, Urania, Elitekino, Fliegerkino, Saschapalastkino, Kollosseumkino, Theaterkino Hernalsergürtel, Schwarzenbergkino, Haydnkino).
Nach dem 13. 3. 38 übergab er mehrere dieser Betriebe mit Scheinverträgen an angestellte Mädchen, um damit Waren, Vermögenswerte zu verschleppen bzw. dem Zugriff zu entziehen, nach einer Anzeige u. teilweisem Geständnis von angestellten Mädchen, durchwegs Arierinnen aber nicht alle deutschen Stammes betreibt er Rassenschande im Grossen. Reich verfügte bis vor kurzem über Betriebskapital von ca. S. 100.000,–, das nicht mehr greifbar sein dürfte. Im kommissar. Betriebe macht er passive Resistenz, folgt auch die Geschäftsbücher nicht aus, die er verschleppte.
Bei Aufhebung des kommissar. Betriebes würde Reich bestimmt die Vermögenswerte, soweit sie noch jetzt verwaltet werden, versilbern und den Erlös nach Ungarn zu seinen Eltern verschleppen.
Maria Hästlberger [handschriftlich]

Arisierungen

Der Reichswirtschaftsminister forderte vom gerade eingesetzten Reichskommissar Josef Bürckel (1895–1944), diese Aktionen einzustellen und drang auf eine gesetzliche Regelung, da die allzu schnelle Ausschaltung der jüdischen Unternehmer und Bankiers den wirtschaftlichen Interessen des Reiches schadete. Bürckel, der die „Arisierung" auf „legale Weise" durchführen wollte, zeigte sich rückblickend entsetzt über die „wilden Arisierungen" im März 1938. Die „Arisierung", von der NS-Anhänger, NS-Organisationen und der Staat profitierten, ging in Österreich besonders rasch vor sich: „Im Verlauf weniger Monate hatte Österreich das Altreich in der praktischen Verdrängung der Juden aus der Wirtschaft zumindest eingeholt und in der Vorbereitung einer zentralen Zwangsarisierung überholt" (Helmut Genschel).

Terror von unten

Doch sollten sich die antijüdischen Maßnahmen nicht auf das Wirtschaftsleben und offizielle Aktionen beschränken, vielmehr gab es in Österreich nach dem Anschluss einen permanenten Terror seitens der Bevölkerung. Ausweisungen und Vertreibungen, wie in den Gemeinden des Burgenlandes, Überfälle auf Juden und jüdische Einrichtungen waren nach Stuhlpfarrer an der Tagesordnung. Bereits am 5. Oktober 1938 versuchte die *NSDAP* in einer Art Vorwegnahme der „Reichskristallnacht", „spontane Massenaktionen" zu inszenieren, um Wiener Juden an die tschechoslowakische Grenze zu treiben. Die Novemberpogrome in Wien bildeten nur „eine Verschärfung des bisherigen latenten Pogroms, jedoch keinen plötzlichen Einschnitt in bisherige Lebensbedingungen wie in Deutschland" (Herbert Rosenkranz). Die Novemberpogrome trafen aber in Österreich gerade die Gemeinden außerhalb Wiens mit besonderer Härte.

Lokale Gewaltaktionen

Auch in vielen deutschen Städten kam es den ganzen Sommer 1938 über zu lokalen Gewaltaktionen, Razzien und Verhaftungen in jüdischen Cafés und Restaurants, zu willkürlichen Festnahmen zum Zweck der Zwangsarbeit, zu Friedhofsschändungen, zum Beschmieren von Geschäften, zum Zumauern von Wohnungs- oder Synagogeneingängen. Am 26. Oktober erließ Heinrich Himmler (1900–1945) ein Aufenthaltsverbot für polnische Juden und ließ 17.000 von ihnen von der Gestapo zur Abschiebung an die polnische Grenze verbringen. Da Polen die Grenze schloss, musste die Aktion nach einigen Tagen abgebrochen werden.

Novemberpogrome 1938

Der November 1938 bedeutete mit der „Reichskristallnacht" für das gesamte Großdeutsche Reich eine weitere Verschärfung. Die reichsweite Anwendung kollektiver Gewalt nahm bisher unbekannte Ausmaße an. Das Attentat Herschel Grünspans auf den Legationssekretär der Deutschen Botschaft in Paris, Ernst vom Rath, am 7. November 1938, bot dem NS-Regime einen willkommenen Anlass, um die nächsten Schritte zur wirtschaftlichen Ausplünderung und Austreibung der Juden als „Antwort auf die Verschwörung des Weltjudentums gegen Deutschland" zu rechtfertigen. Die von Goebbels mit Billigung Hitlers angeordneten, und von den Nationalsozialisten als „Judenaktionen" bezeichneten Pogrome, gingen überwiegend auf das Konto von SA, SS und NSDAP-Mitgliedern, waren also keineswegs der Ausdruck einer spontanen „Volkswut" über die Ermordung vom Raths, wie Dieter Obst gezeigt hat. Allerdings belegen neuere Lokalstudien, dass sich Teile der Bevölkerung spontan an den Übergriffen gegen ihre Nachbarn beteiligten, darunter auch Frauen und Kinder. Die Reaktionen der Bevölkerung auf die Gewaltorgie waren gespalten: Die Täter agierten vor Zuschauern, die das Geschehen billigten, doch wird auch von ablehnenden Reaktionen, von Schweigen und Scham berichtet. Kritische Stimmen kamen sogar von lokalen NS-Funktionären und aus der NS-Führungselite, die den Radauantisemitismus ablehnten und auf forcierte Emigration setzten.

Die schreckliche Bilanz der Novemberpogrome: ungefähr hundert Juden wurden ermordet, viele andere begingen Selbstmord (es gibt bisher allerdings keine eingehende Studie zur Zahl der Todesopfer im gesamten Reich); über tausend Synagogen und 7500 jüdische Geschäfte wurden geplündert und zerstört, ein Schaden von mehreren hundert Millionen Reichsmark. Außerdem wurden ca. dreißigtausend jüdische Männer für einige Monate in Konzentrationslager verschleppt, davon 4600 aus Österreich, wo das Pogrom in Wien besonders gewalttätig und blutig verlief (Zerstörung von 42 Synagogen und Bethäusern, ca. 27 getötete und 88 schwer verletzte Juden). Diese Gewaltexzesse sollten die noch zögernden Juden gänzlich aus der Wirtschaft entfernen und zur Emigration bewegen. Darauf zielte auch die von den Juden kollektiv aufzubringende „Sühneleistung" von einer Milliarde Reichsmark für die – ja ihnen zugefügten – Schäden während der Pogrome. Nachdem bereits Ende 1937 von Hermann Göring die beschleunigte Verdrängung der Juden „aus der Ökonomie des Reiches" als Ziel für die Zeit nach dem „Anschluss" Österreichs vorgegeben worden war, folgte bereits am 12. November 1938 die „Verordnung zur Ausschaltung der Juden aus dem deutschen Wirtschaftsleben" vom 12. November 1938, mit der die Juden endgültig aus dem Wirtschaftsleben verdrängt werden sollten. Für jüdische Firmen bedeutete sie das ökonomische Ende, da die Inhaber selbst über die geringen Erlöse aus der erzwungenen „Arisierung" nicht verfügen durften. Durch die angeordnete Entlassung jüdischer Arbeitnehmer und die Berufsverbote für Selbständige schufen die Machthaber selbst die arbeitslosen Juden, die ab dem 20. Dezember 1938 Zwangsarbeit leisten mussten, was ab März 1941 auf alle Juden ausgeweitet wurde. Die Restriktionen gingen 1939 weiter. Juden mussten in sog. „Judenhäuser" umziehen und wurden in ihren Einkaufsmöglichkeiten und ihrer Mobilität stark eingeschränkt. Durch die Pflicht zu Abgabe von Radios und Telefonen isolierte man sie auch kommunikativ. Wie ein Rückgriff auf mittelalterliche Kleiderordnungen für Juden mutet die Polizeiverordnung über die Kennzeichnung von Juden vom 1. September 1941 an, die ihnen das Tragen des gelben Sterns vorschrieb.

Mitwirkung breiter Bevölkerungskreise

Die neuere historische Forschung über die antijüdischen Übergriffe und die „Arisierungen"(Gerhard Botz, Michael Wildt, Götz Aly, Frank Bajohr) hat vor allem die Mitwirkung breiterer Bevölkerungskreise und deren wirtschaftliche Motive bei der Entrechtung und Ausplünderung der Juden herausgearbeitet. Gerade für Österreich ist die Bedeutung wirtschaftlicher und sozialer Interessen betont worden. Dabei spielt der spezifische Charakter des Wiener Antisemitismus eine wichtige Rolle, da dieser nach Gerhard Botz „mehr als bloß ein ideologisches Konstrukt von der unterschiedlichen Wertigkeit der Rassen" als vielmehr wirtschaftlich und religiös-kulturell geprägt war. Vor allem für Wien, wo die Mehrzahl der österreichischen Juden lebte, stellten diese ein „großes wirtschaftliches Zielpotential" für die Antisemiten dar. In der Judenverfolgung in Wien, aber auch in anderen größeren Städten des Reiches wie in den ostmitteleuropäischen Vasallengebieten kann man mit Botz geradezu einen „Ersatz für Sozialpolitik" sehen. Die wilden Arisierungen" in Österreich führten dort im April zu „Arisierungsverordnungen", die wiederum auf das „Altreich" zurückwirkten und dort den Arisierungsprozess beschleunigten. Nachdem durch „wilde Arisierungen" und Emigration bereits ein größerer Teil der Wohnungen von Juden frei geworden war, wurde nach dem Novemberpogrom der Mieterschutz für Juden aufgehoben. „Verdiente Volksgenossen" kamen so in den Genuss neuer Wohnungen. Da diese Verdrängung der Juden aus ihren Wohnungen die Entstehung von „Halbghettos" in einigen Wiener Wohnbezirken (Leopoldstadt) zur Folge hatte, wurden bereits im September 1939 Pläne für KZ-ähnliche Barackenlager geschmiedet, in denen harte Zwangsarbeit mit entsprechenden Todesraten vorgesehen war. Der Kriegsbeginn verhinderte die Ausführung dieser Nahumsiedlungspläne, da sich nun mit der Eroberung Polens die Aussicht auf eine Aussiedlung eröffnete.

Neue Auswanderungswelle

Die Novemberpogrome und die Verhaftungswelle Ende 1938 und 1939 lösten eine neue Auswanderungswelle aus. Auf der vom amerikanischen Präsidenten Franklin D. Roosevelt (1882–1945) einberufenen Konferenz von Evian am Genfer See im Juli 1938, in der es um eine Lösung der Flüchtlingsfrage ging, hatten Vertreter der jüdischen Gemeinde Wiens von internationalen jüdischen Organisationen finanzielle Hilfe bei der Auswanderung österreichischer Juden zugesichert bekommen, um eine zentrale Auswanderungsorganisation einzurichten. Nach Stuhlpfarrer griff Reichskommissar Bürckel diesen Gedanken auf und gründete in Absprache mit der Sicherheitspolizei am 20. August 1938 die „Zentralstelle für jüdische Auswanderung in Wien". Adolf Eichmann steigerte hier mittels Erpressung und Abschiebung rasch die Auswandererzahlen auf 126.445 (bis November 1939), so dass das NS-Regime zur Forcierung der Auswanderung im Januar 1939 eine „Reichszentralstelle für jüdische Auswanderung" nach Wiener Vorbild einrichtete, die auch in Berlin, später auch Prag tätig wurde. Das Jahr 1939 wurde zum Hauptauswanderungsjahr: 75.-80.000 gelang die Flucht aus Deutschland, da einige Exilländer ihre Restriktionen lockerten. Mit Kriegsbeginn erschwerte die Reichsregierung die Auswanderung erheblich bis sie sie 1941 gänzlich verbot. Damit sanken die Zahlen 1940 auf 15.000 und 1941 auf 8000 ab.

3. Antisemitismus im „Großdeutschen Reich“: Verfolgung und Vernichtung

Beginn der Deportationen

Die ca. 190.000 deutschen und 60.000 österreichischen Juden, die auf dem Reichsgebiet verblieben waren, sahen sich in einer immer bedrängteren Lage. Bereits am 21. September 1939 setzte die Deportation deutscher Juden nach Polen ein. Dieser ersten Deportationswelle fielen laut Jonny Moser aus Wien 1584 Juden zum Opfer, und im Frühjahr 1940 wurden von dort mehr als 5000 Personen deportiert, was Baldur von Schirach (1907–1974), Gauleiter und Reichsstatthalter von Wien, mit der Wohnungsnot in der Stadt begründete. Nach diesen „Probeläufen“ begann ab Oktober 1941 reichsweit die letzte Stufe der Verfolgungspolitik: die systematische Deportation und Ermordung der deutschen und österreichischen Juden im besetzten Osteuropa. Die Zahl der deutschen Juden wird auf 160.000 bis 195.000, die der österreichischen Juden auf über 65.000 beziffert, was einem Drittel der ursprünglichen jüdischen Bevölkerung entspricht.

Radikalisierung der antisemitischen Propaganda

Dieser Übergang von der Verfolgung zur Vernichtung wurde in den Kriegsjahren von einer Radikalisierung der antisemitischen Propaganda vorgezeichnet und begleitet. Hatten Hitler und die NS-Propaganda bis 1939 von einer „Ausscheidung der Juden aus dem deutschen Volkskörper“ gesprochen, so begann mit der berüchtigten Hitler-Rede vom 30. Januar 1939 die Kette öffentlicher Vernichtungsdrohungen. Im Unterschied zu der mit Deckbegriffen arbeitenden internen Kommunikation („Endlösung“, „Arbeitseinsatz im Osten“) bediente sich die Propaganda nach Jeffrey Herf einer brutal-offenen Redeweise, indem sie nun von Ausrottung und Vernichtung sprach. Die wiederholten Anschuldigungen, dass das Weltjudentum konspirativ hinter dem Krieg gegen Deutschland stehe, sollte die Vernichtung der Juden der militärischen Logik entsprechend als eine vorauseilende Notwehr gegen die drohende Vernichtung des deutschen Volkes erscheinen lassen. Die von der Reichspressestelle täglich herausgegebenen Presseanweisungen (Parole des Tages), die vom Reichspropagandaministerium landesweit in großer Zahl plakatierten Wandzeitungen *Parole der Woche*, der Wochenschau und der mit Kriegsbeginn (Oktober 1939) forcierten Produktion antisemitischer Filme (*Der ewige Jude; Jud Süß; Die Rothschilds: Aktien auf Waterloo*) zeigen, wie stark antisemitische Erklärungsmuster für den Kriegsverlauf herangezogen wurden: „From 1941 to 1945, the ordinary and daily experience of all Germans included exposure to radical anti-Semitic propaganda whose un-ambiguous intent was to justify mass murder of Jews“ (Herf).

Entschlussbildung zum Holocaust

In den letzten Jahrzehnten ist in der historischen Forschung eingehend diskutiert worden, welche Bedeutung einerseits ideologische Faktoren, insbesondere Antisemitismus, Antibolschewismus und das Lebensraum-Konzept, andererseits organisatorische „Sachzwänge“ im Zuge des Vernichtungskrieges gegen die Sowjetunion für die Entschlussbildung zum Holocaust hatten. Hier standen sich zwei Positionen gegenüber. Für die sogenannten Intentionalisten, zu denen vor allem Eberhard Jäckel gehört, gingen von einem von der NS-Führung lange geplanten und befohlenen Völkermord aus, während die Funktionalisten wie Martin Brozat und Hans Mommsen den polykratischen Charakter des NS-Systems und seiner Entscheidungsprozesse betonten und politisch-bürokratische Mechanismen für wichtiger hielten als die ideologischen Faktoren. Gegenwärtig deutet sich eine mittlere Interpretationslinie an, die dem „Erlösungsantisemitismus" für die Genese der „Endlösung" größeres Gewicht beimisst, ohne allerdings die These Daniel J. Goldhagens von der alles dominierenden Wirkung dieser Ideologie zu übernehmen. So hat Jürgen Förster betont, dass neben dem ideologischen Kernstück des völkischen Antisemitismus erst die Verbindung von generellem Rassismus, Expansionsdrang mit dem „Griff zur Weltmacht" und der Bevorzugung des deutschen Volkes auf Kosten unterjochter Länder den Genozid an den Juden, Slawen, Sinti und Roma sowie die „Euthanasie"-Morde erklärt. Für andere hat erst der Krieg die Voraussetzungen dafür geschaffen, dass „die radikalste und paranoideste Strömung des europäischen, insbesondere des deutschen Antisemitismus [...] zu einem zentralen Einflussfaktor auf dem Weg in den Holocaust" (Herf) wurde. Bereits 1939 hatte Hitler das Neuartige des bevorstehenden „reinen Weltanschauungskrieges" als eines bewussten „Volks- und Rassenkrieges" hervorgehoben.

Rassenkrieg in Polen?

Mit dem Polenfeldzug gerieten 1939 ca. 1,8 Millionen Juden unter deutsche Herrschaft. Dies eröffnete für die Rassentheoretiker ein „Freilandlabor für Experimente"(Kershaw). Das Zusammenwirken von Kriegssituation und antisemitischer Stimmung reichte nach Dieter Pohl aus, um bis Ende 1939 vermutlich 7000 polnische Juden ohne erkennbaren Befehl zu ermorden. Deshalb werten neuere Forschungen (Götz Aly/Susanne Heim, Christian Gerlach, Jürgen Förster, Jochen Böhler) die enge Verbindung von Krieg und Rassenkrieg in Polen als elementaren Wendepunkt, während andere, wie Thomas Sandkühler, „substanzielle Unterschiede" sehen, „welche die deutschen ‚Blitzkriege' der Jahre 1939/40 vom Vernichtungskrieg gegen die UdSSR trennen, wo die Ermordung der Juden die bestimmende Praxis wurde und im Laufe des Jahres 1942 zur ‚Endlösung' im gesamten deutschen Machtbereich führte". „Erst das Zusammenfallen der Feindbilder Judentum und Kommunismus, ihre wechselseitige Überlagerung, Durchdringung und Verstärkung entfachte jene Dynamik, die zum Genozid führen sollte" (Klaus-Michael Mallmann).

Nah- und Fernpläne zur „Lösung der Judenfrage"

Die Besetzung Polens machte die bisherige Praxis der forcierten Auswanderung weitgehend hinfällig oder verschob sie doch bis in die Zeit „nach dem Endsieg". Noch bevor weitere große Teile Europas erobert waren, stellte sich für Adolf Eichmann (1906–1962) die „Judenfrage" bereits im europäischen Maßstab. Er rechnete in einer internen Denkschrift vom 4. Dezember 1940 im Kapitel zur „Endlösung der Judenfrage" mit einer Umsiedlung von 5,8 Millionen Juden „aus dem europäischen Wirtschaftsraum des deutschen Volkes in ein noch zu bestimmendes Territorium". Die zuständigen Stellen begannen mit dem Entwurf von immer neuen, den wechselnden Umständen angepassten Nah- und Fernplänen zur Organisation von Massendeportationen und Zwangsumsiedlungen. Dabei konnten die Zielorte Reservate im russisch-polnischen Grenzgebiet sein, aber auch in Südamerika, Sibirien oder Ostafrika liegen. Mit der Niederlage Frankreichs wurde 1940 eine Zeit lang der „Madagaskar-Plan" als „territoriale Endlösung der Judenfrage" verfolgt.

Zeitpunkt der Entschlussbildung

Hatte die „Judenpolitik" im besetzten Polen ab 1940 primär in Umsiedlungsaktionen, Ghettoisierung und Zwangsarbeit bestanden, begleitet von einzelnen Mordaktionen, und war z.T. noch wenig koordiniert verlaufen, begann mit dem „Unternehmen Barbarossa" am 22. Juni 1941 der Vernichtungskrieg gegen die Sowjetunion mit dem Ziel Juden, Bolschewisten und Slawen als Feinde zu vernichten oder zu versklaven. Im monströsen Generalplan Ost" wurden zur Eroberung von Lebensraum für die germanische Rasse neben der „Endlösung der Judenfrage" gewaltige Umsiedlungs- und Vertreibungsmaßnahmen projektiert und dabei Millionen Opfer von Hunger und Krieg eingeplant. Im Russlandfeldzug erreichte die Brutalität der NS-Kriegführung jedenfalls eine neue Stufe. Die Voraussetzung dafür war von Militärs und Juristen auf Weisung Hitlers und Alfred Jodls(1890–1946) mit einer Neufassung der Richtlinien für diesen Feldzug geschaffen worden, die Hitlers verbrecherischen Befehlen bereits im März 1941 eine Rechtsgrundlage geben sollten. Die SS-Führung hatte nach Hans Safrian bereits vor dem Beginn des „Unternehmens Barbarossa" Absprachen mit der Wehrmacht getroffen und die Kompetenzfrage zugunsten der Einsatzgruppen geklärt.

Mordaktionen der Einsatzgruppen

Der genaue Zeitpunkt der Entschlussbildung zum Massenmord an den Juden hat die Historiker lange beschäftigt, ohne dass bisher ein Konsens erreicht oder ein „Führerbefehl" gefunden wurde. In jedem Fall begannen Einsatzgruppen und Polizeibataillone, die hinter der deutschen Wehrmacht nachrückten, sogleich mit der systematischen Ermordung jüdischer Männer, dehnten ihr Mordprogramm aber schon im September auf die gesamte jüdische Bevölkerung aus. Den Pogromen, Erschießungsaktionen und Massakern fielen bis zum Frühjahr 1942 ca. 600.000 Juden zum Opfer. Zwar gab es für die Wehrmacht keinen Befehl, sich aktiv daran zu beteiligen, doch begrüßten deren Oberbefehlshaber mehrheitlich den Kampf gegen den „jüdischen Bolschewismus" und akzeptierten mehr oder weniger bereitwillig die Mordaktionen von SS und Polizei. In schonungsloser Offenheit formulierte der „Armeebefehl des Oberbefehlshabers der 6. Armee, Generalfeldmarschall Walter von Reichenau, vom 10. Oktober 1941 betreffs Verhalten der Truppe im Ostraum" die antijüdische Stoßrichtung, in dem er die Soldaten „zum Träger einer unerbittlichen völkischen Idee, und zum Rächer für die Bestialitäten, die deutschem und artverwandtem Volkstum zugefügt" wurden, erklärte.

Q

Joseph Goebbels notierte zum Zusammenhang von Krieg und Realisierung der antisemitischen Vernichtungsvorstellungen in seinem Tagebuch

Die Tagebücher von Joseph Goebbels, Teil II: Diktatur von 1941–1945, Bd. 3, Eintrag vom 27. März 1942, hrsg. von Elke Fröhlich, München 1998ff., S. 561

„An den Juden wird ein Strafgericht vollzogen, das zwar barbarisch ist, das sie aber vollauf verdient haben. Die Prophezeihung, die der Führer ihnen für die Herbeiführung eines neuen Weltkriegs mit auf den Weg gegeben hat, beginnt sich in der furchtbarsten Weise zu verwirklichen. Man darf in diesen Dingen keine Sentimentalität obwalten lassen. Die Juden würden, wenn wir uns ihrer nicht erwehren würden, uns vernichten. Es ist ein Kampf auf Leben und Tod zwischen der arischen Rasse und dem jüdischen Bazillus. Keine andere Regierung und kein anderes Regime könnte die Kraft aufbringen, diese Frage generell zu lösen. [...] Gott sei Dank haben wir jetzt während des Krieges eine ganze Reihe von Möglichkeiten, die uns im Frieden verwehrt wären. Die müssen wir ausnutzen."

Wehrmacht im Vernichtungskrieg

Zu dieser Radikalisierung trugen nach Dieter Pohl eine Reihe von Faktoren bei: Neben der Brutalisierung und Freisetzung von Gewaltpotenzial durch die Kriegsereignisse, die bereits durch Morde an der polnischen Intelligenz, die Tötung von Behinderten sowie die Ermordung und das Verhungernlassen von sowjetischen Kriegsgefangenen vorweg genommen worden waren, sind vor allem die Begegnung der deutschen Besatzungstruppen und -behörden mit den das Feindbild der Propaganda „bestätigenden" Ostjuden, ein spezifisches Tätermilieu, die gescheiterten Deportationsprojekte und schließlich die weit reichenden Umsiedlungsaktionen von „Volksdeutschen" zu nennen. Weiterhin dürfte eine Rolle gespielt haben, dass die Zusammenarbeit von SS und Wehrmacht nun weitgehend reibungslos verlief. Darüber hinaus war der Kampf gegen den „jüdischen Bolschewismus" ideologisch immer weiter aufgeladen und die Juden zur zentralen Feindgruppe gemacht geworden. Christian Gerlach sieht eine weitere Ursache für die wellenförmigen Gewalt- und Mordaktionen in selbst erzeugten Zwangslagen durch sich immer wieder zuspitzende ökonomische Notlagen und Versorgungsengpässe.

Wannsee-Konferenz

Im Auftrag Görings lud der Leiter des Reichssicherheitshauptamtes Reinhard Heydrich (1904–1942) am 20. Januar 1942 zur Koordination einer „Gesamtlösung der Judenfrage im deutschen Einflussgebiet in Europa" Vertreter der zuständigen Ministerien und Parteistellen zur „Wannsee-Konferenz" ein, um ein nun europaweites Vernichtungsprogramm zu organisieren. Das Protokoll der Wannsee-Konferenz rechnete mit ca. 11 Millionen europäischen Juden, die ermordet werden sollten. Es bedurfte also der Organisation eines umfassenden Programms, das die Deportation aller Juden aus dem deutschen Einflussbereich, Zwangsarbeit in den KZ und Ghettos (Vernichtung durch Arbeit) und die Vernichtung in den eigens dafür eingerichteten Lagern betraf. Diese Pläne wurden ab Sommer 1942 realisiert, als die unterschiedlichen regionalen Entwicklungen einem Gesamtplan der Judenvernichtung wichen, eine umfassende Räumung der Ghettos einsetzte und mit der Kategorisierung in „kriegswichtig", „arbeitsfähig" und „arbeitsunfähig" die Entscheidung zwischen der sofortigen Ermordung oder einen auf später verschobenen gewaltsamen Tod gefällt wurde. Dieses Mordprogramm wurde unter der Leitung von Heinrich Himmler und der SS immer effektiver organisiert. Ab März 1942 kulminierte es im Massenmord in den reinen Tötungslagern der „Aktion Reinhardt" (Belzec, Sobibor und Treblinka) und den anderen Vernichtungslagern im besetzten Polen (Chelmno, Auschwitz-Birkenau, Majdanek). Dieses umfassende Programm der Erfassung, Deportation und Ermordung der europäischen Juden fand im Personal der verschiedenen Institutionen willige Helfer: Finanz- und Zollämter, Polizeistellen, die Reichsbahn, Ministerien, Wehrmacht und Parteistellen arbeiteten zusammen.

Auch als sich die militärische Niederlage ab 1943 immer deutlicher abzeichnete, setzte das NS-Regime den militärischen Kampf scheinbar unbeirrt fort und ließ auch nicht von ihrem Verfolgungs- und Mordprogramm ab. Es scheint, als habe Hitler seine Prophezeiung von 1939, dass ein Krieg „das Ende der jüdischen Rasse in Europa sein würde", trotz oder gerade wegen der drohenden Niederlage wahr machen wollen. Das Resultat war, dass bei Kriegsende fast 6 Millionen Juden ermordet worden waren.

Täterprofile

Neuere Forschungen von Christopher Browning, Ulrich Herbert, Michael Wildt u.a. haben aufschlussreiche Einblicke in Täterprofile ermöglicht. Die Analysen von Herkunft, Sozialisation und Karrieren von Funktionären im NS-Vernichtungsapparat haben generationelle Prägungen durch den Antisemitismus des Kaiserreichs, durch die Erfahrung von Erstem Weltkrieg, Niederlage, Revolution und durch das völkisch-nationale Klima an den Universitäten herausgearbeitet. So wurden gerade akademisch qualifizierte, technokratische Intellektuelle zu glühenden NS-Anhängern, die später „Führungspositionen in der aufstrebenden nationalsozialistischen Bewegung innehaben und gestaltenden Einfluss nehmen sollten" (Ian Kershaw). Als sie schließlich zu Beginn der vierziger Jahre die Mordmaschinerie zur „Endlösung der Judenfrage" in Gang setzten, taten sie dies nicht als Gehilfen, sondern als gefestigte und überzeugte Antisemiten, wie Sandkühler betont hat. Dass die Soldaten, die seit 1933 die Ausgrenzung der Juden erlebt hatten und die mit Beginn des Krieges einer intensiven antisemitischen und rassistischen Indoktrination ausgesetzt gewesen waren, vor dem Krieg gegen die Sowjetunion mental entsprechend geprägt worden waren, darüber gibt es nach den Befunden von Manfred Messerschmidt, Martin Humbug, Walter Manoschek wohl kaum Zweifel, ohne dass man sagen könnte, wie tief sie beim Einzelnen ging und wieweit sie eigenes Handeln bestimmt hat. Feldpostbriefe von Wehrmachtssoldaten spiegeln die gesamte Bandbreite antisemitischer Vorurteile und Forderungen, doch taucht das Thema Juden offenbar eher selten auf und die Bemerkungen reichen von Reaktionen auf die ärmlichen Lebensverhältnisse, die nach dem propagandistisch verbreiteten Bild des jüdisch-bolschewistischen Untermenschen gedeutet werden, bis hin zu ideologisch verhärtetem Judenhass.

Antisemitische Disposition, ideologische Indoktrination eines Weltanschauungskrieges und die Eroberung großer Gebiete in Osteuropa fernab von Deutschland waren die Voraussetzungen für den Genozid, der durch den Prozess einer gegenseitigen Beeinflussung von Radikalisierung und Legitimierung des mörderischen Handelns durch vermeintliche Sachzwänge, wie die Sicherheit der deutschen Soldaten und die Partisanenbekämpfung, bevölkerungspolitische (Umsiedlung) und hygienische (Schutz vor Krankheiten) Erwägungen sowie Versorgungsprobleme, zum festen Bestandteil der Eroberungs- und Besatzungspolitik wurde.

4. Die ambivalente Haltung der Schweiz im Zweiten Weltkrieg

Situation der Schweiz im 2. Weltkrieg

Der Situation der Schweiz im Zweiten Weltkrieg war in doppelter Weise spezifisch: einmal durch ihre Neutralität, zum anderen durch die direkte Nachbarschaft zum Dritten Reich. Dadurch wurde auch die Schweiz einerseits Ziel der Versuche der NS-Propaganda, den Antisemitismus in die Nachbarländer zu exportieren, andererseits bestanden Chancen einer engen wirtschaftlichen und finanziellen Kooperation mit Deutschland, für das die Schweiz im Verlaufe des Krieges als Wirtschaftpartner immer unerlässlicher wurde. Angesichts der NS-Expansionspolitik herrschte nach Jacques Picard in der Schweiz eine nicht unberechtigte Unsicherheit über das Schicksal des Landes und man diskutierte über Strategien der Landesverteidigung. NS-Parteieliten hatten schon 1939 dessen Angliederung vorgesehen, und im Protokoll der Wannsee-Konferenz sind die Schweizer Juden in das Mordprogramm einbezogen worden. Hinzu kam, dass die Schweiz, deren Abwehrhaltung gegen (ost-) jüdische Zuwanderung Tradition hatte, sich einem neuen Flüchtlingszustrom gegenübersah.

Kooperation mit dem Deutschen Reich

Mit der engen wirtschaftlichen und finanziellen Anbindung an Deutschland, die in die eine Richtung in Form von Transitdiensten und Lieferungen wichtiger Versorgungsgüter, in die Gegenrichtung als Nutznießung von „arisiertem" Vermögen, Raubgold- und Raubkunsthandel, dem Profitieren von der Beschäftigung von Zwangsarbeitern in Tochterunternehmen usw. funktionierte, lässt sich in der Schweiz auf der Ebene der Verwaltungseliten wie in Unternehmen ein mehr oder minder stiller und auch aktiver Nachvollzug antijüdischer Maßnahmen beobachten: Bereits ab 1936 wurden nach Georg Kreis von Schweizerischen Behörden und den Kirchen zivilstandsamtliche „Arierbescheinigungen" (und damit implizit auch „Nicht-Arier"-Bescheinigungen) ausgestellt, wenn der betreffende Bürger dies für deutsche Stellen benötigte. Ab 1938 findet sich in Amtsakten die Unterscheidung von „arisch" und „nicht-arisch", und es werden die „hausgemachten J-Stempel verwendet. Zivilstandsbeamte übernahmen das Verbot „gemischtrassiger Ehen", obwohl dies den Schweizer Gesetzen widersprach.

Schweizer Asyl- und Flüchtlingspolitik

Nach dem „Anschluss Österreichs" forderten die Schweizer Behörden vom Großdeutschen Reich, Pässe für Juden zu kennzeichnen (roter J-Stempel). Damit war faktisch die legale Einreise von Juden in die Schweiz nicht mehr möglich, gerade als dringender Bedarf an Durchreisevisa und Asyl entstand. Die deutsche Seite war gegen diese Kennzeichnung, da sie befürchtete, dass dadurch die gewollte Ausreise deutscher Juden gebremst würde und andere Staaten dem Vorbild der Schweiz folgen könnten. Heinrich Rothmund bekräftigte das Schweizer Interesse an einem Fernhalten ausländischer Juden, indem er betonte, die Schweiz habe sich bemüht, „nicht verjudet zu werden" (Kreis). Zugleich stellten Schweizer Behörden diese restriktive Politik als Maßnahme hin, die das Entstehen einer antisemitischen Bewegung im Lande verhindern sollte, also durchaus im Interesse der Schweizer Juden sei. Deren Protest gegenüber dem „J-Stempel" blieb zwiespältig. Zwar verurteilten sie diese Praxis, gleichzeitig aber bemühten sie sich um Verständnis für die Behörden angesichts Tausender legaler und illegaler Zuwanderer. Trotz einiger Einsprüche von Politikern blieb eine öffentliche Reaktion in der Presse und der Bevölkerung aus, da niemand eine „Emigrantenschwemme" wollte. Frontistische Kreise versuchten laut Walter Wolf diese Situation zu nutzen und forderten 1938 eine Volksinitiative zur Einführung einer „Judengesetzgebung". Es gab jedoch durchaus ein individuelles Unterlaufen dieser Politik, wenn Konsularbeamte die strengen Regeln zugunsten jüdischer Flüchtlinge missachteten oder wenn gar, wie durch den Grenzpolizisten Paul Grüninger (1891–1972), Juden über die Schweizer Grenze eingeschleust wurden – was allerdings dessen Karriere beendete. In der Flüchtlingspolitik, die mit dieser Forderung nach einer Kennzeichnung und der Asylverweigerung und Rückschaffungspolitik ab 1942 auf die Abwehr jüdischer Einwanderung zielte, wurde nach Jacques Picard eine im Innern gegen Juden vorhandene Ambivalenz und Ablehnung auf Druck der antisemitischen Verfolgungspolitik des NS-Regimes grenzübergreifend aktualisiert, die zu einer doppelten und gegenläufigen Strategie führten: einerseits wurde der Import nationalsozialistischer Ideologie vermieden und die Thematisierung der „Judenfrage" im Sinne des Nationalsozialismus tabuisiert, um nicht als Komplize des Dritten Reiches zu erscheinen, zum anderen betrieb die Schweiz aber zu dessen Beschwichtigung selbst eine judenfeindliche Politik. Sie erschwerte die Flucht und ignorierte die Opfer des Antisemitismus, um damit in Anknüpfung an den alten Überfremdungsdiskurs angeblich den Antisemitismus abzuwehren. Der Aufnahmebereitschaft von Flüchtlingen, die zunächst in Lagern interniert wurden, stand die nach Picard antisemitisch indizierte Abwehr von Flüchtlingen gegenüber, so dass in der Schweiz einerseits ca. 30.000 Juden Zuflucht fanden, während die gleiche Zahl von Flüchtlingen zurückgewiesen wurde, darunter wohl ein hoher Anteil Juden. Als im Sommer 1942 Nachrichten über Massenverhaftungen in Frankreich, Belgien und den Niederlanden und das Schicksal der Deportierten der Schweizer Fremdenpolizei bekannt wurden, musste man sich dort entscheiden. Während dem Stellvertretenden Leiter laut Saul Friedländer Zweifel kamen, ob die Zurückweisung dieser „an sich unerwünschten Elemente" noch zu verantworten sei, ordnete der als antisemitisch bekannte Polizeichef Rothmund die strikte Anwendung der bis dahin bisweilen lax gehandhabten Verfügung vom Oktober 1939 an, illegal einreisende Flüchtlinge zurückzuschicken. In einer Anweisung vom August 1942 wurde die ansteigende Zahl „insbesondere jüdischer Flüchtlinge unterschiedlichster Nationalität" konstatiert und deren Zurückweisung aus Sicherheitsgründen und ökonomischen Gründen angeordnet. Politische Flüchtlinge aber nahm die Schweiz auf, Juden aber, „Flüchtlinge nur aus Rassengründen" galten nicht als politische Flüchtlinge und wurden zurückgewiesen.

Rettungsbemühungen

Obwohl den Verantwortlichen in der Fremdenpolizei die Unsinnigkeit dieser Bestimmung klar war, blieb diese Praxis bis Ende 1943 in Kraft. Auch danach wurde sie, wenngleich selektiver, beibehalten. Bereitwillig ließen die Schweizer Behörden schließlich im Juni 1944 1684 Juden aus Budapest, um deren Rettung sich der schweizerische Diplomat Carl Lutz (1895–1975) bemüht hatte, in die Schweiz einreisen. Sie hofften, durch diese „positive Aktion für die Juden" (Friedländer) der Kritik ausländischer Flüchtlinge und Internierter an der Einwanderungspraxis der Schweiz zu begegnen. Die Schweiz bemühte sich nach Mark Mazower, vertreten durch den früheren Bundespräsidenten Jean-Marie Musy (1876–1952), Ende 1944 in Gesprächen mit Heinrich Himmler um die Befreiung der Lager und die Freilassung von Häftlingen, so dass im Januar 1945 schließlich ein Transport von 1200 Juden aus Theresienstadt über diese Verbindung in die Schweiz gelangte. Als Hitler von dieser Abmachung erfuhr, verbot er weitere Transporte.

VIII. Antisemitismus nach dem Holocaust

1. Antisemitismus in den beiden deutschen Staaten: Die Westzonen und die SBZ (1945–1949)

Antisemitismus nach dem Holocaust

Nach Kriegsende hofften nicht nur die Juden, dass der Holocaust jedem Antisemitismus den Boden entzogen hätte, doch blieb er weiterhin in den europäischen Gesellschaften präsent. Der „Antisemitismus nach Auschwitz" trägt wie zuvor Züge des „klassischen" Antisemitismus, aber er erlebte auch einen Formenwandel: Erstens musste er auf den Völkermord reagieren, sei es durch dessen Leugnung, durch eine Erinnerungs- und Schuldabwehr oder durch eine Schuldprojektion auf die Juden. Zweitens wurde er nicht nur in Deutschland zu einem „Antisemitismus ohne Juden", der kaum noch einen Bezug zu den Juden im Land selbst besitzt, sondern sich auf die Mitschuld des eigenen Landes am Holocaust bezieht und einen angeblichen Einfluss der Juden auf das Weltgeschehen hypostasiert. Drittens konnte der Antisemitismus seit Gründung des Staates Israel die Form des Antizionismus annehmen, indem der Staat Israel als „kollektiver Jude" für alle politischen Übel dieser Erde verantwortlich gemacht und zugleich alle Juden kollektiv für dessen Politik haftbar gemacht wurden.

Bekämpfung und Fortdauer des Antisemitismus

Erscheinungsform, Verbreitung und der politische Umgang mit Antisemitismus waren in den beiden deutschen Staaten stark von den Vorgaben der jeweiligen Besatzungsmacht, der spezifischen politischen Systeme und vom Ost-West-Konflikt bestimmt. Rassenhass und Antisemitismus waren für die Besatzungsmächte eine Hinterlassenschaft der NS-Ideologie und sollten im Rahmen der Re-Education bekämpft werden. Alle neu zugelassenen politischen Parteien verurteilten in ihren Gründungsaufrufen vom Juni 1945 unisono die nationalsozialistische Rassenpolitik, doch klaffte zwischen den Intentionen der Besatzungsmächte und den neuen deutschen politischen Eliten einerseits und den Einstellungen großer Teile der Bevölkerung andererseits eine erhebliche Lücke. Der Antisemitismus blieb nach dem Krieg in der deutschen Gesellschaft weiterhin virulent. Ausländische Beobachter sahen bei den besiegten Deutschen eine geringe Empathie mit den NS-Opfern und eine „Flucht aus der Verantwortung". Selbst diejenigen, welche „die Schuld der Nation" anerkannten, zählten sich selber nur selten zu den Schuldigen, sondern wälzten die Schuld auf „die Nazis" ab. Man unterschätzte das Ausmaß der Verbrechen und rechnete sie gegen das eigene Leid auf.

Umgang mit Antisemitismus in der SBZ und in den Westzonen

Dem revolutionären Selbstbild der SBZ/DDR entsprechend war in der sozialistischen Gesellschaft Antisemitismus „mit der Wurzel ausgerottet". Entsprechend sah man wenig Anlass, sich damit politisch, öffentlich oder wissenschaftlich zu befassen. Kam es zu Vorfällen, so wurden sie ohne öffentliches Aufsehen geregelt. In Westdeutschland gehörten Anti-Antisemitismus oder sogar Philosemitismus zum Ausweis antinazistischer Gesinnung. Politisch wurde das Problem des keineswegs verschwundenen Antisemitismus als extremistisches Randphänomen ausgeblendet, doch lenkten hier das kritische Ausland, die freie Presse und die NS-Opfer die Aufmerksamkeit immer wieder auf antisemitische Vorkommnisse. Trotz der sich auf der Ebene der politischen Systeme entwickelnden Differenzen zwischen beiden deutschen Staaten unterschieden sich die Einstellungen der Bevölkerung zu Juden in der Ost- und den Westzonen wohl kaum. Eine Welle von antijüdischen Tumulten und Friedhofsschändungen, die Deutschland 1947 von den Küsten bis zu den Alpen durchlief und die Tatsache, dass landesweit bis 1950 200 der 400 jüdischen Friedhöfe geschändet wurden, macht deren gesamtdeutschen Charakter deutlich. Sowohl in West- als auch in Ostdeutschland traten in den mittleren Instanzen der Kommunalpolitik, Bürokratie, Justiz und Polizei antijüdische Ressentiments immer wieder zu Tage. Es lassen sich allerdings Unterschiede zwischen den politischen Lagern ausmachen. KPD und SPD traten als Gegner und Opfer des NS-Regimes engagierter für die Bestrafung der NS-Verbrechen und für eine Entschädigung der Opfer ein als die bürgerlichen Parteien. In der Sowjetischen Zone wurden die verantwortlichen Nationalsozialisten weit häufiger zur Rechenschaft gezogen und die NS-Verfolgten, vor allem die „Kämpfer gegen den Faschismus", weniger die „Opfer des Faschismus" wurden bevorzugt behandelt.

Aufleben antisemitischer Ressentiments

Zeitgenössische Beobachter aus dem In- und Ausland berichteten 1946 von einem erneuten Hervortreten antisemitischer Stimmungen, nachdem der Schock der Niederlage und das Entsetzen über die an den Juden begangenen Verbrechen zunächst zu Vorsicht und Vermeidung offener antijüdischer Meinungen geführt hatten. Darüber besorgt, hatte die amerikanische Militärregierung für ihre Zone im Dezember 1946 eine Meinungsumfrage durchführen lassen, die zu dem beunruhigenden Ergebnis kam, dass 18% als radikale Antisemiten, 21% als Antisemiten, weitere 22% als Rassisten, 19% als Nationalisten und nur 20% als weitgehend frei von antijüdischen Ressentiments angesehen werden konnten (Merritt und Merritt). Dieses Ergebnis dürfte sich auf die anderen Besatzungszonen übertragen lassen. In ihrer Analyse („Report on Survival of Anti-Semitism", 1947) kam die US-Militärregierung zu dem Ergebnis, dass der Antisemitismus der deutschen Bevölkerung weitgehend latent geblieben sei, doch käme er zunehmend auch offen in einzelnen gewalttätigen Übergriffen gegen Juden, bürokratischer Sabotage hinsichtlich der privilegierten Versorgung verfolgter Juden, Friedhofsschändungen, Drohungen und anonymen judenfeindlichen Briefen an Zeitungen und Einzelpersonen zum Ausdruck. Der Report sah die Ursachen des Wiederauflebens von Antisemitismus in der Verschlechterung der Lebensbedingungen und den trüben Zukunftsaussichten, in einer fehlenden Abkehr vom Nationalsozialismus und im Neid auf die privilegierte Versorgung von Juden mit Lebensmitteln und Wohnungen sowie in den Schwarzmarktaktivitäten, an denen auch jüdische **Displaced Persons (DPs)** beteiligt waren.

E

Displaced Persons
Unter diesem Begriff wurden Personen zusammengefasst, die in Folge des Zweiten Weltkrieges aus ihrer Heimat geflohen waren oder vertrieben oder verschleppt worden waren. Die ca. 7 Millionen DPs setzten sich aus Kriegsgefangenen, befreiten KZ-Häftlingen und Zwangs- bzw. Fremdarbeitern zusammen. Während die meisten DPs in ihre Heimatländer repatriiert wurden, war eine Rückkehr bei den ca. 50.–75.000 jüdischen DPs nur in ihre westeuropäischen Heimatländer gefahrlos möglich, während die osteuropäischen Juden wegen des dort herrschenden Antisemitismus und der zerstörten jüdischen Gemeinden nicht in ihre Heimat zurückkehren konnten. Die jüdischen DPs, zu denen 1946 noch

über 200.000 weitere Juden aus Polen auf der Flucht vor Pogromen hinzukamen, wurden in DP-Lagern untergebracht, wo sie von den westlichen Besatzungsarmeen und einer Hilfsorganisation der Vereinten Nationen, später von internationalen jüdischen Organisationen versorgt und betreut wurden. Nachdem mehrere zehntausend DPs illegal nach Israel weitergewandert waren, setzte mit der Gründung Israels 1948/49 die Abwanderung dorthin und in die USA ein. Es blieb jedoch eine größere Zahl in Deutschland und Österreich zurück. (Lit. Angelika Königseder, Displaced Persons, in: Lexikon des Holocaust, hrsg. v. Wolfgang Benz, München 2002, S. 53–54.)

Der Report sah dabei zwei psychische Mechanismen am Werk: 1) Konfrontiert mit den verheerenden Auswirkungen des Antisemitismus rationalisiert der Antisemit seine Einstellung damit, dass die Juden die Feindschaft auch „verdienten", die ihnen entgegengebracht wird. 2) Man begründet die Tatsache, dass Juden von den Nationalsozialisten so brutal behandelt wurden, indem man unterstellt, die Juden seien schon vorher gegenüber Deutschland feindselig eingestellt gewesen. Dies kann sich dann mit den magischen Vorstellungen von geheimer jüdischer Macht und Weltverschwörung verbinden. So gesehen, erschien das „Weltjudentum" als eine Macht, die Deutschland Krieg und Niederlage beschert habe.

DPs als Ziel antisemitischer Ressentiments

Auch in der deutschen Presse nahm man die Verschlechterung gegenüber 1945 wahr. Am 17. April 1948 konstatierte Ernst Müller-Meiningen jr. (1908–2006) in dem Artikel „Antisemitismus – 1948" in der *Süddeutschen Zeitung*, dass heute der Antisemitismus in Deutschland „stärker denn je" sei. Nach Kriegsende seien die meisten bereit und aufgeschlossen waren, politisch umzulernen und das „Gefühl einer sittlichen Schuld der Nation gegenüber dem Judentum" hätte vorgeherrscht. Der jetzige Antisemitismus sei kein „echter Rassenhass", sondern eine „allgemeine Abwehr gegen die Minderwertigen". Dies war auf die DPs gemünzt, denen er vorwarf, den Antisemitismus selbst „schuldhaft hervorzurufen". Von den deutschen Juden entwarf er ein positives Bild: sie seien nicht „als Rächer, sondern als Helfer gekommen" und „sie fallen nicht auf". Hans Lamm (1913–1985), dem späteren Vorsitzenden der Jüdischen Gemeinde in München, wollte es deshalb fast scheinen, „als ob allzu viele Deutsche es begrüßen, dass einige jüdische DPs schwarzhandelten", um so die „Möhlstraße" [ein Zentrum des Schwarzmarktes in München, W.B.] gegen Auschwitz aufzurechnen (Süddeutsche Zeitung, 9. 8. 1949). Neben den DPs war es vor allem die Frage der Entschädigung und Restitution, die zu antisemitischen Ressentiments und öffentlichen Angriffen führte. Die Durchführung der Rückerstattung stieß – teils auch durch überflüssige Härten der Gesetze – bei den zur Rückgabe Verpflichteten nach Rainer Erb auf „teilweise massive Widerstände und wurde kontinuierlich von antisemitischen Interpretationen begleitet."

Haltung der Eliten

Die führenden Kreise in Politik, Erziehung und Kirche sahen das Problem, zögerten jedoch, das unpopuläre Thema anzusprechen. Vor Gründung der Bundesrepublik war es vor allem die *SPD* und ihr Vorsitzender Kurt Schumacher (1895–1952), die die Verfolgung und Ermordung der Juden öffentlich verurteilten, doch zeigte eine große Zahl von Politikern eine ambivalente Haltung gegenüber Juden. Die Alliierten versuchten das öffentliche Leben, Presse und Politik von Antisemitismus frei zu halten und mit Entnazifizierung, Kriegsverbrecherprozessen und Re-education gegen die Prägungen durch die NS-Ideologie anzukämpfen. In der Kunst, der staatlichen Erziehung und in den Kirchen gab es vielfältige Bemühungen, sich von der antijüdischen Tradition abzusetzen. Vor allem die Kirchen mussten nach 1945 öffentlich Stellung beziehen und auch theologisch ihr Verhältnis zum Judentum überdenken. Die Schuldbekenntnisse blieben zunächst aber abstrakt und die Kirche leugnete eine Mitschuld an dem Geschehenen. Abgesehen von dem „Wort zur Judenfrage" des *Bruderrates der EKD* aus dem Jahr 1948, das zwar ein Schuldbekenntnis ablegte und jedem Antisemitismus eine Absage erteilte, den Holocaust aber dennoch, wie Eberhard Bethge ausgeführt hat, geschichtstheologisch als Gericht Gottes an den Juden deutete, sprach die *EKD* erst 1950 auf der Synode in Berlin-Weißensee von der eigenen Schuld an der Judenverfolgung und formulierte ein spezifisches „Wort zur Schuld an Israel". Die katholische Kirche sah sich als erbitterte Gegnerin des Nationalsozialismus und meinte nach dem Kriege, für sich keine Konsequenzen aus dem Holocaust ziehen zu müssen. Die Erklärung der ersten Deutschen Bischofskonferenz in Fulda im August 1945 sprach zwar selbstkritisch, aber ebenfalls nur in sehr abstrakter Weise über das Furchtbare, das vor dem Kriege in Deutschland und während des Krieges in den besetzten Ländern geschehen war. Sie rief zur „Buße und Rückkehr zum Herrn" auf, ohne den Holocaust oder die Juden mit einem Wort zu erwähnen.

Reaktion der Kirchen

Angesichts dieser zögernden Aufarbeitung verwundert es nicht, dass bis weit in die 1950er Jahre hinein Umfrageergebnisse, antisemitische Skandale, Polizeiberichte über DPs ebenso wie Erfahrungsberichte jüdischer Zeitzeugen ein massives Fortleben antijüdischer Überzeugungen in der Bevölkerung erkennen lassen.

Juden als „Opfer des Faschismus"

Führende Funktionäre der KPD/SED traten dem sich auch in der SBZ offen äußernden Antisemitismus aus ihrem antifaschistischen Selbstverständnis heraus entgegen, zumal zwischen ihnen und Juden aufgrund der gemeinsam erlittenen KZ-Haft- oder Exilzeit persönliche Kontakte bestanden. Doch auch hier wurden nach Olaf Groehler Juden von offiziellen Stellen anfänglich gegenüber aktiven Widerstandskämpfern benachteiligt, da man ihnen wie auch den Bibelforschern den Status von „Opfern des Faschismus" verweigerte. Erst auf Proteste hin wurden nicht nur die politisch, sondern auch die rassisch Verfolgten im Oktober 1945 als „Opfer des Faschismus" anerkannt. Bis zum Vorabend der Gründung der DDR dominierte in der SED-Politik eine hilfsbereite Haltung gegenüber den Juden, die, sofern sie im Lande lebten, Wohnung und Eigentum zurückerhielten und bevorzugt behandelt wurden. Auch verfolgte die *SED* anfangs eine proisraelische Politik im Nahostkonflikt.

Antisemitismus bei Behörden der SBZ

Dem offiziellen antifaschistischen Anspruch wurden die Behörden im Umgang mit Juden nicht immer gerecht, wenn sie sich etwa gegen „jüdische Sonderinteressen" wandten. Wegen der sozialen Unterstützung der Juden durch das amerikanische *Joint Distribution Committee* diffamierte der Mecklenburgische Kultusminister Gottfried Grünberg die Jüdische Gemeinde als „amerikanische Speckpaketeempfängerorganisation" (Lothar Mertens). Hier mischte sich Neid mit einer sich angesichts des verschärfenden Kalten Krieges verhärtenden Abwehrhaltung gegen die USA und den Kapitalismus.

Keine Restitution in der DDR

Ab 1949 kam es nach Olaf Groehler zu einer theoretische Positionsverschiebung, indem nun anstelle der NS-Verbrechen und der deutschen Verantwortung der Klassenstandpunkt in den Vordergrund trat. Das deutsch-jüdische Bürgertum wurde so zum Mitschuldigen am Faschismus, dem gegenüber keine Pflicht zur Wiedergutmachung bestünde. Verfolgte Juden erhielten zwar beachtliche Sozialleistungen und Unterstützungen bei der Arbeits- und Wohnungssuche, doch nur insoweit wie sie noch im Lande lebten (ca. 4500) und ihr Besitz nicht enteignet war, da eine Rückerstattung arisierten jüdischen Eigentums nach Ansicht des ZK der SED „einen Einbruch in unsere neue sozialistische Ordnung bedeuten und eine finanzielle Belastung ... zugunsten ausländischer Kapitalisten zur Folge hätte". Damit wurden Juden faktisch ein zweites Mal enteignet.

Der „Kalte Krieg" begann die Politik zu bestimmen. Dies führte in beiden deutschen Staaten dazu, dass der politische Fokus nicht mehr auf die Bewältigung der NS-Vergangenheit gerichtet war, sondern darauf, den Faschismus bzw. Totalitarismus im jeweils anderen Teil Deutschlands zu bekämpfen.

2. Die Staatsgründungsphase (1949–1953) – ein Wiederaufleben des Ressentiments

In Ost- wie Westdeutschland stand bereits seit 1947 die gesellschaftliche und politische Reintegration ehemaliger Nationalsozialisten auf der Tagesordnung. Dies verstärkte sich noch mit den Staatsgründungen, so dass die Zahl der NS-Prozesse in beiden Teilstaaten deutlich zurückging, dies gilt vor allem für die Bundesrepublik, die eine forcierte Integrationspolitik betrieb.

Antizionismus-Kampagne in der DDR

Ab 1949 begann sich im Zuge des Kalten Krieges das Klima gegenüber den Juden und Israel im Ostblock stark abzukühlen. Als sich die Hoffnung auf ein sozialistisches Israel nicht erfüllte und die sowjetischen Juden öffentlich Sympathie für Israel bekundeten, begann Josef Stalin (1879–1953) mit der Ausschaltung der Juden aus dem politischen Leben der Sowjetunion. Dieser Linie folgten seit den frühen 1950er Jahren die sozialistischen „Bruderländer". In den Parteisäuberungen der *SED* ab 1949 waren nach Mario Keßler gegenüber jüdischen Westemigranten Ressentiments spürbar, auch wenn die offiziellen Beziehungen zwischen der Staats- und Parteiführung und den jüdischen Gemeindevertretern freundlich blieben. Die stalinsche Antizionismus-Kampagne und die Auswirkungen des Schauprozesses von 1951 gegen den aus einer jüdischen Familie stammenden Generalsekretär der Tschechoslowakischen *Kommunistischen Partei* Rudolf Slánsky (1901–1952) intensivierten auch in der DDR die Ermittlungen gegen „antizionistische Agenten".

Schon 1950 hatte die Partei das nicht-jüdische ehemalige Politbüro-Mitglied Paul Merker (1894–1969) als „zionistischen Agenten" aus der Partei ausgeschlossen, weil er sich für eine Rückerstattung von Vermögen an emigrierte Juden eingesetzt hatte. Im Kontext des Slánsky-Prozesses in Prag wurde Merker 1952 verhaftet und 1955 als „zionistischer Agent" verurteilt. Schon ein Jahr darauf aber wurde er im Zuge der Entstalinisierung freigesprochen und aus der Haft entlassen.

Druck auf die Jüdischen Gemeinden

Im Verlauf der antizionistischen Kampagne verschlechterte sich auch die Haltung der *SED* zu den Jüdischen Gemeinden, die in ihrer Arbeit behindert, deren Büros vom Staatssicherheitsdienst durchsucht und deren Mitglieder verhaftet und verhört wurden, da man annahm, diese seien „für ihren zionistischen Glauben" bereit, „im Auftrage des amerikanischen Geheimdienstes zu arbeiten" (Lothar Mertens). Parteiintern wurden Unterlagen der SED-Kader auf eine „jüdische Abstammung" hin durchforstet, weil man darin einen Hinweis auf eine bürgerlich-kleinbürgerliche Herkunft sehen wollte. Die Parteipresse publizierte eindeutig antijüdische Hetzartikel und führende jüdische Gemeindevertreter wurden nach Mertens aufgefordert, den Slánsky-Prozeß zu billigen, den Antisemitismus in den sozialistischen Staaten als Propagandalüge zurückweisen und Israel als faschistischen Staat anzuprangern. Angesichts dieser Kampagne entschlossen sich Anfang 1953 mehrere hundert Juden, darunter die führenden Gemeindevertreter, zur Flucht in den Westen. Mit Stalins Tod endeten die Pressionen auf die jüdischen Gemeinden.

Antisemitismus in der Staatsgründungsphase der BRD

Ging in der DDR die antisemitische Politik in den Jahren 1950–53, von der SED-Führung aus, so trat der Antisemitismus nach dem Wegfall der alliierten Oberhoheit in der Staatsgründungsphase der Bundesrepublik Deutschland in Gestalt antijüdischer Beleidigungen und Drohungen seitens der Bevölkerung und einzelner Politiker hervor. Dass der Antisemitismus weit ins bürgerliche politische Lager hineinreichte (*FDP, Deutsche Partei (DP), Wirtschaftliche Aufbauvereinigung (WAV)*, zeigt der Skandal um Äußerungen des Bundestagsabgeordneten der *Deutschen Partei* Wolfgang Hedler (1899–1986), der 1949 in einer Wahlkampfrede offen ließ, „ob das Mittel, die Juden zu vergasen, das gegebene gewesen ist". Während des Prozesses gegen Hedler machten dieser und seine Anhänger im Gerichtssaal keinen Hehl aus ihrer Ablehnung von Juden, Emigranten und Widerständlern. Sein Freispruch löste einen Skandal aus, Man warf ihn daraufhin aus der DP und im Revisionsverfahren wurde er dann doch noch verurteilt. Eine ganze Kette weiterer Konflikte, etwa die Prozesse gegen den „Jud Süß"-Regisseur Veit Harlan (1899–1964), der wegen „Verbrechen gegen die Menschlichkeit" angeklagt, aber freigesprochen wurde, brachten antijüdische Ressentiments wieder zum Vorschein.

Diskussion über das Wiederhervortreten von Antisemitismus

Eine empirische Untersuchung im Auftrag des *Jüdischen Weltkongresses* kam im Sommer 1949 zu einer pessimistischen Einschätzung, hielt doch der Bericht den latenten, sich geschickt tarnenden Antisemitismus für eines der auffälligsten Kennzeichen des heutigen Deutschlands und riet den DPs zur Auswanderung. Das „Schweigen zur Judenfrage" von Seiten der Verantwortlichen wurde in der *Süddeutschen Zeitung* vom 26. 6. 1949 als gefährlich kritisiert. Als die Zeitung dann vier der daraufhin eingegangenen Leserbriefe, darunter den radikalantisemitischen eines „Adolf Bleibtreu", abdruckte, stieß dies auf heftigen Protest bei den DPs und den Münchener Juden, die dies als antisemitische Provokation werteten. Durch diese Publikation und noch bestärkt durch die berühmte Mahnung des neuen amerikanischen Hochkommissars John McCloy, der den Umgang der Deutschen mit den Juden als „die Feuerprobe der deutschen Demokratie" bezeichnet hatte, sah sich die neue Regierung zu einer öffentlichen Stellungnahme gedrängt, und Bundeskanzler Konrad Adenauer (1876–1967) verurteilte in seiner ersten Regierungserklärung vom 20. September 1949 die „antisemitischen Bestrebungen [...] aufs schärfste". Die Regierung war über diese Entwicklung so besorgt, dass sie im Herbst 1949 beim Institut für Demoskopie in Allensbach, die Studie „Ist Deutschland antisemitisch?" in Auftrag gab. 23% der Befragten stuften sich dort als antisemitisch, weitere 15% als Juden gegenüber „reserviert" ein.

Mensch-ärgere-dich-nicht- über die Wiedergutmachung-Spiel
Quelle: Jüdische Illustrierte 1951

Entschädigung und Wiedergutmachung

Die SPD-Fraktion brachte am 22. 2. 1951 im Bundestag eine Interpellation für ein einheitliches Bundesentschädigungsgesetz ein, das Carlo Schmid (1896–1979) mit der moralischen und materiellen Schuld gegenüber den jüdischen Opfern begründete. Die Regierung aber schwieg über den Holocaust und die **Wiedergutmachung** bis zur Regierungserklärung Adenauers vom 21. 9. 1951, in der er auf Drängen Israels die „Pflicht zur moralischen und materiellen Wiedergutmachung" an den Juden" erstmals öffentlich anerkannte. Diese Politik erhielt Rückendeckung durch die 1951 von Erich Lüth (1902–1989) und Rudolf Küstermeier (1903–1977) initiierte Aktion „Friede mit Israel", an der sich Tausende mit Unterschriften beteiligten, doch waren 68% der Bundesbürger 1952 gegen Wiedergutmachungszahlungen oder hielten den zwischen der Bundesrepublik Deutschland und dem Staat Israel im *Luxemburger Abkommen* ausgehandelten Betrag von 3,45 Milliarden für überhöht. Die individuelle Entschädigung für jüdische NS-Opfer wurde 1953 und 1956 gesetzlich geregelt.

E

Wiedergutmachung
Der Begriff Wiedergutmachung hat sich sowohl umgangssprachlich wie juristisch als Oberbegriff für drei Vorgänge eingebürgert: die Rückerstattung von in der NS-Zeit unrechtmäßig eingezogenen Vermögen bzw. erworbenen Besitz, Reparationszahlungen sowie individuelle und kollektive Entschädigung, bei der rassisch, religiös oder politisch Verfolgte für Schäden an Leib und Leben bzw. für berufliche Nachteile finanziell entschädigt wurden. Die Rückerstattung wurde auf Initiative der Besatzungsmächte bereits 1947geregelt und bis heute wird über Resti-

tutionsansprüche gestritten. Mit Israel (Luxemburger Abkommen) und elf westeuropäischen Staaten schloss die Bundesrepublik kollektive Entschädigungsabkommen. Die individuelle Entschädigung wurde in der BRD bundeseinheitlich erstmalig im Bundesentschädigungsgesetz (1953) geregelt, das bis zum Entschädigungs-Schlussgesetz (1965) immer wieder geändert wurde. Kritik an der Wiedergutmachungspraxis gab es, weil die Verfolgten ihre Schäden häufig in zähen, demütigenden Verfahren nachzuweisen hatten, die Entschädigung niedrig ausfiel und weil viele Opfer und Opferkategorien aus dem Kreis der Anspruchsberechtigten ausgeschlossen blieben. (Lit.: Constantin Goschler, Schuld und Schulden. Die Politik der Wiedergutmachung für NS-Verfolgte seit 1945, Göttingen 2005.)

Phase der Renazifizierung?

Da neben der Hilfe für die NS-Opfer aber auch die Wiedereingliederung ehemaligen Nationalsozialisten forciert wurde, galt vielen die Zeit ab 1949 als eine der „Renazifizierung“, zumal viele ehemalige Nationalsozialisten wieder in den öffentlichen Dienst zurückkehrten und sich rechtsextreme Parteien bildeten. Auch stiegen zwischen 1949 und 1952 antisemitische Einstellungen in der bundesrepublikanischen Bevölkerung von 23% auf 34% an. Charakteristisch für die frühen Nachkriegsjahre war überdies, dass Fragen, die die Nazizeit und die Juden betrafen, häufig sogar zu gewalttätigen Konflikten führten. Die Aufführung eines neuen Films von Veit Harlan 1951 löste gar gewalttätige Konfrontationen aus. Demonstranten, die die Vorstellung verhindern wollten, wurden als „Judensöldlinge“ geschmäht. Es gab jedoch auch staatliche Gegenmaßnahmen. So verbot 1952 das gerade eingerichtete Bundesverfassungsgericht die neonazistische *Sozialistische Reichspartei* (SRP), und die Einführung der 5% Hürde verhinderte ab 1953 den Einzug rechtsextremer Parteien in den Deutschen Bundestag. Nachdem die auf eine Reintegration der Belasteten und eine Entschädigung der Opfer zielende Phase der „Vergangenheitspolitik“ abgeschlossen war, folgte Mitte der fünfziger Jahre eine Phase des „Ruhenlassens“ der NS-Vergangenheit.

3. Zwischen latentem und manifestem Antisemitismus

Ruhige Phase in der DDR

Mit dem Tod Stalins und der danach einsetzenden Entstalinisierung führte die DDR-Führung 1953 ihre antisemitische Kampagne nicht mehr weiter und ließ die jüdischen Gemeinden in den 1950–60er Jahren weitgehend unbehelligt, nachdem exponiertere Juden aus dem öffentlichen und politischen Leben ausgeschaltet und auch aus dem *Komitee der Antifaschistischen Widerstandskämpfer der DDR* hinausgedrängt worden waren.

Antizionistischer Kurs der DDR

Außenpolitisch allerdings folgte die DDR-Regierung nun dem antizionistischen Kurs der UdSSR. Sie führte von 1954 bis 1956 in und über Moskau noch Verhandlungen mit Israel, das ja auch von der DDR einen Anteil (1/3) an der Wiedergutmachung gefordert hatte. Die Gespräche blieben aber ohne Ergebnis, da die DDR auf ihrem Standpunkt beharrte, die „wahre Wiedergutmachung“ (Angelika Timm) durch die Beseitigung der gesellschaftlichen und ideellen Wurzeln des Antisemitismus in der DDR und mit der Unterstützung der in der DDR lebenden Juden ihre Pflicht bereits erfüllt zu haben. Ab 1956 engagierte sich die DDR in den arabischen Ländern, weil sie hoffte, von diesen als Staat diplomatisch anerkannt zu werden und so den westdeutschen Alleinvertretungsanspruch (Hallstein-Doktrin) zu durchbrechen. Dabei sah die *SED* geflissentlich über den arabischen Antizionismus hinweg und betonte, dass ihr eigener Antizionismus nicht mit Antisemitismus gleichzusetzen sei.

Fälle von Antisemitismus 1957–59

Für die Bundesrepublik Deutschland lässt sich in der „Ruhephase" der mittfünfziger Jahre demoskopisch ein steter Rückgang der Sympathie für Hitler und den Nationalsozialismus sowie eine Abnahme des Antisemitismus erkennen. Dennoch häuften sich in den Jahren 1957–59 Fälle von Antisemitismus, wie sie etwa der Studienrat Ludwig Zind (1907–1973), der Holzkaufmann Friedrich Nieland oder der ehemalige KZ-Arzt Hans Eisele (1913–1967) ausgelöst hatten. Diese eskalierten nicht zuletzt deshalb zu öffentlichen Skandalen, weil die Justiz versagte und Freisprüche, Fluchthilfe oder Inaktivität der Behörden die Aufmerksamkeit der Medien auf sich zogen. Auch der Ulmer Einsatzgruppenprozess von 1958 hatte deutlich gemacht, dass die Justiz zahlreiche Verbrechenskomplexe der NS-Zeit noch gar nicht erfasst hatte. Dies führte im selben Jahr zur Einrichtung der *Zentralen Stelle der Landesjustizverwaltungen* in Ludwigsburg, womit eine koordinierte Ermittlungsarbeit institutionalisiert wurde.

Schmierwelle 1959/60

Die sich seit 1957 häufenden antisemitischen Vorfälle wurden zum Jahreswechsel 1959–60 von einer bundesweiten Schmierwelle mit 470 Fällen überboten, die wiederum zu einer bis dahin beispiellosen Mobilisierung gegen den Antisemitismus führte. Der öffentlichen Abwehr folgten politische Entscheidungen. So wurde das „Volksverhetzungsgesetz", mit dem „nationale, rassische, religiöse oder durch ihr Volkstum bestimmte Gruppen" geschützt werden sollen (§130 StGB), noch im April 1960 verabschiedet und der NS-belastete Minister Theodor Oberländer (1905–1998) musste gehen. Die frühen sechziger Jahre leiteten auch eine Wende in der Behandlung der Judenverfolgung in den Lehrplänen und Schulbüchern ein. Evangelische Christen reagierten auf dem Kirchentag 1961 in Berlin mit der Einrichtung der Arbeitsgruppe „Juden und Christen" und begannen, sich mit dem im Christentum angelegten Antijudaismus auseinanderzusetzen. Auch in der katholischen Kirche deutete sich in den frühen 60er Jahren mit der Erklärung „Nostra aetate" des Zweiten Vatikanischen Konzils eine selbstkritischere Haltung an. Diese Entwicklung wurde durch die großen NS-Prozesse der sechziger Jahre, dem Eichmann- und Auschwitz-Prozess und ihre Verarbeitung im Dokumentartheater verstärkt, in denen der Öffentlichkeit der gesamten Komplex der „Endlösung" vor Augen geführt wurde.

1967 – Wendung zum Antizionismus

Der Juni-Krieg von 1967 veränderte das Bild Israels in Teilen der west- wie ostdeutschen Öffentlichkeit ins Negative: Man lehnte es nun als imperialistische Militär- und Besatzungsmacht ab. Die radikale Linke reagierte mit einer scharfen Wendung zum Antizionismus, der nicht immer frei von Antisemitismus war. Die DDR pflegte bis 1967 einen moderaten Ton gegenüber Israel, schwenkte dann auf die antizionistische Linie der anderen Ostblockstaaten ein. Die SED-Führung begann, Juden, insbesondere die SED-Mitglieder unter ihnen, unter Druck zu setzen, um sie – allerdings mit mäßigem Erfolg – zu einer öffentlichen Verurteilung der „zionistischen Aggression" zu bewegen. Ihre antizionistische Position wollte die DDR-Führung ideologisch immer vom Antisemitismus unterschieden wissen.

In der Bundesrepublik Deutschland stand der politischen Instrumentalisierung des Nahostkonflikts auf der politischen Linken und Rechten, die hier für ihren Antisemitismus ein neues Objekt fand, ein Rückgang antisemitischer Einstellungen in der Bevölkerung gegenüber. Die Identifikation mit den Freiheitsbewegungen der Dritten Welt, darunter der *Palästinensischen Befreiungsbewegung (PLO)*, und die antikapitalistische Haltung linksradikaler Studenten mündeten in einen scharfen Antizionismus. Einige Terrorgruppen verübten Anschläge auf jüdische Einrichtungen und begannen mit dem palästinensischen Terrorismus zu kooperieren. Während die DDR offiziell die *PLO* unterstützte, verfolgte die westdeutsche Regierung eine proisraelische Linie. Auch die westdeutsche Bevölkerung stand überwiegend auf Seiten Israels, das als Teil des Westens und als Opfer arabischer Aggression gesehen wurde, die man beim Attentat auf die israelische Mannschaft während der Olympischen Spiele 1972 in München im eigenen Lande erlebt hatte. Eine empirische Studie von Alphons Silbermann (zus. mit Herbert Sallen) lässt allerdings erkennen, dass 1974 antisemitische Einstellungen in der Bevölkerung verglichen mit den fünfziger Jahren zwar seltener vertreten wurden, aber mit 20% noch in einem beträchtlichen Umfang fortbestanden.

TV-Serie „Holocaust"

Antisemitismus und die Frage der Aufarbeitung der Vergangenheit standen jedoch trotz der „Hitler-Welle" der frühen siebziger Jahre in der westdeutschen Öffentlichkeit im Schatten des RAF-Terrorismus. Dies änderte sich gegen Ende des Jahrzehnts mit dem Aufkommen militanter neonazistischer Organisationen. Gleichzeitig hat die Ausstrahlung der amerikanischen TV-Serie *Holocaust* im Jahre 1979 in der westdeutschen Öffentlichkeit entscheidende Impulse für eine intensive Auseinandersetzung mit dem Mord an den europäischen Juden gegeben, die in den 1980er Jahren fortdauerte.

Aufkommen rechtsextremer Gruppierungen

Seit den späten 1970er und frühen 1980er Jahren traten neben den militanten neonazistischen Gruppen nun auch rechte Parteien und eine sich intellektuell gebende Neue Rechte auf. Die in diesen Jahren geführte Auseinandersetzung über die Asyl- und Ausländerpolitik führte nicht nur zu Ausbrüchen von ausländerfeindlicher Gewalt, es häuften sich zu Beginn der 1980er Jahre auch antisemitische Straftaten, da der Antisemitismus wieder mehr Gewicht im Rechtsextremismus bekam. Die israelische Invasion in den Libanon 1982 löste israelfeindliche Stellungnahmen in den Medien aus und auch unter Westdeutschen gewann eine israelkritische Haltung an Boden.

Debatten und Affären der 1980er Jahre

Die großen öffentliche Debatten und Skandale der 1980er Jahre von der „Gnade der späten Geburt" (Bundeskanzler Kohl 1983) über die Bitburg-Affäre (1985), den „Fall Fassbinder" (1985), den Historikerstreit (1986) bis hin zur zu Unrecht skandalisierten Rede des Bundestagspräsidenten Philipp Jenninger zum 50. Jahrestag der „Reichskristallnacht" (1988) machen deutlich, wie sehr die Frage nach dem adäquaten Umgang mit der NS-Geschichte und der angemessenen Erinnerung an den Holocaust dieses Jahrzehnt bestimmten. Paradigmatisch dafür stehen die berühmte Rede von Bundespräsident Richard von Weizsäcker zum 8. Mai 1985, in der er ein kollektives Annehmen des schweren Erbes forderte, und der „Historikerstreit", ausgelöst durch die These des Historikers Ernst Nolte über einen kausalen Nexus zwischen der Ausrottungspolitik Stalins gegen die Kulaken und dem Mord an den Juden. Nolte wurde von der Mehrzahl der deutschen Historiker und Intellektuellen vorgeworfen, „die deutsche Vergangenheit entsorgen" zu wollen. In der Kontroverse um Rainer Werner Fassbinders Theaterstück „Der Müll, die Stadt und der Tod" (1985) wurde die Frage nach dem antisemitischen Charakter des Stücks zum Thema der Debatte. Nur in wenigen dieser „Affären" ging es um antijüdische Äußerungen, wie etwa im Fall des CSU-Bundestagsabgeordneten Hermann Fellner oder des Korschenbroicher CDU-Bürgermeisters Graf von Spee. Diese Fälle veranlassten den Deutschen Bundestag 1986 zu einer „Aktuellen Stunde" zum Problem des Antisemitismus, in der die Abgeordneten keinen virulenten Antisemitismus, wohl aber „antisemitische Tendenzen" konstatierten.

Meinungsumfragen zum Antisemitismus

Eine Reihe von Meinungsbefragungen kam zu dem Ergebnis, dass ca. 15% der westdeutschen Bevölkerung als antisemitisch eingestellt zu betrachten sind. Alters- und Bildungsverteilungen wiesen auf einen Rückgang des Antisemitismus in den jüngeren und höher gebildeten Bevölkerungsteilen hin. Mit dem Abstand vom Holocaust wuchs die Bereitschaft, die Schuld am Holocaust anzuerkennen und seine Leugnung unter Strafe zu stellen (seit April 1985).

Wende in der DDR-Politik

In der DDR versuchte die *SED* in der zweiten Hälfte der 1980er Jahre den mit der Perestrojka größer gewordenen außenpolitischen Spielraum für die Verbesserung der Beziehungen zu den USA nutzen und setzte dabei auch auf amerikanisch-jüdische Organisationen. In diesem Kontext betonte sie zugleich das historische und kulturelle Erbe der deutschen Juden, eine Entwicklung, die zu einer größeren staatlichen Unterstützung der jüdischen Gemeinden in der DDR führte. Schließlich hatte der Nahostkonflikt als Instrument ideologischen Drucks auf die Juden in der DDR ausgedient, da die Ostblockstaaten in den frühen 1980er Jahren ihre antizionistische Politik abschwächten. Durch die Wende von 1989 konnte diese außen- wie innenpolitische Linie nicht weiterverfolgt werden, und die erste frei gewählte DDR-Volkskammer konnte im April 1990 die Juden nur noch um Verzeihung für die „Heuchelei und Feindseligkeit der offiziellen DDR-Politik gegenüber dem Staat Israel und für die Verfolgung und Entwürdigung jüdischer Mitbürger auch nach 1945 in unserem Lande" bitten.

4. Das vereinigte Deutschland

Vereinigtes Deutschland = alter Nationalismus = Antisemitismus?

Mit dem Fall der Mauer wurden im In- und Ausland Befürchtungen laut, dass in einem vereinten Deutschland ein neuer/alter Nationalismus wiederaufleben könnte und die Deutschen ihre Verantwortung für die Folgen des Krieges und des Holocaust abstreifen würden. Etliche politische Entscheidungen, etwa die Ablehnung, in die Präambel des Vertrags zur deutschen Einheit ein vom Zentralrat der Juden gefordertes Bekenntnis zur Verantwortung für die Folgen des Dritten Reiches aufzunehmen und die Nachrangigkeit, mit der anfangs die Restitution jüdischen Eigentums in der DDR und die Härteregelung für jüdische Verfolgte behandelt wurden, schienen diese Befürchtungen ebenso zu bestätigen wie Lieferung von Raketentechnik durch deutsche Firmen in den Irak und die Haltung der Friedensbewegung im Golfkrieg 1991. Die Asyldebatte und die Welle ausländerfeindlicher Gewalt zwischen 1991–93, in der sich auch antisemitische Straftaten häuften, schienen die Gleichung: vereinigtes Deutschland = neuer Nationalismus = Antisemitismus, zu bestätigen.

Umfragen zeigten demgegenüber eine Stabilität von Einstellungen über den politischen Umbruch hinweg und widerlegten die Erwartung, die ehemaligen DDR-Bürger würden wegen des offiziellen Antizionismus Israel und Juden ablehnen. Auch die Befürchtung, die NS-Vergangenheit würde ihre zentrale Rolle im öffentlichen Bewusstsein verlieren, erwies sich als unbegründet. Im Umgang der Politik, der Massenmedien und der Öffentlichkeit mit dem Holocaust lässt sich, wie die „Goldhagen-Debatte" von 1996, die Debatte um die „Wehrmachtsausstellung", die Diskussion und Entscheidung für ein „Denkmal für die ermordeten Juden Europas" in Berlin und die Einführung eines Holocaust-Gedenktages am 27. Januar zeigen, keine Abkehr von der bisher praktizierten Politik erkennen, auch wenn vor allem die *NPD* und rechtskonservative Kreise gegen die „Wehrmachtsausstellung" mobil machten, in der publizistischen Kritik an Goldhagen und seinen Thesen antisemitische Töne zu vernehmen waren und der Konflikt zwischen dem Schriftsteller Martin Walser und dem Vorsitzenden des Zentralrats der Juden Ignatz Bubis in Reaktion auf die Friedenspreisrede Walsers im Herbst 1998, in der er sich gegen die mediale „Dauerrepräsentation unserer Schande" gewandt hatte, einer offenbar verbreiteten Stimmung Ausdruck verliehen. Ein Blick auf die Fülle von Erinnerungsliteratur zur Judenverfolgung, auf die zahlreichen Sendungen des Fernsehens, auf die Spielfilme, auf den Erhalt und Bau von Gedenkstätten, Mahnmalen und Museen usw. bestätigt, dass die Aufarbeitung der NS-Vergangenheit und speziell des Holocaust weiterhin im Mittelpunkt des öffentlichen Interesses stand.

Keine Abkehr von der Erinnerungspolitik

Rechtsextremismus und Antisemitismus der 1990er Jahre

Trotz der staatlichen und öffentlichen Gegenwehr hat sich in den 1990er Jahren – vor allem in den neuen Bundesländern – eine rechtsextreme Szene entwickelt, zu deren ideologischem Arsenal ein radikaler Antisemitismus zählt und auf deren Konto die hohe Zahl antisemitischer Delikte geht. So erreichten antisemitische Straftaten in Deutschland 2001/2002 einen neuen Höhepunkt. Antisemitische Äußerungen kamen jedoch ebenso von Durchschnittsbürgern und sogar von Abgeordneten des Bundestages. In der Eskalationsphase des Nahostkonflikts 2002/03 erhielten die Jüdischen Gemeinden, die israelische Botschaft und prominente Juden eine Flut antisemitischer Briefe, die zum Teil auch motiviert waren durch die heftige politische Kontroverse zwischen dem, judenfeindliche Motiven bedienenden, FDP-Politiker Jürgen Möllemann (1945–2003) und dem Vizepräsidenten des *Zentralrats der Juden in Deutschland* Michel Friedman, die schließlich zum Parteiausschluss Möllemanns führte. Weiterhin ließ die Auseinandersetzung mit der nationalsozialistischen Vergangenheit antisemitische Einstellungen und Äußerungen hervortreten, die immer wieder zu öffentlichen Skandalen führten. Dies zeigte sich etwa bei den Debatten um die Entschädigung von NS-Zwangsarbeitern (2000), in Martin Walsers als antisemitisch kritisiertem Buch *Tod eines Kritikers* (2002) oder in der „Hohmann-Affäre" (2003), ausgelöst durch eine Rede des CDU-Politikers Martin Hohmann, in der er „den Juden" vorgeworfen hatte, die Deutschen als „Tätervolk" zu brandmarken, obwohl Juden ihrerseits maßgeblich an Verbrechen des Kommunismus beteiligt gewesen seien und man sie ebenso als „Tätervolk" bezeichnen könnte, um dann die „Schuld" aufrechnend den Begriff Tätervolk für Deutsche und Juden zurückzuweisen.

In Deutschland speisen sich antisemitische Einstellungen seit 2000 weiterhin aus der Erinnerungs- und Schuldabwehr. So ärgern sich viele Deutsche darüber, sich von Juden heute noch die NS-Verbrechen vorhalten lassen zu müssen und hegen den Verdacht, dies geschehe seitens der Juden um eigener Vorteile willen.

5. Antisemitismus in Österreich: „Austria Ges.m.b.H."

Verantwortungsabwehr

In der Moskauer Deklaration vom 1. November 1943 hatten die Allierteren Österreich als „das erste freie Land" bezeichnet, „das der typischen Angriffspolitik Hitlers zum Opfer fallen" sollte. Dieser „Opferrolle" entsprechend waren der alliierte Druck und die eigene Bereitschaft noch geringer als in Deutschland, den eigenen Anteil an den NS-Verbrechen und die Ansprüche der jüdischen Opfer anzuerkennen. Steven Beller hat daher die These von der „Befreiung" als „essenzielle Lebenslüge" Österreichs in der Nachkriegszeit bezeichnet und nennt das Land aufgrund seiner Verantwortungsabwehr „Austria Ges.m.b.H". Die willige Übernahme der Opferdoktrin, mit der sich die Republik Österreich und ihre Bevölkerung eine Art Generalabsolution erteilten, hat die Juden in Österreich nach 1945 zu den „ersten Opfern der ersten Opfer" (Thomas Albrich) gemacht, da ihnen eine materielle Entschädigung und moralische „Wiedergutmachung" verwehrt wurde. Nicht nur für die Bevölkerung auch für die Partei- und Regierungspolitik bildeten Juden eine ins Abseits geschobene Randgruppe. Für Österreich wurde anders als für Deutschland der Umgang mit den überlebenden Juden nicht zur „Feuerprobe" der Demokratie erklärt, so dass eine Auseinandersetzung mit dem Antisemitismus überflüssig erschien. Der 1945 zum Bundeskanzler ernannte Leopold Figl (1902–1964) bestritt – so Helga Embacher –, dass Österreich immer noch ein antisemitisches Land sei und die Wiedergutmachung hinauszögere. „Solche Gerüchte [würden] von politischen Kreisen inspiriert, die Österreich im Ausland diskreditieren wollten." Ähnlich wie in der DDR kam es zu einer Abwertung von rassisch gegenüber politisch Verfolgten, gerade auch von Seiten ehemaliger KZ-Häftlinge, die in einer Entschädigung jüdischer Emigranten eine ungerechtfertigte Bevorzugung sahen. Österreichische Politiker sorgten vor allem für eine Reintegration ehemaliger Nazis, die insbesondere in der 1949 gegründeten Partei *Verband der Unabhängigen* (VdU) – heute die *FPÖ* – sammelten. Gleichzeitig zogen sie die 1953 beginnenden Wiedergutmachungsverhandlungen, bei denen nach Helga Embacher und Margit Reiter Antisemitismus immer wieder offen zu Tage trat, in die Länge. Österreich leistete keine Wiedergutmachungszahlungen an Israel, da es an seiner Opferrolle festhielt und Israel zudem 1952 auf Reparationsforderungen verzichtete. Auch die in Österreich lebenden Juden wurden weder moralisch noch materiell entschädigt, da sich das Land für die knapp 4000 Mitglieder der Israelitischen Kultusgemeinde Ende 1945 nicht zuständig fühlte.

„Emigrantenhetze"

Wie in Westdeutschland wurden zurückkehrende Emigranten (ca. 5000) Ziel einer ausgesprochenen „Emigrantenhetze", die bis in die 1950er Jahre hinein andauerte. Selbst KZ-Überlebende wie etwa der Bundeskanzler Figl warfen ihnen 1945 vor, im Ausland die Zeit des Krieges „in Clubsesseln sitzend verbracht zu haben". Vor allem die Zahlung von Wiedergutmachung an zurückkehrende „reiche Amerikaner", denen kleinere Lokalzeitungen vorwarfen, aus der Verfolgung „Profit ziehen zu wollen", war Anlass, Vorurteile von jüdischer Geldgier und Rachsucht zu reaktivieren. Insgesamt, so resümiert Helga Embacher, herrschte zwischen Juden und Nichtjuden Befangenheit, und unter Juden überwog das Gefühl „nicht dazu zu gehören". Den heimkehrwilligen, vormals wohl situierten österreichischen Juden wurden noch gute Assimilierungschancen eingeräumt, nicht so den osteuropäischen jüdischen DPs.

Q

Die sozialistische Arbeiterzeitung „Die Stimme" zur Aufnahme ostjüdischer DPs
Quelle: Die Stimme, 45, 1951, S. 1, abgedruckt in Embacher, S. 68

Wir wollen keine Ansammlung unglücklicher, unbeschäftigter und überreizter Juden, die unvermeidlich dem antisemitischen Geflüster Vorschub leisten. Wir wollen keine Brutstätten des Elends, aus dem der Kapitalismus billige Ausbeutungsobjekte holt, und auch keine Lager ausgetulteter Nichtstuer. Wir wollen vor allem keine Scharen ausländischer Schleichhändler und Desparados, unter denen heute die Verbrecher von morgen und vielleicht der Faschismus seine Rekruten findet. Fort mit all dem!

Ablehnung der DPs

Wie in den Westzonen Deutschlands richtete sich in den ersten Nachkriegsjahren der Antisemitismus hauptsächlich gegen diese Gruppe, von denen ca. 100.000 zwischen 1945 und 1948 in Lagern lebten oder illegal nach Israel durchwanderten. Die Ablehnung der besser versorgten und als Schwarzhändler verschrienen DPs fußte auf dem alten katholischen und christlichsozialen sowie auf dem NS-Antisemitismus. In manchen Orten kam es zu Unruhen und zur Vertreibung von DPs, die als „Volksschädlinge" beschimpft wurden und die Morddrohungen wie „Schlagt die Juden tot, hängt die Saujuden auf!" erhielten. Ein drastischer Ausdruck dieses offenen Antisemitismus war nach Helga Embacher die zynische Bezeichnung der überlebenden DPs als „Hitlers Unvollendete". Die Ablehnung reichte bis in die Medien und die Bürokratie hinein und hochrangige österreichische Politiker aller Couleur zeigten wenig Empathie mit dem Schicksal der jüdischen Flüchtlinge. Auch die wenigen österreichischen Juden hatten außerhalb Wiens Schwierigkeiten, von den Behörden ihre Wohnungen zurückzubekommen, und es schlug ihnen ein virulenter Antisemitismus entgegen. Es verwundert deshalb nicht, dass Österreich unter Juden im Ausland eine schlechte Presse hatte. Neben der deutsch-jüdischen Zeitschrift *Aufbau* warnte so Embacher auch die *New York Times* vor einer Rückkehr nach Österreich, da Juden dort schlecht behandelt würden, der Antisemitismus andauere und die Entnazifizierung nur langsam vorankomme.

Einstellung zu Juden 1947–48

Mit der Abnahme des politischen Drucks durch die Amnestie für „Minderbelastete" trat der Antisemitismus ab 1948 noch stärker hervor. Zwei Meinungsumfragen der Amerikaner aus den Jahren 1947 und 1948 zeigen nach Heinz P. Wassermann einerseits, dass Juden 1947 als Nachbarn, Arbeitskollegen (etwas seltener auch als Vorgesetzte) und Ehepartner nur von einem kleinen Prozentsatz der Wiener Bevölkerung abgelehnt wurden (zwischen 4% und 18%), dass der Anteil diskriminierender Antworten aber bereits ein Jahr später deutlich angestiegen war und vor allem außerhalb Wiens in Salzburg und Linz weitaus höher lag. Die Ansicht, dass die Maßnahmen der Nazis gegen Juden in keiner Weise gerechtfertigt waren, vertrat jeweils nur eine

Minderheit: 42% in Wien, 33% in Linz und nur 29% in Salzburg. Wie auch in der Bundesrepublik Deutschland erwiesen sich gerade die jüngeren Jahrgänge als antisemitisch und nationalsozialistisch geprägt.

Reintegration ehemaliger Nationalsozialisten

Ein Schock für die jüdische Gemeinde war nach Steven Beller der Erfolg des gerade neu gegründeten *Verbandes der Unabhängigen* bei den Nationalratswahlen von 1949 (11,7%), der ein Sammelbecken und Sprachrohr ehemaliger Nationalsozialisten war. Auch die anderen Parteien begannen nun, um die Stimmen ehemaliger Nazis zu buhlen und die Regierung drängte immer wieder auf die Amnestierung von Belasteten, während die Benachteiligung der jüdischen Opfer von Seiten staatlicher Stellen noch bis Ende der 1950er Jahre andauerte. Zu Zahlungen aus einem „Hilfsfonds" an im Ausland lebende Verfolgte kam es erst ab Mitte der 1950er Jahre und die Rückerstattung aus erbenlosen Vermögen (Abgeltungsfonds) sollte erst in den 1960er Jahren erfolgen. Dennoch gab es nach Helga Embacher gegen eine scheinbare „Bevorzugung" der Juden bis Mitte der 50er Jahre Proteste der *FPÖ* und anderer rechtsgerichteter politischer Gruppen, die sich unter dem Motto „Hungerrenten und die jüdischen Forderungen an Österreich" gegen jede Art von Wiedergutmachung wandten und sich als Sprachrohr der vormaligen „Ariseure" betätigten.

Keine Wiedergutmachungszahlungen

Anders als im Fall der Bundesrepublik Deutschland gab es in Bezug auf die Wiedergutmachung und die Entnazifizierung von Seiten der Westmächte wenig Druck auf Österreich, und auch Israel, zu dem Österreich schon 1950 konsularische Beziehungen aufnahm, behandelte es nach Embacher und Reiter lange als ein während der NS-Zeit okkupierten Staat.

Affäre Borodajkewycz

Die Unterzeichnung des Staatsvertrages 1955, mit dem die Besetzung Österreichs endete, verstärkte die Tendenz des Übertünchens der NS-Vergangenheit und so waren bis Mitte der 1960er Jahre NS-Vergangenheit und Antisemitismus keine wichtigen politischen Themen. Auf die öffentliche Agenda gerieten sie 1965 kurzzeitig durch die Affäre Borodajkewycz (1902–1984), als linke Studenten gegen den Wiener Geschichtsprofessor demonstrierten, der sich mehrfach antisemitisch geäußert hatte. Dabei starb ein älterer Widerstandskämpfer in der Auseinandersetzung mit rechten Burschenschaftern. Borodajkewycz wurde daraufhin zwangsweise pensioniert. Dieser studentische Protest fand in der schweigenden, noch antisemitisch geprägten Bevölkerungsmehrheit keine Unterstützung. Anders als in Westdeutschland spielte die Studentenbewegung keine dominierende Rolle in der Kritik am Umgang mit der NS-Vergangenheit. Die Große Koalition aus *ÖVP* und *SPÖ* (1945–1966) ging von der österreichischen Lebenslüge als „erstem Opfer" nicht ab, so dass gegenüber den jüdischen Opfern eine „stille Opferkonkurrenz" herrschte. Als Simon Wiesenthal (1908–2005) Bundeskanzler Josef Klaus (1910–2001) von der ÖVP 1966 das „Schuld- und Sühne-Memorandum der österreichischen SS-Täter" überreichte und damit Österreichs Rolle als erstes NS-Opfer massiv in Frage stellte, löste er eine innenpolitische Kontroverse aus, die jedoch nicht verhinderte, dass NS-Verfahren in den 1960er Jahren eingestellt wurden und zwei Auschwitzprozesse in Wien mit Freisprüchen endeten. Wiesenthal galt durch seine unablässige Suche nach NS-Tätern vielen Österreichern bis in die 70er Jahre als „Nestbeschmutzer".

Israelkritische Position Bruno Kreiskys

Im Vergleich zur Bundesrepublik Deutschland erlebte Österreich erst in den siebziger Jahren erbitterte Debatten über die NS-Verstrickung führender Politiker. Viele Österreicher glaubten, mit der Wahl eines jüdischen Politikers wie Bruno Kreisky (1911–1990) zum Kanzler im Jahre 1970 ihre Abkehr vom Antisemitismus bewiesen zu haben, obwohl Meinungsumfragen dieser Jahre durchaus ein starkes Fortleben antijüdischer Vorurteile konstatierten. Zudem hatte die *ÖVP* - wenn auch erfolglos – versucht, durch die Mobilisierung antisemitischer Ressentiments die Wahl Kreiskys zu verhindern.

Konflikte über NS-belastete Politiker

Österreich wich unter Kreisky in den 1970–80er Jahren von den anderen europäischen Ländern dadurch ab, dass es sich als Transitland für hunderttausende russischer Juden öffnete und sich im Friedensprozess im Nahen Osten nicht einseitig für Israel engagierte. Kreisky selbst wurde von Seiten Israels und von vielen Juden scharf dafür kritisiert, dass er diplomatische Kontakte zu den Palästinensern (Österreich erkannte die *PLO* bereits 1980 formell an) aufnahm und Israels Siedlungspolitik scharf verurteilte. Seine Kritik am Einmarsch in den Libanon 1982 wurde in der österreichischen Öffentlichkeit geteilt, er führte auch hier zu einem radikalen Sympathieverlust Israels. Diese antizionistische Kritik besaß zuweilen eine antisemitische Färbung und es setzte eine heftige Diskussion darüber ein, ob dieser Antizionismus nur eine Spielart des Antisemitismus sei. Embacher und Reiter sprechen deshalb für die Regierungszeit Kreiskys von einer Dauerkrise der österreichisch-israelischen Beziehungen. Manche Österreicher wiederum fühlten sich durch die Haltung ihres Kanzlers in ihrer antijüdischen Haltung und in ihrem Ruhenlassen der NS-Vergangenheit bestärkt, zumal es innenpolitisch zwischen 1970–75 wiederholt zu Konflikten zwischen Kanzler Kreisky und Simon Wiesenthal kam, als dieser Kreisky vorwarf, ehemalige Nationalsozialisten in sein Kabinett berufen zu haben. Kreisky entschuldigte deren NS-Aktivitäten als Jugendirrtum und stellte stattdessen Wiesenthal als einen „Mossad- oder CIA-Agent" und „Nazi-Kollaborat" hin. Dieser Streit eskalierte 1975 zum Fall Kreisky-Wiesenthal-Peter. Nachdem Wiesenthal den möglichen Koalitionspartner Kreiskys, das ehemalige Mitglied der SS Friedrich Peter (1921–2005) von der *FPÖ*, der Beteiligung an Kriegsverbrechen bezichtigt hatte, verteidigte Kreisky Peter nicht nur, sondern sprach von einer „zionistischen Einmischung" in die inneren Angelegenheiten Österreichs. Die Kreisky-Wiesenthal-Kontroverse löste nach Heinz P. Wassermann eine Welle von Antisemitismus aus, und die *Kronen-Zeitung* öffnete ihre Leserbriefspalten für offen antisemitische Zuschriften, nachdem sie schon 1974 die Serie „Die Juden in Österreich!" veröffentlicht hatte, die man als „antisemitische Druckwelle" und „Rassenhetze im Stürmer-Stil" bezeichnet hat.

So spielten mehrere Faktoren – wie geringer internationaler Druck, die Undenklichkeitsvermutung wegen der Wahl eines Juden zum Kanzler, eine fehlende „linke Öffentlichkeit" – zusammen, die bis zur Waldheim-Affäre verhinderten, dass sich Österreich kritisch und umfassend mit seiner NS-Vergangenheit und seinem Antisemitismus auseinandergesetzt hat.

Entwicklung antisemitischer Einstellungen

Die quantitative Entwicklung der antisemitischen Einstellungen in Österreich wird unterschiedlich eingeschätzt. Während Hilde Weiss bis 1970 eine starke Abnahme der Vorurteile konstatiert, sah Bernd Marin für diesen Zeitraum „shocking little change of attitudes toward Jews in Austria", wenn er auch ab den späten 1960er Jahren einen verstärkten Abbau von Stereotypen – oder aber ein geschickteres Verbergen sah. Für die Zeit ab 1973 spricht Christian Haerpfer von einem „Absinken des allgemeinen Niveaus antijüdischer Sentiments bis 1986", wo die Waldheim-Affäre zu einem erkennbaren Anstieg führte. Dieser Anstieg habe aber nicht das Niveau der Zeit vor 1973 erreicht. Auf die direkt gestellte Frage nach der eigenen Haltung zu Juden, ob man ihnen „ganz allgemeine eher freundlich, eher ablehnend oder eher gleichgültig gegenüberstehe" antworteten 1986 7% negativ (eher unfreundlich), 35% positiv, es dominierte jedoch das Lager der Gleichgültigen. Eine Umfrage von 1991 zeigt dann eine sehr negative Entwicklung: 18% freundlich, 14% unfreundlich, 64% gleichgültig. Der weiteren Einstellungsentwicklung zufolge nahm die Bereitschaft der Österreicher in den 1990er Jahren deutlich zu, eine Verpflichtung aus der Vergangenheit anzuerkennen (1991: 23%, 1995: 33%, die Ablehnung sank von 67% im Jahre 1973 auf 31% im Jahre 1995 ab).

Der Skandal, dass der FPÖ-Verteidigungsminister Friedhelm Frischenschlager (geb. 1943) im Januar 1985 den aus dem italienischen Gefängnis entlassenen SS-Sturmbannführer und Kriegsverbrecher Walter Reder (1915–1991) an der Grenze mit Handschlag begrüßt hatte, markierte den Anfang eine Phase, in der Österreich wegen seines Antisemitismus und seines Umgangs mit der NS-Vergangenheit in die internationale Kritik geriet. Dazu trug die Wahl Jörg Haiders (1950–2008) bei, der in der *FPÖ* 1986 den liberalen, von den Kritikern als „judaifiziert" bezeichneten Kurs beendete und einen Kurs einschlug, der die Partei nach rechtsaußen lenkte (Anton Pelinka).

Waldheim-Affäre

Einen Wendepunkt in der Auseinandersetzung der Österreicher mit ihrer NS-Vergangenheit und den immer noch weit verbreiteten antisemitischen Ressentiments bildete die Waldheim-Affäre. 1985 kürte die *ÖVP* den ehemaligen UN-Generalsekretär Kurt Waldheim (1918–2007) zum Präsidentschaftskandidaten. Nachdem der *Jüdische Weltkongress* und viele ausländische Medien Waldheim (zu Unrecht) als „Kriegsverbrecher" beschuldigt hatten, protestierten die *ÖVP* und österreichische Medien, und es setzte nach Steven Beller eine Spirale gegenseitiger Unterstellungen und falscher Anschuldigungen ein. Eine vom österreichischen Präsidenten eingesetzte Kommission entlastete Waldheim und so wurde er in trotziger „nationaler Selbstbehauptung" der Österreicher mit 53,9% der Wählerstimmen zum Präsidenten gewählt. Das westliche Ausland antwortete darauf mit einem informellen Einladungsbann und Israel stufte im Oktober 1986 seine diplomatische Vertretung in Österreich herab, obwohl die israelische Politik im Unterschied zur israelischen Öffentlichkeit bei aller heftigen Kritik insgesamt zurückhaltend agierte (Embacher und Reiter). Daraufhin stufte Österreich seinen Botschafterposten ebenfalls zu Rang eines Geschäftsträgers ab. Die Unterstützer Waldheims spielten in diesem Konflikt die antisemitische Karte und spekulierten mit Erfolg auf Resonanz in der Bevölkerung. In der Waldheim-Affäre entzündete sich offener Antisemitismus bis hinein in die Reihen von ÖVP-Politikern sowohl an der Rolle des *World Jewish Congress* und der amerikanischen „Ostküste", deren Kampagne Waldheim für viele Österreicher (32% waren noch 1991 dieser Auffassung) zu einem „Opfer der Juden" machte, die den Holocaust zu ihrem Vorteil ausnutzten. Seine anhaltende außenpolitische Isolierung veranlasste Waldheim 1987 zum Eingeständnis, auf die Anschuldigungen falsch reagiert zu haben. Eine internationale Historikerkommission konnte ihm nach Beller zwar keine direkte Beteiligung an Kriegsverbrechen nachweisen, stellte aber fest, dass er als Offizier in Einheiten gedient hatte, die Kriegsverbrechen begangen hatten.

Durch die Debatte über Waldheim und den österreichischen Antisemitismus im In- und Ausland, die zusätzlich Schub durch das „Bedenkjahr 1988" erhielt, kam es zu einer Art Katharsis: Man räumte Österreichs Anteil an den NS-Verbrechen, der nun von der großen Mehrheit der Bevölkerung (1997: 70% gegenüber 47% im Jahre 1979) anerkannt wurde, ebenso ein wie seinen historischen Antisemitismus und Versäumnisse der Nachkriegsgeschichte, etwa was die Wiedergutmachung für jüdische Opfer betrifft. Die massenhaften Proteste gegen das Theaterstück *Heldenplatz* von Thomas Bernhard (1931–1989) im Jahre 1988 und das „Mahnmal gegen Krieg und Faschismus" von Alfred Hrdlicka (1928–2009) ein Jahr später dokumentieren aber, wie schwer sich Teile der Bevölkerung mit einer selbstkritischen Sicht auf die NS-Vergangenheit taten. Durch die öffentlichen Debatten hat sich nach Wassermann das politische Klima soweit verändert, dass seit Mitte der 1980er Jahre „antisemitische Auslassungen seitens der Politik auf eine zunehmend sensibilisierte (Gegen-)Öffentlichkeit" stießen. Nachdem 1990 Pensionszahlungen für überlebende jüdische Opfer übernommen wurden, gestand Bundeskanzler Franz Vranitzky (geb. 1937) am 8. 7. 1991 vor dem Parlament eine Verantwortung Österreichs für die NS-Vergangenheit ein. Die Politik der Entschädigung und Restitution wurde in den Folgejahren weiter fortgesetzt und ausgebaut. Der Bau eines Jüdischen Museums in Wien (1993) und die Aufnahme voller diplomatischer Beziehungen zu Israel 1992 belegen eine Umorientierung der österreichischen Politik, trotz gelegentlicher Querschüsse aus der *FPÖ*.

Debatte über österreichischen Antisemitismus

Antisemitische Einstellungen in den 1990er Jahren

Es blieben jedoch, wie mehrere Studien des *American Jewish Committee* zeigen, in den 1990er Jahren antisemitische Einstellungen in Österreich im Vergleich zu anderen westeuropäischen Ländern immer noch weiter verbreitet, und auch von Politikern geäußerter Antisemitismus war nicht unbedingt ein Rücktrittsgrund. Während antisemitische Ressentiments nach Wassermann bei Politikern der *ÖVP* zumeist Themen der „unbewältigten Vergangenheit" betrafen, waren in den Reihen der *SPÖ* und der *„Grünen"* antizionistische Auslassungen typisch, wenn Israel als „rassistischer Apartheidstaat" angeprangert oder Bündnisse mit „ausgewiesenen Antisemiten und dubiosen Antiimperialisten" eingegangen wurden. Am häufigsten finden sich antisemitische Äußerungen, die das Spektrum zwischen „Revisionismus" und einer Mischung aus Antizionismus und unverhohlenem Antisemitismus abdecken, nach wie vor in der *FPÖ*, dessen früheren Vorsitzenden Jörg Haider die Zeitschrift *profil* offen und ungestraft einen Antisemiten genannt hat.

Antisemitische Straftaten

Was antisemitische Straftaten angeht, so unterscheidet sich der Trend in Österreich stark von der Entwicklung in Deutschland und anderen westeuropäischen Ländern. Während in Deutschland sowohl die Zahl rechtsextremer wie antisemitischer Straftaten seit 2000 deutlich angestiegen ist und höher liegt als in den 1990er Jahren, sind in Österreich rechtsextreme Straftaten seltener verübt worden (von 384 im Jahre 1995 über 301 im Jahre 2001 auf 188 im Jahre 2005).

6. Die spezifisch „schweizerische Art des Antisemitismus"

Antisemitismus kein öffentliches Thema

In der Forschung zum Antisemitismus nach 1945 stellt die Schweiz nach Georg Kreis „ein noch weitgehend unbekanntes Land dar". In der Debatte um die nachrichtenlosen Vermögen von Holocaustopfern auf Konten Schweizer Banken im Jahr 1997 kamen nicht nur antisemitische Einstellungen in der Schweizer Bevölkerung zum Vorschein, zugleich setzte sowohl in der politischen Öffentlichkeit wie in der Wissenschaft eine verstärkte Beschäftigung mit diesem Thema ein. Noch 1997 konstatierte Madeleine Dreyfus, es gehöre „zur spezifisch schweizerischen Art des Antisemitismus", dass er „nichts von sich weiss". Parteien, Behörden, auch die Kirchen und die Bevölkerung schienen sich wenig für dieses Thema zu interessieren. So wurde Antisemitismus entweder ganz auf die extreme Rechte abgeschoben und bagatellisiert, im Ausland verortet oder als historisch überwunden angesehen.

Geringer Antisemitismus in der Nachkriegszeit

Tatsächlich war der Antisemitismus in der Schweiz der Nachkriegsjahre eher gering. Die kleinen neofrontistischen Gruppierungen fanden kaum Resonanz. Schweizer Forscher wie Georg Kreis und Urs Altermatt sehen aber das Jahr 1945 für die Schweiz nicht als Zäsur in der Geschichte des Antisemitismus, sondern betonen die Kontinuität zur Kriegs- und Vorkriegszeit. Für die Schweiz gilt wie auch für Österreich und Deutschland, dass der Antisemitismus durch seine öffentliche Tabuisierung von einer politischen Ideologie zu einem weitgehend privatisierten Vorurteil wurde, das sich außerhalb des Rechtsextremismus eher in konflikthaften Alltagssituationen, in Leserbriefen oder hin und wieder in Presseartikeln äußerte.

Für das erste Nachkriegsjahrzehnt hat Georg Kreis fünf Problemkontexte identifiziert, in denen es zu öffentlichen Bekundungen von Antisemitismus kam:

Flüchtlingsproblematik

1) Den ersten Kontext bildete die Asyl- und Migrationsproblematik. Es gab herabsetzende Äußerungen gegen die jüdischen Emigranten und man warnte vor deren Eindringen in das Wirtschaftsleben der Schweiz. Die internierten Juden wurden eher als feige und arbeitsscheu hingestellt, da sie den Kampf gegen den Nationalsozialismus anderen überlassen hätten. Ähnlich wie in den Konflikten rings um die DP-Lager in Deutschland, erhitzte die Flüchtlingsproblematik die Gemüter in Orten, wo Juden untergebracht waren. Diese Einstellungen waren verbunden mit einem Selbstbild als großzügiges Asylland.

Kritik an der Gründung Israels

2) Ein weiterer Kontext war die mit Skepsis betrachtete Staatsgründung Israels und die internationale Verbundenheit der Juden, die einerseits zur Äußerung von Zweifeln an deren nationaler Loyalität Anlass boten, zum anderen dazu führten, die Schweizer Juden für Kritik an der Schweiz durch Juden im Ausland haftbar zu machen bzw. sie als Kronzeugen für das Wohlverhalten der Schweiz anzurufen. Die Konflikte zwischen der britischen Mandatsmacht und jüdischen Untergrundkämpfern boten bis 1948 immer wieder Anlass zu judenfeindlich grundierter Kritik und zur Warnung, der „jüdische Terrorismus und die ausbleibende Verurteilung durch maßgebende jüdische Instanzen würden den Antisemitismus fördern". Diese negative Sicht wich dann in den 1950er und 60er Jahren, ähnlich wie in der Bundesrepublik Deutschland einer positiven Beurteilung Israels, dessen Aufbauleistungen und militärische Stärke bewundert wurden, auch wenn es als jüdischer Staat nach Christina Späti ein Thema war, das potenziell antisemitische Stereotype herausforderte.

Antijudaismus

3) Als dritten Kontext identifiziert Kreis den christlichen Antijudaismus, der in Form der alten antijüdischen religiösen Klischees auf protestantischer wie auf katholischer Seite, z. T. von wohlmeinenden Theologen, vorgebracht

wurde. Zwar verurteilten die Kirchen den Rassenantisemitismus und die Ermordung der Juden, doch die Vorstellung, die Juden hätten aufgrund des Gottesmordes als „Fluch der bösen Tat" ihr Schicksal auch verdient, schien immer wieder durch. Für den Katholizismus bildete der „religiös begründete Antijudaismus bis zum Zweiten Vatikanischen Konzil das rationale und emotionale Fundament", in dem die Motive des „Gottesmordes" und der „Verstocktheit" (Urs Altermatt) das negative Judenbild prägten. Andererseits nahmen Protestanten wie Katholiken bald nach Kriegsende, in der Einsicht der Mitverantwortung der Christen für die Judenverfolgung das theologische Gespräch mit dem Judentum wieder auf, etwa auf den internationalen Konferenzen in Seelisberg 1947 und Freiburg/Schweiz 1948.

Antisemitismus auf dem Lande

4) Ein agrarischer Antisemitismus, der durch den alten Gegensatz von Produzenten und Händlern auf dem Lande genährt wurde, kam auch nach 1945 hin und wieder zur Sprache. Die herkömmlichen Stereotypen der Ausbeutung, des Verkaufs schlechter Ware, der Belastung von Höfen mit Hypotheken blieben in der bäuerlicher Erinnerung noch längere Zeit lebendig.

Kritik der Antisemitismus-Kritik

5) Die Diskussion um den Antisemitismus bildete einen weiteren Kontext, in dem entsprechender Protest von jüdischer Seite zum Anlass genommen wurde, diesen zurückzuweisen und den Juden vorzuwerfen, sie seien „überempfindlich" und würden zudem durch ihre Kritik den Antisemitismus selbst erzeugen und hochspielen.

Wiederhervortreten des Antisemitismus ab 1946

Wie in Österreich und Deutschland trat auch in der Schweiz nach den Jahresberichten des *Schweizerischen Israelitischen Gemeindebundes* sowie der Berichterstattung in Schweizer Zeitungen der Antisemitismus nach einer kurzen Latenzphase 1945 bereits ab 1946 wieder offener hervor. Nach Georg Kreis lag der Grund erstens darin, dass sich der Antisemitismus durch die Niederlage des Nationalsozialismus aus seinem negativen Konnex mit dem NS-Rassenantisemitismus löste. Zweitens waren Teile der Schweizer Bevölkerung unzufrieden darüber, dass die Juden nicht nur als Flüchtlinge „Probleme machten", sondern auch durch ihre Vermögensansprüche sowie die Gründung eines eigenen Staates. Darüber hinaus bildete sich in der Schweiz früh eine „aktive Szene von Propagandisten, die als Vorläufer des Negationismus agierten" (Christina Späti). Ende der 1950er Jahre traten auch einige der alten Antisemiten wie Georges Oltramare und Gaston Armand Amaudruz wieder hervor.

Abwehr des Antisemitismus

Gewandelt hatte sich Kreis zufolge allerdings die Haltung der jüdischen Organisationen, die nun offensiver gegen antisemitische Angriffe vorgingen. Bereits im Februar 1945 beschloss der *Schweizerische Israelitische Gemeindebund* (SIG) die Gründung einer Kommission zur Bekämpfung des Antisemitismus. 1946 wurde die *Christlich-jüdische Arbeitsgemeinschaft* gegründet (1952 hatte sie 961 Mitglieder, davon ein knappes Drittel Juden), die sich explizit dem Kampf gegen den Antisemitismus widmete. Der *Gemeindebund* bemühte sich seit 1947 vergeblich, einen strafrechtlichen Schutz gegen antisemitische Beleidigungen im Strafgesetzbuch zu verankern. Erst 1995 führte die Schweiz eine Antirassismus-Strafrechtsnorm ein.

Schächtfrage

Auch die Schächtfrage wurde, wie Pascal Krauthammer ausgeführt hat und dessen Darstellung wir hier folgen, Ende der 50er Jahre wieder aufgegriffen. Erste Vorstöße zur Abschaffung des Schächtverbots hatten 1946 bei Tierschützern eine heftige antisemitisch imprägnierte Reaktion hervorgerufen, die ihrerseits versuchten, nach dem Krieg sogar den Import von koscherem

Fleisch verbieten zu lassen. In den späten 1950er und früher 1960er Jahren wurden zahlreiche theologische Gutachten, von katholischen, protestantischen wie jüdischen Theologen, und veterinärmedizinische Expertisen vorgelegt, die das Schächtverbot als Verstoß gegen die Glaubensfreiheit ansahen bzw. den Vorwurf der Tierquälerei widerlegten. Die Tierschützer wiederum traten für die Erhaltung des Schächtverbots ein und starteten 1963 sogar einen parlamentarischen Vorstoß, um es in der Bundesverfassung zu verankern. Gegen diesen Versuch einer Konstitutionalisierung versuchten die Schweizer Juden ihrerseits bei der anstehenden Totalrevision der Bundesverfassung, den Schächtartikel streichen zu lassen. Eine Umfrage ergab im Juni 1964 eine große Mehrheit (69%) für eine Aufhebung des Verbots, nur 21% waren dagegen. Einen Antrag für die Aufhebung des Schächtverbots beantworteten die Schächtgegner, die einen Zusammenhang von Schächtverbot mit Antisemitismus abstritten und einen offenen Angriff auf die Juden vermeiden wollten, nun mit dem Hinweis auf die unendlichen Leiden der Juden unter der Naziherrschaft und zeigten sich umso mehr entsetzt, „dass ausgerechnet dieses schwer gepeinigte Volk dem wehrlosen Tier unnötige Qualen beim Schlachten nicht glaubt ersparen zu können". Die Schächtgegner bestritten – oft unter Hinweis auf Schächtgegner unter Rabbinern und anderen jüdischen Persönlichkeiten – nicht nur eine antisemitische Motivation, sondern kehrten den Spieß um, indem sie im Schächten die Gefahr sahen, antisemitische Strömungen zu befördern und den konfessionellen Frieden zu gefährden. Eine 1971 eingesetzte Studienkommission für die Revision des Artikels war für die Beibehaltung des Schächtverbots, doch sollte dieses in einem Tierschutzgesetz geregelt werden. Nationalrat und Bundesrat stimmten diesem Vorschlag ohne Gegenstimmen zu und begründeten diese Entscheidung mit dem „Empfinden des Schweizervolkes, das sich nie und nimmer mit der Aufhebung des Schächtverbots einverstanden erklären wird". In der Volksabstimmung im Dezember 1973 gab es dann bei einer Wahlbeteiligung von nur 30% eine deutliche Mehrheit für den Übergangsartikel zum geplanten Tierschutzgesetz, der das Schächten ohne Betäubung verbot. Als der Nationalrat in den endgültigen Beratungen zum Tierschutzgesetz 1977 einem Vermittlungsantrag zustimmte, der eine gewisse Lockerung vorsah, indem er für Zeiten gestörter Zufuhren aus dem Ausland, für die religiösen Minderheiten Ausnahmen vom Betäubungszwang beschloss, monierten einige Schweizer Zeitungen, dass der Volkswille missachtet und das Schächtverbot durchlöchert sei. Sie lehnten Sonderregelungen, „Extrawürstchen", für Juden, ab. Daraufhin votierten National- und Ständerat für ein Verbot ohne entsprechende Lockerungen. In der Volksabstimmung wurde das neue Tierschutzgesetz 1978 mit großer Mehrheit angenommen und trat 1981 in Kraft.

Über die Frage der Aufhebung des Schächtverbotes brach im Winter 2001/2002 erneut eine Kontroverse aus. Tierschutzorganisationen, Verbände der Tierärzte, Bauern und Metzger, aber auch die Sozialdemokratie und die meisten Kantone standen gegen die Zustimmung zur Lockerung seitens der meisten politischen Parteien. Wie in den Auseinandersetzungen zuvor wurden von den Schächtgegnern in Briefen an jüdische Persönlichkeiten und in Leserbriefen antisemitische und vor allem auch antijudaistische Argumente verwendet, indem sie, so Christina Späti, das friedliebende Christentum dem alttestamentarischen „jüdischen Fanatismus" gegenüberstellten, Israel kritisierten und auf den zu großen Einfluss der jüdischen Minderheit hinwiesen.

Israelkritik

Wie in vielen anderen europäischen Ländern begann sich nach Charles Ritterband ab 1967 Kritik an Israels Politik im Nahen Osten zunächst – noch zaghaft – auf der Linken, später ab 1973 und noch stärker seit dem Libanon-Krieg von 1982 auch im politischen Mainstream zu artikulieren, in der immer wieder antisemitische Stereotype verwendet wurden, wie etwa die Gleichsetzung von Zionisten und Nationalsozialisten. Christina Späti identifiziert für die Schweizerische Linke mehrere Phasen in der Auseinandersetzung mit Israel. In der neuen Linken begann nach 1968 eine Diskussion über die Haltung zu Israel, während Sozialdemokratie und Gewerkschaft – wie auch in der Bundesrepublik Deutschland – ihre proisraelische Position beibehielten. In der zweiten Phase nach dem Yom-Kippur-Krieg verfestigte sich eine israelkritische Position mit antizionistischen Aspekten, um zwischen 1978 und dem Libanon-Krieg 1982 ihren Höhepunkt zu erreichen. Israelkritik und eine Annäherung an die Palästinenser gab es nun auch in der alten Linken. Wie in der BRD waren die 1980er Jahre dann von einer internen selbstkritischen Diskussion über Antisemitismus und Antizionismus geprägt, verbunden mit einem deutlichen Rückgang antizionistischer Ausfälle.

Empirische Studien zum Antisemitismus

Empirische Studien zum Antisemitismus in der Schweizer Bevölkerung liegen für die 1950–60er Jahre nicht vor. Motiviert durch die Fernsehserie *Holocaust* und die darauf folgenden Schmierereien sowie einen Sprengstoffanschlag auf eine Synagoge, ist 1979 eine erste Befragung durchgeführt worden, der 1980 und 1987 zwei Lokalstudien folgten. Diese Untersuchungen zeigten, dass ungefähr 10% der Bevölkerung eindeutig antisemitischen Aussagen zustimmten. Eine weitere Umfrage aus dem Jahre 1995 ermittelte eine hohe Zustimmung zu antijüdischen Stereotypen (über 50% stimmten den Statements „Alle Juden sind von jeher tüchtige Geschäftsleute und darum sehr geschickt im Umgang mit Geld" sowie „Man kann Juden an ihrem Äußeren erkennen" zu) und eine verbreitete Ablehnung von großer sozialer Nähe (70% wollten keinen Juden/Jüdin in den Kreis ihrer Familie aufnehmen). Seit Mitte der 1990er Jahre wird der Antisemitismus zunehmend thematisiert, und Georg Kreis beobachtet zugleich eine stärkere Bereitschaft unter den Juden, sich gegen Diffamierungen zur Wehr zu setzen. Eine *Studie des Forschungsinstituts der Schweizerischen Gesellschaft für praktische Sozialforschung* (GfS) zeigte im Jahr 2000 eine verbreitete Zustimmung zu sekundär antisemitischen Statements, in denen ein zu großer jüdischer Einfluss und die Ausnutzung des Holocaust seitens der Juden erfragt wurden (16% stimmten vollständig, 60% partiell zu). Während 39% der Schweizer Bevölkerung den Juden vorwarfen, den Holocaust für ihre Zwecke auszunutzen, meinte gleichzeitig eine Mehrheit der Schweizer, die Schweiz habe sich hinsichtlich ihres Verhaltens gegenüber Juden nichts vorzuwerfen. Für die GfS-Studie ist „die Kontroverse um das Verhalten der Schweiz im 2. Weltkrieg (...) der zentrale Angelpunkt für antisemitisches Denken heute", das wiederum wesentlich mobilisiert wird durch aktuelle „Vorurteile zur jüdischen Weltherrschaft", von der 33% der Schweizer mehr oder weniger stark überzeugt sind.

Debatte um nachrichtenlose Vermögen

Die empirischen Daten reflektieren, wie sehr die ab 1996 heftig geführte öffentliche Debatte um die **„nachrichtenlosen" Vermögen** auf Schweizer Bankkonten, die „Raubgold-Vorwürfe", die Schweizer Flüchtlingspolitik usw. das positive Selbstbild der Schweiz erschüttert haben.

E

Nachrichtenlose Vermögen
Zahlreiche ausländische Kunden, die später zu den Verfolgten des NS-Regimes gehörten, haben in den 1920–30er Jahren einen Teil ihres Vermögens auf Schweizer Banken deponiert, darunter auch Juden aus Deutschland, Österreich, Ungarn, Polen und Frankreich, da finanzielle Transaktionen dorthin einfach und diskret abgewickelt werden konnten und das Bankgeheimnis die Anleger vor den drakonischen Strafbestimmungen für Devisenvergehen schützte. Nachrichtenlose Vermögen entstanden entweder, weil die Eigentümer von den Nationalsozialisten ermordet worden waren oder die Erben nichts von dem deponierten Vermögen wussten. Im Rahmen des Washingtoner Abkommens verpflichteten sich die Schweizer Unterhändler 1946, Vermögenswerte von im Zuge der nationalsozialistischen Verfolgung ermordeten Personen ausfindig zu machen und den westlichen Alliierten für Hilfsmaßnahmen zur Verfügung zu stellen. Das z.T. restriktive Vorgehen der Schweizerischen Bankiervereinigung, der Banken und des Bundesrates führte dazu, dass die nachrichtenlosen Vermögen von NS-Opfern nur unvollständig an Berechtigte restituiert oder für wohltätige Zwecke verwendet wurden. 1996 löste der Jüdische Weltkongress in den USA eine Diskussion über die Aktivitäten von Schweizer Banken während des Zweiten Weltkrieges aus. In der Schweiz erklärte daraufhin Bundespräsident Pascal Delamuraz (1936–1998) Ende 1996 in einem Interview, die seitens jüdischer Organisationen geforderten 250 Millionen Dollar seien nichts anderes als ein Lösegeld und eine Erpressung. Auf die scharfe Kritik im In- und Ausland hin bedauerte er, die Gefühle der jüdischen Gemeinschaft verletzt zu haben.
Die Banken und die Schweiz selbst sowie amerikanische und deutsche Gerichte wiesen alle Ansprüche ab. Auf starken politischen Druck aus den USA hin kam es 1998 zu einer Einigung von Schweizer Banken mit den Klägern auf eine Globalentschädigung von 1,25 Milliarden US-Dollar. Die Unabhängige Expertenkommission Schweiz – Zweiter Weltkrieg (UEK) suchte in dreijähriger Tätigkeit nach nachrichtenlosen Vermögen. (Lit.: Thomas Maissen, Verweigerte Erinnerung. Nachrichtenlose Vermögen und Schweizer Weltkriegsdebatte 1989–2004, Zürich 2005)

Schub von sekundärem Antisemitismus

Einerseits führten diese Auseinandersetzungen zu einer kritischen Aufarbeitung der Geschichte und zur Einsetzung der *Unabhängigen Expertenkommission Schweiz – Zweiter Weltkrieg,* zum anderen lösten sie einen Schub von sekundärem Antisemitismus aus, da nicht wenige „die Juden“ als Protagonisten von Anschuldigungen gegen die Schweiz sahen. Zeitungen und jüdische und antirassistische Organisationen wurden mit antisemitischen Zuschriften überschüttet. Parallel zum Verlauf der medialen Berichterstattung über die Auseinandersetzungen zwischen den Schweizer Banken und dem Jüdischen Weltkongress war nach Andreas Gisler ein An- und Abschwellen antisemitischer Äußerungen zu beobachten, in denen die antijüdischen Stereotypen von Macht und Geld eine zentrale Rolle spielten. Häufig waren sie verbunden mit der Vorstellung einer jüdischen Verschwörung, insbesondere von Seiten amerikanischer Juden, die sich entweder gegen den Finanzplatz Schweiz richten sollte oder gar als Streben nach Weltherrschaft gedeutet wurde. Weitere Themen der Briefe waren Vorwürfe, Juden würden das Ansehen der Schweiz in den Schmutz ziehen und die Erinnerung an den Holocaust zu ihrem Vorteil nutzen. Die Welle ebbte im Sommer 1998 dann ab.

Q

Brief vom November 1997 an den Züricher Rechtsanwalt Sigi Feigel (1921–2004), der im Schweizerischen Israelitischen Gemeindebund aktiv war
Quelle: Andreas Gisler, „Die Juden sind unser Unglück". Briefe an Sigi Feigel 1997–1998, Zürich 1999, S. 32

Alle sind empört über das unglaublich maß- und rücksichtslos bösartige und erpresserische Vorgehen der Juden einem kleinen Land gegenüber, das – seinerzeit selbst in denkbar gefährdeter Situation – gleichwohl prozentual so viele Flüchtlinge aufgenommen hat. (...) Auch wir Schweizer waren damals gezwungen, unsere eigenen Interessen zu wahren, so wie dies Israel seit jeher ungleich extremer und rücksichtsloser selbst durchführt. (...) Leider kann nun nicht mehr rückgängig gemacht werden (...), dass die Schweiz durch das Welt-Judentum total in den Schmutz gezogen und ihr Ruf nach außen völlig unverdientermaßen ruiniert wurde. (...) So tritt denn halt der umgekehrte Bumerang-Effekt in Funktion: Sympathie oder zumindest Gleichgültigkeit den Juden gegenüber hat ins pure Gegenteil umgeschlagen, und das wird, wenn auch ziemlich unbemerkt, seine langfristigen Folgen haben! Jedenfalls versteht man die Palästinenser und das allgemeine Unbeliebtsein der Juden auf der ganzen Welt.
Mit gutschweizerischen Grüßen, ein großer Verwandten- und Bekanntenkreis

Das rechtsextreme Lager

In den Debatten um das Schächtverbot und die erbenlosen Vermögen wurden latente antisemitische Einstellungen manifest, die Umfragen bei ca. 10% der Schweizer festgestellt haben. Darüber hinaus war und ist in Parteien und Organisationen am politischen rechten Rand Antisemitismus Teil ihrer fremdenfeindlichen, rassistischen, nationalistischen Weltanschauung. Bis Anfang der 1990er Jahre kam das rechtspopulistische Lager nach Damir Skenderovic nicht über den Status von Splitterpartein hinaus, die sich teils mit dem Thema Zuwanderung (*Nationale Aktion gegen Überfremdung von Volk und Heimat*, ab 1961, *Schweizerische Republikanische Bewegung*, ab 1971, *Eidgenössisch-demokratische Union*, ab 1975), teils mit der Kritik am politischen Establishment (*Vigilance*, ab 1964, *Autopartei Schweiz*, ab 1985, *Lega die Ticinesi*, ab 1991) befassten. Diese Parteien erreichten zwischen 1971 und 1991 aber bei Nationalratswahlen nur ein knappes Zehntel der Stimmen. Ab Anfang der 1990er Jahre kam es durch den Erfolg der *Schweizerischen Volkspartei* nach Skenderovic zu einem grundlegenden Wandel im Rechtspopulismus, da diese Partei nun die anderen Gruppierungen verdrängte und ihre Politik im Parlament vertreten konnte. Die extreme Rechte, die bis Mitte der 1980er Jahre politisch kaum hervorgetreten war, etablierte sich nun als rechte Subkultur und trat neben der Veröffentlichung von Propaganda auch mit Übergriffen auf Migranten und mit Anschlägen auf Asylunterkünfte und jüdische Einrichtungen hervor. Wie in Deutschland sind seit 2000 auch in der Schweiz deutlich mehr rechtsextreme Straftaten registriert worden als in den 1990er Jahren.

Rechtsextremismus und Rechtspopulismus

Mitte der 1990er Jahre war auch für radikale Rechte die Debatte um das Verhalten der Schweiz in der NS-Zeit ein wichtiger Auslöser für antisemitische Ausfälle. Sie sahen darin eine Gefahr für das positive nationale Selbstbild, ferner bestritten sie die nationale Loyalität der Schweizer Juden und forderten von den religiösen Minderheiten eine stärkere Anpassung. Die semantische Verknüpfung von Juden und Geld verband seit Mitte der 1990er Jahre die radikalen Rechtsparteien mit den rechtpopulistischen Parteien wie der *Schweizerischen Volkspartei*. Für die extreme Rechte gehört Antisemitismus – ebenso wie in Österreich und Deutschland – zum ideologischen Kernbestand. Er äußert sich Skenderovic zufolge über die Motive der populistischen Parteien und der Neuen Rechten hinaus im Negationismus (Holocaustleugnung) und in Verschwörungstheorien, die sich zum Teil mit der Frage des Schächtens – wie im 1989 gegründeten *Verein gegen Tierfabriken* – verbinden, teils mit esoterischen Vorstellungen (New Age) sowie der Furcht vor multinationalen Konzernen, Banken oder Freimaurern.

7. ‚Neuer' Antisemitismus in Zentraleuropa?

„Neuer Antisemitismus"?

Die Veränderungen gegenüber den 1980–90er Jahren betreffen einmal Verschiebungen in den Thematisierungsanlässen und Motiven: neben die Konflikte über die NS-Vergangenheit mit ihren antisemitischen Schuld-Abwehr-Reaktionen sind durch die Veränderungen nach dem Ende des Ost-West-Konflikts neue Konfliktfelder in den Vordergrund getreten: die Eskalationen im Nahostkonflikt verbunden mit dem islamistischen Terrorismus, Globalisierungsprobleme, hier insbesondere die weltweite Finanzkrise, und Spannungen in multiethnischen Zuwanderungsgesellschaften, in denen wir – in neuen Verlarvungen – bekannten antisemitischen Argumentationsmustern begegnen. Hier können Antiimperialismus, Antiamerikanismus, Antizionismus und antikapitalistische Globalisierungskritik ansetzen, in denen sich vordem getrennte ideologische Lager, also die extreme antizionistische Linke, die extreme Rechte, islamistische Gruppierungen und Teile des politischen Mainstreams treffen und ihren Antisemitismus neu ausrichten und mobilisieren.

Antisemitische Welle 2002

Das Scheitern des Friedensprozesses im Nahen Osten und der Beginn der Zweiten Intifada im Oktober 2000, der 11. September 2001, der islamistische Terrorismus, der Irak- und Afghanistan-Krieg wie auch die Atompolitik des Iran haben den Nahen Osten als Krisenherd ins Bewusstsein der Bevölkerung gerückt. Im Zuge der Eskalation des Nahostkonflikts erlebten in der ersten Hälfte des Jahres 2002 viele europäische Länder antisemitische Übergriffe, eine Flut beleidigender Briefe an die Jüdischen Gemeinden und bekannte Persönlichkeiten sowie erregte Antisemitismus-Debatten, was einige Beobachter von einem „neuen Antisemitismus" sprechen ließ. Hinzu kam erstmals eine Mobilisierung von vor allem jüngeren Zuwanderern aus arabischen Ländern, die auf pro-palästinensischen Demonstrationen, unterstützt durch Teile der extremen Linken, Israels Politik mit der der Nazis gleichsetzten. Der Nahostkonflikt führte auch in den weiteren Phasen seiner Eskalation (Israels Libanon-Feldzug 2006, der Gaza-Konflikt 2009, Attacke auf die Gazaflottille 2010), zu israelkritischen bis -feindlichen Stellungnahmen in der Öffentlichkeit, so dass dort heute ein negatives Bild des jüdischen Staates vorherrscht.

„Alarmisten" vs. „Verharmloser"

In der Einschätzung über den „neuen" Charakter des Antisemitismus sowie über die Frage, ob sich im letzten Jahrzehnt ein virulenter Antisemitismus in Europa ausgebreitet hat, gehen die Meinungen stark auseinander. Robert Fine sieht heute in Europa einen Kampf zwischen „‚alarmists' and ‚deniers'" bzw. zwischen „new antisemitism theorists and their critics". Zwar hat es

Vorwürfe der Dramatisierung – eher von konservativer Seite – und Verharmlosung – eher von der Linken – auch früher schon gegeben, doch ist der Ton heute wesentlich schärfer geworden.

Neue Träger des Antisemitismus

Waren und sind die Hauptvertreter des vergangenheitsbezogenen Antisemitismus vom extrem rechten bis hinein ins konservative Lager zu finden, so gehören für zahlenmäßig marginale Randgruppen auf der radikalen Linken und im Spektrum der Globalisierungsbewegung und antirassistischer Gruppen antizionistisch-antisemitische verbunden mit antiamerikanischen Überzeugungen zum Weltbild. Sie erreichen jedoch nur eine kleine politische Teilöffentlichkeit. Aufgrund der Eskalation des Nahostkonflikts haben sich antisemitische Übergriffe und Verlautbarungen in den letzten Jahren häufig auf diesen Kontext bezogen, dies gilt natürlich in besonderem Maße für islamistische Gruppierungen und Teile der muslimischen Einwanderer-Communities, wenn diese in Deutschland, Österreich und der Schweiz bisher auch vergleichsweise wenig hervorgetreten sind.

Linker Antisemitismus

Die Al-Aqsa-Intifada und die Ereignisse vom 11. September – man kann die Kriege im Irak und in Afghanistan hier noch dazurechnen – haben das Verhältnis extrem linker Strömungen zu Israel einerseits wieder in alte antizionistische Bahnen gelenkt, andererseits aber in Deutschland mit den „Antideutschen" auch eine radikale proisraelische und proamerikanische Gegenbewegung erzeugt, die sich gegen den „Islamfaschismus" wendet. Die Haltung zu Israel und zum Antisemitismus ist in der deutschen Linken zum „Spaltmittel" geworden (Thomas Haury). Für die „antiimperialistischen Israelfeinde", die aus der kommunistischen und trotzkistischen dogmatischen Traditionslinken kommen, gehören die „Antideutschen" in die reaktionäre Ecke „linker Kriegstreiber". In dieser „Traditionslinken" spielt die schon von der *SED* seit den 50er Jahren in den Mittelpunkt der antizionistischen Propaganda gestellte Verbindung von Kapitalismus und Weltjudentum bzw. Zionismus eine Schlüsselrolle. In ihrer „Kapitalismuskritik" trifft sich die radikale Linke mit der extremen Rechten. Auch in Teilen der globalisierungskritischen Bewegung verbinden sich zuweilen antikapitalistische Argumentationsmuster mit antisemitischen Interpretamenten wie der „weltweiten jüdischen Dominanz des Kapitals".

Antizionismus der Linken in der Schweiz

In der Schweiz trat der Antizionismus unter den *Autonomen Antiimperialisten* in der Phase zwischen der Ersten Intifada (1987) und dem ersten Golfkrieg 1991 wieder hervor, während in den 1990er Jahren im Zuge des Friedensprozesses auf der Linken eine Zwei-Staaten-Lösung präferiert und das Existenzrecht Israel anerkannt wurde. Seit der Zweiten Intifada 2000 machen sich nach Christina Späti israelkritische bis antizionistische Anschauungen nicht nur in der Linken wieder stärker bemerkbar, sondern waren zuweilen auch in Schweizer Zeitungen zu finden. In einer Schweizer Umfrage von 2007 zeigte sich, dass die Haltung zu Juden aufgrund einer negativen Sicht der israelischen Nahostpolitik sich gerade bei Personen aus dem politisch rechten Lager, unter regelmäßigen Kirchgängern und eher von Männern als von Frauen finden, also in Personenkreisen, die auch eher einem traditionellen Antisemitismus anhängen. Die Schweizer zeigen mehrheitlich eine positive Grundhaltung gegenüber Israel. Dies schloss allerdings deutlich negative Urteile über bestimmte Aspekte der israelischen Politik nicht aus. Eine dezidiert antizionistische Position, die eine Auflösung des Staates Israel forderten, war mit 13% aber in der Minderheit.

Rechtsextremer Antisemitismus

Der extremen Rechten in Deutschland, Österreich und der Schweiz dient das verschwörungstheoretische Potenzial des Antisemitismus weiterhin zur Erklärung einer Vielzahl von missliebigen Phänomenen: von sozialen Problemen über die Zuwanderung und die Globalisierung bis hin zum Irak-Krieg, zum Terrorismus und zur Finanzkrise. Juden kontrollieren nach dieser Vorstellung das Weltgeschehen mittels Finanz- und Medienmacht sowie über verdeckten politischen Einfluss auf die USA und die europäischen Regierungen. Mit Diffamierung des Zionismus als Rassismus und Kolonialismus und der Deutung des palästinensischen Kampfes als „Befreiungsnationalismus" bietet der Nahostkonflikt auch der rechtsextremen Szene ein Feld, auf dem man gegen „zionistischen One-World-Terror" agitiert, der sich auf „Interessen einer zionistischen Oligarchie" gründe. In dieses Denken fügt sich auch das zentrale Thema der Rechtsextremen ein, die Holocaust-Leugnung/der Negationismus. Dabei wird unterstellt, der Holocaust habe nie stattgefunden, die „Auschwitz-Lüge" würde von jüdischer Seite benutzt, um mithilfe des Opferstatus moralischen Druck vor allem auf die deutsche und andere europäische Regierungen auszuüben, um diese zu finanziellen Leistungen und zur Unterstützung der Politik Israels zu zwingen.

Antisemitismus im Milieu muslimischer Migranten

Im Unterschied zu Frankreich oder den Niederlanden war der Anteil antisemitischer Übergriffe und Propaganda aus den Reihen muslimischer Communities in Deutschland, Österreich und der Schweiz gering, was an den anderen Herkunftsländern muslimischer Migranten liegen mag. In radikal islamistischen Kreisen hingegen gehören antisemitische Stereotype zum Standardrepertoire. Sie werden allerdings hinter verschlossenen Türen islamischer Zentren und Moscheen propagiert. In der Schweiz, in Österreich und in Deutschland existieren bisher allerdings nur wenige Analysen über die Rezeption türkischer oder arabischer Medien unter den Migranten, es fehlen umfangreichere empirische Untersuchungen mit Befragten aus den arabischen und türkischen Minderheiten.

Antisemitismus in den Medien

Wie Medienanalysen gezeigt haben, erschienen im Zuge der Eskalation des Nahostkonflikts anti-israelische und zuweilen auch antisemitische Textpassagen selbst in deutschen Tageszeitungen, der österreichischen wie der Schweizer Presse. In abgeschwächter Form finden sich zahlreiche Belege für verschwörungstheoretische Argumentationen in Bezug auf Israels Pläne im Nahen Osten, vor allem im Zusammenhang mit dem Irak-Krieg, als dessen „Drahtzieher" Israel gesehen wird. Es zeigen sich auch Tendenzen, Israels Politik durch die Wortwahl in die Nähe des nationalsozialistischen Vernichtungskrieges oder gar der „Endlösung" zu rücken, was deutlich die Motive der Aufrechnung und Entlastung der eigenen nationalen Vergangenheit erkennen lässt. Umfragen zeigen, dass eine derartige Sicht auf Israels Politik antijüdische Einstellungen bestärkt und dass zur Erklärung etwa der Finanzkrise alte antijüdische wie antiamerikanische Stereotype von der anglo-jüdischen Finanzmacht wieder hervortreten und zwar über die Grenzen extremistischer Gruppierungen hinaus.

Beobachtung und Bekämpfung von Antisemitismus

Andererseits sind auf nationaler wie europäischer Ebene in den letzten Jahren koordinierte Bemühungen zur Beobachtung und Bekämpfung des Antisemitismus unternommen worden und die Erinnerung an den Holocaust ist in vielfacher Weise in Gedenktagen, in Museen und durch Schul-Curricula verankert worden und bildet einen wichtigen Bestandteil der Erinnerungskultur.

Auswahlbibliographie

Bibliographien, Literatur- und Forschungsberichte, Nachschlagewerke, Quellensammlungen

Auerbach, Rena R., The ‚Jewish Question' in German-Speaking Countries 1848–1914. A Bibliography, New York, London 1994.

Benz, Wolfgang (Hg.), Die „Judenfrage". Schriften zur Begründung des modernen Antisemitismus 1780 bis 1918, München 2002.

Benz, Wolfgang (Hg.), Handbuch des Antisemitismus. Judenfeindschaft in Geschichte und Gegenwart, (bisher) 3 Bde. München, Berlin 2008ff.

Berchtold, Klaus (Hg.), Österreichische Parteiprogramme 1868–1966, München 1967.

Berding, Helmut, Moderner Antisemitismus in Deutschland (Quellen zur Geschichte und Politik), Stuttgart 1988.

Cohen, Susan Sarah (Hg.), Antisemitism. An Annotated Bibliography, 14 Bde., München 1987–2001.

Die Verfolgung und Ermordung der europäischen Juden durch das nationalsozialistische Deutschland 1933–1935, (bisher) 2 Bde. München 2008f.

Gräfe, Thomas, Antisemitismus in Deutschland 1815–1918. Rezensionen – Forschungsüberblick – Bibliographie, Norderstedt 2007.

Jäckel, Eberhard/Peter Longerich/Julius H. Schoeps (Hg.), Enzyklopädie des Holocaust. Die Verfolgung und Ermordung der europäischen Juden, 3 Bde., Berlin 1993.

Jacobs, Joseph, The Jewish Question. 1875–1884. Bibliographical Hand-List, London 1885.

Krieger, Karsten (Bearb.), Der ‚Berliner Antisemitismusstreit' 1879–1881. Eine Kontroverse um die Zugehörigkeit der deutschen Juden zur Nation. Kommentierte Quellenedition, 2 Bde., München 2003.

Levy, Richard (Hg.), Antisemitism. A Historical Encyclopedia of Prejudice and Persecution, 2 Bde., Santa Barbara, Denver, Oxford 2005.

Nonn, Christoph, Antisemitismus, Darmstadt 2008.

Pulzer, Peter, Forschungsbericht zur deutschen Neuausgabe, in: Ders., Die Entstehung des politischen Antisemitismus in Deutschland und Österreich 1867–1914 (1964), Göttingen 2004.

Rürup, Reinhard, Der moderne Antisemitismus und die Entwicklung der historischen Antisemitismusforschung, in: Bergmann, Werner / Körte, Mona (Hg.), Antisemitismusforschung in den Wissenschaften, Berlin 2004, S. 117–135.

Safrian, Hans/Hans Wittek (Hg.), Und keiner war dabei. Dokumente des alltäglichen Antisemitismus in Wien 1938, 2. Aufl., Wien 2008.

Einzelfragen

Heil, Johannes, ‚Antijudaismus' und ‚Antisemitismus'. Begriffe als Bedeutungsträger, in: Jahrbuch für Antisemitismusforschung 6 (1997), S. 92–114.

Hoffmann, Christhard, Christlicher Antijudaismus und moderner Antisemitismus. Zusammenhänge und Differenzen als Problem der historischen Antisemitismusforschung, in: Leonore Siegele-Wenschkewitz (Hg.), Christlicher Antijudaismus und Antisemitismus. Theologische und kirchliche Programme deutscher Christen, Frankfurt/M. 1994, S. 293–317.

Horkheimer, Max/Adorno, Theodor W., Elemente des Antisemitismus. Grenzen der Aufklärung, in: Dies., Dialektik der Aufklärung [1947], Frankfurt a.M. 1971.

Langmuir, Gavin I., Toward a Definition of Antisemitism, Berkeley, Los Angeles 1990.

Nipperdey, Thomas/Rürup, Reinhard, Antisemitismus – Entstehung, Funktion und Geschichte eines Begriffs, in: Geschichtliche Grundbegriffe. Historisches Lexikon zur politisch-sozialen Sprache, Hg. v. Otto Brunner u.a., Bd. 1, Stuttgart 1972, S. 129–153.

Postone, Moishe, Die Logik des Antisemitismus, in: Merkur 36 (1982), S. 13–25

Sartre, Jean Paul, Betrachtungen zur Judenfrage [1946], in: Ders.: Drei Essays, Frankfurt/M. 1960.

Volkov, Shulamit, Anti-Semitism, in: Neil J. Smelser/Paul B. Baltes (Hg.), International Encyclopedia of the Social and Behavioral Sciences, Bd. 1, Amsterdam u. a. 2001, S. 542–549.

Yerushalmi, Yosef H., Assimilierung und rassischer Antisemitismus. Die iberischen und die deutschen Modelle, in: Ders., Ein Feld in Anatot. Versuche über jüdische Geschichte, Berlin 1993, S. 53–80.

Zimmermann, Moshe, Deutsch-jüdische Vergangenheit. Der Judenhaß als Herausforderung, Paderborn u. a. 2005.

Epochenübergreifende Darstellungen

Altermatt, Urs, Katholizismus und Antisemitismus. Mentalitäten, Kontinuitäten, Ambivalenzen. Zur Kulturgeschichte der Schweiz 1918–1945, Frauenfeld, Stuttgart 1999.

Arendt, Hannah, Elemente und Ursprünge totaler Herrschaft. Antisemitismus, Imperialismus, totale Herrschaft, [1951], Frankfurt a.M. 1955.

Aschheim, Steven E., Brothers and Strangers. The East European Jews in German and German Jewish Consciousness, 1800–1923, Madison 1982.

Bajohr, Frank, „Unser Hotel ist judenfrei". Bäder-Antisemitismus im 19. und 20. Jahrhundert, Frankfurt a. M. 2003.

Barkai, Avraham. „Wehr Dich!" Der Centralverein deutscher Staatsbürger jüdischen Glaubens 1893–1938, München 2002.

Baron, Salo W., A Social and Religious History of the Jews, 3 Bde., New York 1937 (Grundlegend umgearbeitet in die 18 bändige Ausgabe, New York 1965–1983, eingegangen).

Beller, Steven, Geschichte Österreichs, Wien u.a. 2007.

Berding, Helmut, Moderner Antisemitismus in Deutschland, Frankfurt a. M. 1988.

Bergmann, Werner, Geschichte des Antisemitismus, München 2002.

Bering, Dietz, Der Name als Stigma. Antisemitismus im deutschen Alltag 1812–1933, Stuttgart 1987.

Breuer, Stefan, Die Völkischen in Deutschland, Darmstadt 2008.

Ferrari Zumbini, Massimo, Die Wurzeln des Bösen. Gründerjahre des Antisemitismus: Von der Bismarckzeit zu Hitler, Frankfurt a.M. 2003.

Greive, Hermann, Geschichte des modernen Antisemitismus in Deutschland, Darmstadt 1983

Guggenheim, Willy (Hg.), Juden in der Schweiz. Glaube, Geschichte, Gegenwart, Küsnacht 1982.

Hoffmann, Christhard/Werner Bergmann/Helmut Walser Smith (Hg.), Exclusionary Violence. Antisemitic Riots in Modern German History, Ann Arbor 2002.

Jochmann, Werner, Gesellschaftskrise und Judenfeindschaft in Deutschland 1870–1945, Hamburg 1988.

Kamis-Müller, Aaron, Antisemitismus in der Schweiz 1900–1930, Zürich 1990.

Karady, Victor, Gewalterfahrung und Utopie. Juden in der europäischen Moderne, Frankfurt a. M. 1999.

Katz, Jacob, Vom Vorurteil bis zur Vernichtung. Der Antisemitismus 1700–1933, München 1989.
Krauthammer, Pascal, Das Schächtverbot in der Schweiz 1854–2000. Die Schächtfrage zwischen Tierschutz, Politik und Fremdenfeindlichkeit, Zürich 2000.
Mächler, Stefan, Kampf gegen das Chaos – die antisemitische Bevölkerungspolitik der eidgenössischen Fremdenpolizei und Polizeiabteilung 1917–1954, in: Mattioli, S. 357–422.
Mattioli, Aram (Hg.), Antisemitismus in der Schweiz 1848–1960, Zürich 1998.
Mattioli, Aram, Antisemitismus in der Schweiz. Geschichte und Erklärungsversuche, in: Dreyfus, Madeleine/Jürg Fischer (Hg.), Manifest vom 21. Januar 1997, S. 77–92.
Messerschmidt, Manfred, Juden im preußisch-deutschen Heer, in: Deutsche Jüdische Soldaten. Von der Epoche der Emanzipation bis zum Zweiten Weltkriege, Ausstellungskatalog Berlin u.a. 1996, S. 39–62.
Niewyk, Donald L., Solving the „Jewish Problem": Continuity and Change in German Antisemitism, 1871–1945, in: Leo Baeck Institute Year Book 35, 1990, S. 235–270.
Paucker, Arnold, Deutsche Juden im Kampf um Recht und Freiheit. Studien zu Abwehr, Selbstbehauptung und Widerstand der deutschen Juden seit dem Ende des 19. Jahrhunderts, Berlin 2003.
Pauley, Bruce F., Eine Geschichte des österreichischen Antisemitismus. Von der Ausgrenzung zur Auslöschung, Wien 1993.
Poliakov, Léon, Geschichte des Antisemitismus, 8 Bde., Worms 1977–1988.
Reichmann, Eva, Flucht in den Hass. Die Ursachen der deutschen Judenkatastrophe, Frankfurt a. M. 1969.
Rohrbacher, Stefan/Schmidt, Michael, Judenbilder: Kulturgeschichte antijüdischer Mythen und antisemitischer Vorurteile, Reinbek 1991
Rona, Paul, Der christlichsoziale Antisemitismus in Wien 1848–1938. Vorgeschichte und Wirkungsweise, Diplomarbeit, Universität Wien 1991.
Rürup, Reinhard, Emanzipation und Antisemitismus. Studien zur ‚Judenfrage' der bürgerlichen Gesellschaft, Göttingen 1975.
Strauss, Herbert A. (Hg.), Hostages of Modernization: Studies on Modern Antisemitism 1870–1933/39, 2 Bde., Berlin 1993.
Volkov, Shulamit, Antisemitismus als kultureller Code, München 2000.
Dies., Das jüdische Projekt der Moderne, München 2001.
Weinzierl, Erika, Antisemitismus in Österreich. Seine Wurzeln und sein Weiterbestehen, in: Austriaca 1978, Sondernummer, S. 309–317.
Wistrich, Robert, Antisemitism. The Longest Hatred, New York 1991.

Christliche Judenfeindschaft und moderner Antisemitismus

Gager, John G., The Origins of Anti-Semitism. Attitudes Toward Jews in Pagan and Christian Antiquitiy, New York 1983.
Heil, Johannes, ‚Gottesfeinde' – ‚Menschenfeinde'. Die Vorstellung von jüdischer Weltverschwörung (13. bis 16. Jahrhundert), Essen 2006.
Kertzer, David I., Die Päpste gegen die Juden. Der Vatikan und die Entstehung des modernen Antisemitismus, München 2001.
Oberman, Heiko A., Wurzeln des Antisemitismus. Christenangst und Judenplage im Zeitalter von Humanismus und Reformation, Berlin 1981.
Rengstorf, Karl Heinrich/Siegfried Kortzfleisch (Hg.), Kirche und Synagoge, 2 Bde., Stuttgart 1968/1970.
Ruether, Rosemary, Nächstenliebe und Brudermord. Die theologischen Wurzeln des Antisemitismus, München 1978.
Toch, Michael, Juden im mittelalterlichen Reich, München 1998.

Judenfeindschaft im Zeitalter der Emanzipation

Erb, Rainer/Werner Bergmann, Die Nachseite der Judenemanzipation. Der Widerstand gegen die Integration der Juden in Deutschland 1780–1860, Berlin 1989.
Harris, James F., The people speak! Anti-Semitism and Emancipation in Nineteenth Century Bavaria, Ann Arbor, Mich. 1994.
Katz, Jacob, Frühantisemitismus in Deutschland, in: Ders., Zwischen Messianismus und Zionismus. Zur jüdischen Sozialgeschichte, Frankfurt a. M. 1993, S. 135–149.
Katz, Jacob, Die Hep-Hep-Verfolgungen des Jahres 1819, Berlin 1994.
Oesterle, Günter, Juden, Philister und romantische Intellektuelle. Überlegungen zum Antisemitismus in der Romantik, in: Athenäum 2 (1992), S. 55–89.
Sterling, Eleonore, Er ist wie du. Aus der Frühgeschichte des Antisemitismus in Deutschland 1815–1850, München 1956. 2. Auflage unter dem Titel: Judenhaß. Die Anfänge des politischen Antisemitismus in Deutschland (1815–1850), Frankfurt a. M. 1969.
Rohrbacher, Stefan, Gewalt im Biedermeier. Antijüdische Ausschreitungen in Vormärz und Revolution (1815–1848/49), Frankfurt a. M. New York 1993.
Rürup, Reinhard, Der Fortschritt und seine Grenzen. Die Revolution von 1848 und die europäischen Juden, in: Dieter Dowe u.a. (Hg.), Europa 1848. Revolution und Reform, Bonn 1998, S. 985–1005.
Wyrwa, Ulrich, Juden in der Toskana und in Preußen im Vergleich. Aufklärung und Emanzipation in Florenz, Livorno, Berlin und Königsberg i. Pr., Tübingen 2003.

Die Entstehung des Antisemitismus als soziale und politische Bewegung (1879–1914)

Blaschke, Olaf, Katholizismus und Antisemitismus im Deutschen Kaiserreich, Göttingen 1997.
Brakelmann, Günter/Greschat, Martin/Jochmann, Werner (Hg.), Protestantismus und Politik. Werk und Wirkung Adolf Stöckers, Hamburg 1982.
Chickering, Roger, We Men Who Feel Most German. A Cultural Study of the Pan-German-League 1886–1914, Boston 1984.
Eley, Geoff, What are the Contexts for German Antisemitism? in: Studies in Contemporary Judaism 13 (1997), S. 100–132.
Gellately, Robert, The Politics of Economic Despair. Shopkeepers and German Politics 1890–1914, London 1974.
Hamburger, Ernst, Juden im öffentlichen Leben Deutschlands. Regierungsmitglieder, Beamte und Parlamentarier in der monarchischen Zeit 1848–1918, Tübingen 1968.
Hamel, Iris, Völkischer Verband und nationale Gewerkschaft. Der Deutschnationale Handlungsgehilfenverband 1893–1933, Frankfurt a. M. 1967.
Heinrichs, Wolfgang E., Das Judenbild im Protestantismus des deutschen Kaiserreichs. Ein Beitrag zur Mentalitätsgeschichte des deutschen Bürgertums in der Krise der Moderne, Köln 2000.
Hering, Rainer, Konstruierte Nation. Der Alldeutsche Verband 1890 bis 1939, Hamburg 2003.
Jensen, Uffa, Gebildete Doppelgänger. Bürgerliche Juden und Protestantismus im 19. Jahrhundert, Göttingen 2005.
Kampe, Norbert, Studenten und ‚Judenfrage' im deutschen Kaiserreich. Die Entstehung einer akademischen Trägerschicht des Antisemitismus, Göttingen 1988.
Leuschen-Seppel, Rosemarie, Sozialdemokratie und Antisemitismus im Kaiserreich. Die Auseinandersetzung der Partei mit konservativen und völkischen Strömungen des Antisemitismus, 1871–1914, Bonn 1978.
Levy, Richard S., The Downfall of Anti-Semitic Political Parties in Imperial Germany, New Haven, London 1975.
Lichtblau, Albert, Antisemitismus und soziale Spannung in Berlin und Wien 1867–1914, Berlin 1994.

Massing, Paul W., Vorgeschichte des politischen Antisemitismus, Frankfurt am Main 1959.
Mosse, Werner E./Arnold Paucker (Hg.), Juden im Wilhelminischen Deutschland, Tübingen 1976.
Peal, David, Anti-Semitism and Rural Transformation in Kurhessen. The Rise and Fall of the Böckel-Movement, New York 1985.
Pulzer, Peter, Die Entstehung des politischen Antisemitismus in Deutschland und Österreich 1867–1914, Gütersloh 1964; durchgesehene Neuausgabe: Göttingen 2004.
Puschner, Uwe, Die völkische Bewegung im Kaiserreich. Sprache – Rasse – Religion, Darmstadt 2001.
Scheil, Stefan, Die Entwicklung des politischen Antisemitismus in Deutschland zwischen 1881 und 1912. Eine wahlgeschichtliche Untersuchung, Berlin 1999.
Schmidl, Erwin A., Juden in der K. (u.) K. Armee 1888–1918, Eisenstadt 1989.
Schorsch, Ismar, Jewish Reactions to German Antisemitism 1870–1914, New York 1972.
Tal, Uriel, Christians and Jews in Germany. Religion, Politics and Ideology in the Second Reich 1870–1914, New York 1975.
Wistrich, Robert S. , Die Juden Wiens im Zeitalter Kaiser Franz Josephs, Wien, Köln, Weimar 1999.
Wyrwa, Ulrich, Die Internationalen Antijüdischen Kongresse von 1882 und 1883 in Dresden und Chemnitz. Zum Antisemitismus als europäischer Bewegung, in: Themenportal Europäische Geschichte (2009), URL: http://www.europa.clio-online.de/2009/Article=362
Wyrwa, Ulrich (Hg.), Einsicht und Abwehr. Die Reaktion des europäischen Judentums auf die Entstehung des Antisemitismus (1879–1914), Frankfurt a. M., New York 2010.
Zimmermann, Moshe, Wilhelm Marr. The Patriarch of Antisemitism, New York, Oxford 1986

Die Radikalisierung des Antisemitismus im Ersten Weltkrieg

Angress, Werner T., Das deutsche Militär und die Juden im Ersten Weltkrieg, in: Militärgeschichtliche Mitteilungen 19, 1976, S. 77–146.
Bergmann, Werner/Juliane Wetzel, Antisemitismus im Ersten und Zweiten Weltkrieg. Ein Forschungsüberblick, in: Erster Weltkrieg – Zweiter Weltkrieg. Ein Vergleich. Krieg, Kriegserlebnis, Kriegserfahrung in Deutschland, hrsg. v. Bruno Thoß/Hans-Erich Volkmann, Paderborn, München 2002, S. 437–469.
Friedländer, Saul, Die politischen Veränderungen in der Kriegszeit und ihre Auswirkungen auf die Judenfrage, in: Werner E. Mosse/Arnold Paucker (Hg.), Deutsches Judentum in Krieg und Revolution 1916–1923, Tübingen 1971, S. 27–65.
Kimmel, Elke, Methoden antisemitischer Propaganda im Ersten Weltkrieg. Die Presse des Bundes der Landwirte, Berlin 2001.
Matthäus, Jürgen, Deutschtum and Judentum under Fire. The Impact of the First World War on the Strategies of the Centralverein and the Zionistische Vereinigung, in: Leo Baeck Institute Year Book 33, 1988, S. 129–147.
Pulzer, Peter, Der Erste Weltkrieg, in: Steven M. Lowenstein, u.a., Deutsch-jüdische Geschichte in der Neuzeit, Bd. III: Umstrittene Integration 1871–1918, München 1997, S. 356–380.
Rosenthal, Jacob, „Die Ehre des jüdischen Soldaten". Die Judenzählung im Ersten Weltkrieg und ihre Folgen, Frankfurt a. M., New York 2007.
Sieg, Ulrich, Jüdische Intellektuelle im Ersten Weltkrieg. Kriegserfahrungen, weltanschauliche Debatten und kulturelle Neuentwürfe, Berlin 2001.
Theilhaber, Felix A., Die Juden im Weltkriege. Mit besonderer Berücksichtigung der Verhältnisse in Deutschland, Berlin 1916.
Zechlin, Egmont, Die deutsche Politik und die Juden im Ersten Weltkrieg, Göttingen 1969.

Die Zwischenkriegszeit: Virulenter Antisemitismus und Fremdenabwehr (1918–1933/38)

Arlettaz, Silvia und Gérald, Die schweizerische Ausländergesetzgebung und die politischen Parteien 1917–1931, in: Mattioli (Hg.), Antisemitismus in der Schweiz, S. 327–356.
Berkley, George, Vienna and Its Jews: The Solitary Scapegoats in Post-War Vienna, in: Herbert A. Strauss (Ed.), Hostages of Modernization, Bd. 2, Berlin 1993, S. 797–810.
Bunzl, John, Arbeiterbewegung und Antisemitismus in Österreich vor und nach dem Ersten Weltkrieg, in: Zeitgeschichte 4, 1976/77.
Cerutti, Mauro, Georges Oltramare, in: Handbuch des Antisemitismus. Personen, Bd. 2/2, Hg. von Wolfgang Benz, Berlin 2009, S. 598–599.
Hagemeister, Michael, Carl Albert Loosli, Artikel in: ebd. S. 490–491.
Hall, Murray G., Der Fall Bettauer, Wien 1978.
Hecht, Cornelia, Deutsche, Juden und Antisemitismus in der Weimarer Republik, Berlin 2003.
Hein, Robert, Studentischer Antisemitismus in Österreich, Beiträge zur österreichischen Studentengeschichte, Bd. 10, Wien 1984
Kauders, Anthony, German Politics and the Jews. Düsseldorf and Nuremberg 1910–1933, Oxford 1996.
Kershaw, Ian, Antisemitismus und die NS-Bewegung vor 1933, in: Hermann Graml/Angelika Königseder/Juliane Wetzel (Hg.), Vorurteil und Rassenhass. Antisemitismus in den faschistischen Bewegungen Europas, Berlin 2001, S. 29–47.
Kury, Patrick, „... die Spielverderber, die Juden aus Galizien, Polen, Ungarn und Russland ... Überhaupt die Juden!". Ostjudenfeindschaft und die Erstarkung des Antisemitismus, in: Mattioli, S. 423–444.
Liebe, Werner, Die Deutschnationale Volkspartei 1918–1924, Düsseldorf 1956.
Lohalm, Uwe, Völkischer Radikalismus. Die Geschichte des Deutschvölkischen Schutz- und Trutzbundes 1919–1923, Hamburg 1970.
Maderegger, Sylvia, Die Juden im österreichischen Ständestaat 1934–1938, Wien, Salzburg 1973.
Maurer, Trude, Ostjuden in Deutschland 1918–1933, Hamburg 1986.
Melichar, Peter, Who is a Jew? Antisemitic Defining, Identifying and Counting in pre-1938 Austria, in: Leo Baeck Institute Year Book 40, 2005, 149–174.
Pauley, Bruce, Politischer Antisemitismus im Wien der Zwischenkriegszeit, in: Gerhard Botz/Ivar Oxaal/Michael Pollak (Hg.), Eine zerstörte Kultur. Jüdisches Leben und Antisemitismus in Wien seit dem 19. Jahrhundert, Buchloe 1990, S. 221–246.
Pelinka, Anton, Stand oder Klasse? Die christliche Arbeiterbewegung Österreichs 1933–1938, Wien 1972.
Pommerin, Reiner, Die Ausweisung von „Ostjuden" aus Bayern 1923. Ein Beitrag zum Krisenjahr der Weimarer Republik, in: Vierteljahrshefte für Zeitgeschichte 34, 1986, S. 311–340.
Pulzer, Peter, Between Hope and Fear: Jews in the Weimar Republik, in: Jüdisches Leben in der Weimarer Republik, Wolfgang Benz u. a. (Hg.), Tübingen 1998.
Reichmann, Eva G., Der Bewusstseinswandel der deutschen Juden, in: Werner E. Mosse (Hg.), Deutsches Judentum in Krieg und Revolution, 1916–1923, Tübingen 1971, S. 511–612.
Roth, Fritz, Die Schweizerische Heimatwehr 1925–1937. Ein Beitrag zur Geschichte der schweizerischen Frontenbewegung, Diss. Bern 1973.
Rütgen, Herbert, Antisemitismus in allen Lagern. Publizistische Dokumente zur Ersten Republik Österreich 1918–1938, Diss. Universität Graz 1989.
Schörle, Eckart, Internationale der Antisemiten. Ulrich Fleischhauer und der „Welt-Dienst", in: WerkstattGeschichte, Heft 51, 2009, S. 57–72.

Staudinger, Anton, Christlichsoziale Judenpolitik in der Gründungsphase der österreichischen Republik, in: Jahrbuch für Zeitgeschichte 1978, Wien 1979, S. 11–48.
Staudinger, Anton, Katholischer Antisemitismus in der Ersten Republik, in: Gerhard Botz, u. a. (Hg.), Eine zerstörte Kultur. S. 247–284.
Stuhlpfarrer, Karl, Antisemitismus, Rassenpolitik und Judenverfolgung in Österreich nach dem Ersten Weltkrieg, in: Anna Drabek u. a. Das österreichische Judentum. Voraussetzungen und Geschichte, Wien, München 1974, S. 141–164.
Walter, Dirk, Antisemitische Kriminalität und Gewalt. Judenfeindschaft in der Weimarer Republik, Bonn 1999.
Wiltschegg, Walter, Die Heimwehr. Eine unwiderstehliche Volksbewegung? München 1985.
Winkler, Heinrich August, Die deutsche Gesellschaft der Weimarer Republik und der Antisemitismus, in: Bernd Martin/Ernst Schulin (Hg.), Die Juden als Minderheit in der Geschichte, München 1981, S. 271–289.

Die Jahre der Verfolgung: Antisemitismus 1933/38 bis 1945

Arad, Yitzak, Belzec, Sobibor, Treblinka: The Operation Reinhard Death Camps, Bloomington, Ind. 1987.
Bajohr, Frank, „Arisierung“ in Hamburg: Die Verdrängung jüdischer Unternehmer 1933–1945, Hamburg 1997.
Benz, Wolfgang, Applaus, Beteiligung, Mißbilligung. Zum Verhalten der deutschen Bevölkerung in der „Reichskristallnacht“, in: Zeitschrift für Geschichtswissenschaft 46, 1998, S. 963–979.
Böhler, Jochen, Auftakt zum Vernichtungskrieg. Die Wehrmacht in Polen 1939, Frankfurt a. M. 2006.
Botz, Gerhard, Die Ausgliederung der Juden aus der Gesellschaft. Das Ende des Wiener Judentums unter der NS-Herrschaft (1938–1943), in: Gerhard Botz u. a. (Hg.), Eine zerstörte Kultur. Jüdisches Leben und Antisemitismus in Wien seit dem 19. Jahrhundert, Buchloe 1990, S. 285–312.
Ders., Nationalsozialismus in Wien. Machtübernahme, Herrschaftssicherung, Radikalisierung 1938/39, Wien 2008.
Browning, Christopher R., Ganz normale Männer. Das Reserve-Polizeibataillon 101 und die „Endlösung“ in Polen, Reinbek 1999.
Büttner, Ursula/Martin Greschat, Die verlassenen Kinder der Kirche. Der Umgang mit den Christen jüdischer Herkunft im „Dritten Reich“, Göttingen 1998.
Döscher, Hans-Jürgen, „Reichskristallnacht“: Die Novemberpogrome 1938, München 2000.
Essner, Cornelia, Die „Nürnberger Gesetze“ oder die Verwaltung des Rassenwahns 1933–1945, Paderborn 2002.
Förster, Jürgen, „Verbrecherische Befehle“ in: Wolfram Wette und Gerd R. Ueberschär (Hg.) , Kriegsverbrechen im 20. Jahrhundert, Darmstadt 2001, S. 137–151.
Friedländer, Saul, Das Dritte Reich und die Juden. Bd. 1: Die Jahre der Verfolgung 1933–1939, München 1998, Die Jahre der Vernichtung 1939–1945, Bd. 2, München 2006.
Genschel, Helmut, Die Verdrängung der Juden aus dem Wirtschaftsleben im Dritten Reich, Berlin, u. a., 1966.
Gerlach, Christian, Kalkulierte Morde. Die deutsche Wirtschafts- und Vernichtungspolitik in Weißrußland 1941 bis 1944, Hamburg 1999.
Goldhagen, Daniel J., Hitlers willige Vollstrecker. Ganz gewöhnliche Deutsche und der Holocaust, Berlin 1996.
Götz Aly, Hitlers Volksstaat. Raub, Rassenkrieg und nationaler Sozialismus, Frankfurt a. M. 2005.
Graml, Hermann, Reichskristallnacht, Antisemitismus und Judenverfolgung im Dritten Reich, München 1988 (zuerst Bonn 1953).
Heiber, Helmut, Dokumentation: Der Generalplan Ost, in: Vierteljahrshefte für Zeitgeschichte 6/3, 1958, S. 281–326.
Herbert, Ulrich, Vernichtungspolitik. Neue Antworten und Fragen zur Geschichte des „Holocaust“, in: ders. (Hg.), Nationalsozialistische Vernichtungspolitik 1939–1945. Neue Forschungen und Kontroversen, Frankfurt a. M. 1998².
Ders., Best. Biographische Studien über Radikalismus, Weltanschauung und Vernunft 1903–1989, Bonn 1996.
Herf, Jeffrey, The Jewish Enemy. Nazi Propaganda During World War II and the Holocaust, Cambridge/Mass., London 2006.
Humburg, Martin, Feldpostbriefe aus dem Zweiten Weltkrieg – zur möglichen Bedeutung im aktuellen Meinungsstreit unter besonderer Berücksichtigung des Themas „Antisemitismus“, in: Militärgeschichtliche Mitteilungen 58, 1999, S. 312–343.
Kershaw, Ian, Hitler 1916–1945, Stuttgart 2000.
Kreis, Georg, Die Rückkehr des J-Stempels. Zur Geschichte einer schwierigen Vergangenheitsbewältigung, Zürich 2000.
Longerich, Peter, Politik der Vernichtung. Eine Gesamtdarstellung der nationalsozialistischen Judenverfolgung 1933–1945, München 1998.
Mallmann, Klaus-Michael, Die Türöffner der ‚Endlösung'. Zur Genesis des Genozids, in: Gerhard Paul/Klaus-Michael Mallmann (Hg.) Die Gestapo im Zweiten Weltkrieg. ‚Heimatfront' und besetztes Europa, Darmstadt 2000, S. 437–463.
Ders., Jochen Böhler und Jürgen Matthäus, Einsatzgruppen in Polen. Darstellung und Dokumentation, Darmstadt 2008.
Manoschek, Walter, (Hg.), „Es gibt nur eines für das Judentum: Vernichtung“. Das Judenbild in deutschen Soldatenbriefen 1939–1944, Hamburg 1995.
Mazower, Mark, Hitlers Imperium. Europa unter der Herrschaft des Nationalsozialismus, München 2009.
Messerschmidt, Manfred, Die Wehrmacht im NS-Staat: Zeit der Indoktrination, Hamburg 1969.
Meyer, Beate, Gratwanderung zwischen Verantwortung und Verstrickung – Die Reichsvereinigung der Juden in Deutschland und die Jüdische Gemeinde zu Berlin 1938–1945, in: Juden in Berlin 1938–1945: Begleitband zur Ausstellung in der Stiftung „Neue Synagoge Berlin“ – Centrum Judaicum, 2000, Hg. von Beate Meyer/Hermann Simon, Berlin 2000, S. 291–337.
Mommsen, Hans, Die Realisierung des Utopischen: Die „Endlösung der Judenfrage“ im Dritten Reich, in: Geschichte und Gesellschaft 9/3, 1983, S. 381–420.
Moser, Jonny, Die Judenverfolgung in Österreich 1938–1945, Wien, Frankfurt a. M. 1966.
Obst, Dieter, ‚Reichskristallnacht'. Ursachen und Verlauf des antisemitischen Pogroms vom November 1938, Frankfurt a. M. 1991.
Picard, Jacques, Zentrum und Peripherie. Zur Frage der nationalsozialistischen Lebensraumpolitik und schweizerischen Reaktions- und Orientierungsmustern, in: Mattioli (Hg.), Antisemitismus in der Schweiz 1848–1960, S. 521–553.
Pohl, Dieter, Die Ermordung der Juden im Generalgouvernement, in: Herbert, Vernichtungspolitik.
Ders., Nationalsozialistische Judenverfolgung in Ostgalizien 1941–1944. Organisation und Durchführung eines staatlichen Massenverbrechens, München 1997.
Rabinovici, Doron, Instanzen der Ohmacht. Wien 1938–1945. Der Weg zum Judenrat, Frankfurt a. M. 2000.
Rosenkranz, Herbert, „Reichskristallnacht“ 9. November 1938 in Österreich, Wien, Frankfurt a. M., Zürich 1968.
Safrian, Hans, Eichmann und seine Gehilfen, Frankfurt a. M. 1995.
Sandkühler, Thomas, Die Täter des Holocaust. Neuere Überlegungen und Kontroversen, in: Karl Heinrich Pohl (Hg.), Wehrmacht und Vernichtungspolitik. Militär im nationalsozialistischen System, Göttingen 1999.
Walk, Joseph, Das Sonderrecht für Juden im NS-Staat. Eine Sammlung der gesetzlichen Maßnahmen und Richtlinien, Heidelberg 1996 (2. Aufl.).
Wildt, Michael, Generation des Unbedingten, Das Führungskorps des Reichssicherheitshauptamtes, Hamburg 2002.
Ders., Volksgemeinschaft als Selbstermächtigung. Gewalt gegen Juden in der deutschen Provinz 1933–1939, Hamburg 2007.
Wolf, Walter, Faschismus in der Schweiz, Schaffhausen 1969.

Antisemitismus nach dem Holocaust

Albrich, Thomas, Holocaust und Schuldabwehr. Vom Judenmord zum kollektiven Opferstatus, in: Rolf Steininger/Michael Gehler (Hg.), Österreich im 20. Jahrhundert, Bd. 2: Vom Zweiten Weltkrieg bis zur Gegenwart, Wien 1997, S. 39–106.
Bailer, Brigitte, Wiedergutmachung kein Thema. Österreich und die Opfer des Nationalsozialismus, Wien 1993.
Benz, Wolfgang, Antisemitismus nach Hitler. Beobachtungen der amerikanischen Militärregierung aus dem Jahre 1947, in: Jahrbuch für Antisemitismusforschung 6, 1997, S. 349–362.
Bergmann, Werner, Antisemitismus in öffentlichen Konflikten. Kollektives Lernen in der politischen Kultur der Bundesrepublik 1949–1989, Frankfurt a. M. 1997.
Ders./Rainer Erb, Der Antisemitismus in der Bundesrepublik Deutschland von 1945–1989. Ergebnisse der empirischen Forschung, Opladen 1991.
Ders./Rainer Erb/Albert Lichtblau (Hg.), Schwieriges Erbe. Der Umgang mit Nationalsozialismus und Antisemitismus in Österreich, der DDR und der Bundesrepublik Deutschland, Frankfurt a. M. 1995.
Bethge, Eberhard, Schoah (Holocaust) und Protestantismus, in: J. C. Kaiser/Martin Greschat (Hg.), Der Holocaust und die Protestanten, Frankfurt a. M. 1988, S. 1–37.
Dreyfus, Madeleine, Fünf Thesen zum Schweizer Antisemitismus, in: Madeleine Dreyfus/Jürg Fischer (Hg.), Manifest vom 21. Januar 1997. Geschichtsbilder und Antisemitismus in der Schweiz, Zürich 1997, 67–76.
Eidgenössische Kommission gegen Rassismus, Antisemitismus in der Schweiz. Ein Bericht zu historischen und aktuellen Erscheinungsformen mit Empfehlungen für Gegenmaßnahmen, Bern 1998.
Embacher, Helga, Neubeginn ohne Illusionen. Juden in Österreich nach 1945, Wien 1995.
Dies./Margit Reiter, Gratwanderungen: Die Beziehungen zwischen Österreich und Israel im Schatten der Vergangenheit, Wien 1998.
Erb, Rainer, Die Rückerstattung – ein Kristallisationspunkt für Antisemitismus, in: Werner Bergmann und Rainer Erb (Hg.), Antisemitismus in der politischen Kultur nach 1945, Opladen 1990, S. 238–252.
Fine, Robert, Fighting with phantoms: a contribution to the debate on antisemitism in Europe, in: Patterns of Prejudice 43/5, 2009, S. 459–479.
Gisler, Andreas, „Die Juden sind unser Unglück". Briefe an Sigi Feigel 1997–1998, Zürich 1999.
Groehler, Olaf, SED, VVN und Juden in der sowjetischen Besatzungszone Deutschlands (1945–1949), in: Jahrbuch für Antisemitismusforschung 3, 1994, S. 282–302.
Haerpfer, Christian, Antisemitische Einstellungen in der österreichischen Gesellschaft in der Periode 1973–1989, in: NS-Ideologie und Antisemitismus in Österreich, Wien 1989, S. 35–35.
Haury, Thomas, „Finanzkapital oder Nation" Zur ideologischen Genese des Antizionismus der SED, in: Jahrbuch für Antisemitismusforschung 5, 1996, S. 148–171.
Herbst, Ludolf/Constantin Goschler (Hg.), Wiedergutmachung in der Bundesrepublik Deutschland, München 1989.
Keßler, Mario, Die SED und die Juden. Zwischen Repression und Toleranz. Politische Entwicklungslinien bis 1967, Berlin 1995.
Kreis, Georg, Antisemitismus in der Schweiz nach 1945, in: Christina Tuor-Kurth (Hg.), Neuer Antisemitismus – alte Vorurteile?, Stuttgart 2001, S. 53–64.
Ders. Öffentlicher Antisemitismus in der Schweiz nach 1945, in: Mattioli (Hg.), Antisemitismus, S. 555–576.
Marin, Bernd, Ein historisch neuartiger „Antisemitismus ohne Antisemiten?", in: John Bunzl/Bernd Marin, Antisemitismus in Österreich. Sozialhistorische und soziologische Studien, Innsbruck 1983, S. 171–192.
Merritt, Anna/Richard L. Merritt (Hg.), Public Opinion in Occupied Germany. The OMGUS-Surveys, 1945–1948, Urbana. Ill. 1970.
Mertens, Lothar, Davidstern unter Hammer und Sichel. Die Jüdischen Gemeinden in der SBZ/DDR und ihre Behandlung durch Partei und Staat 1945–1990, Hildesheim 1997.
Mitten, Richard, The Politics of Antisemitic Prejudice. The Waldheim Phenomenon in Austria, Boulder, CO, 1992.
Niggli, Marcel Alexander (ed.), Right-wing Extremism in Switzerland. National and international Perspectives, Baden-Baden 2009.
Pelinka, Anton, Dismantling Taboos: Antisemitism in the Austrian Political Culture of the 1980s, in: Patterns of Prejudice 27/2, 1993, S. 39–48.
Ritterband, Charles, Antizionismus – Antisemitismus: Nur ein neuer Name für ein altes Phänomen?, in: Roy Wiehn (Hg.), Judenfeindschaft, Konstanz 1989, S. 187–198.
Schweizerische Gesellschaft für praktische Sozialforschung (GfS), Einstellungen der SchweizerInnen gegenüber Jüdinnen und Juden und dem Holocaust, 2000, www.gfs.ch/antsem.html.
Dies., Kritik an Israel von antisemitischen Haltungen unabhängig. Antisemitismus-Potenzial in der Schweiz neuartig bestimmt. Schlussbericht zur Studie „Anti-jüdische und antiisraelische Einstellungen in der Schweiz. Bern 2007.
Silbermann, Alphons, Sind wir Antisemiten? Ausmaß und Wirkung eines sozialen Vorurteils in der Bundesrepublik Deutschland, Köln 1982.
Skenderovic, Damir, Die politische Familie der radikalen Rechten in der Schweiz: Ideologie, Strukturen und Beziehungsfelder, in: Jahrbuch für Antisemitismusforschung, Bd. 18, 2009, S. 213–234.
Ders., The Radical Right in Switzerland. Continuity and Change. 1945–2000, New York, Oxford 2009.
Späti, Christina, Die schweizerische Linke und Israel. Israelbegeisterung, Antizionismus und Antisemitismus zwischen 1967 und 1991, Essen 2006.
Dies., Die Enttabuisierung eines Vorurteils: Antisemitismus in der Schweiz, in: Lars Rensmann/Julius H. Schoeps (Hg.), Feindbild Judentum. Antisemitismus in Europa, Berlin 2008, S. 183–215.
Timm, Angelika, Hammer, Zirkel, Davidstern, Das gestörte Verhältnis der DDR zum Zionismus und zum Staat Israel, Bonn 1997.
Vollnhals, Clemens, Die evangelische Kirche zwischen Traditionswahrung und Neuorientierung, in: Martin Broszat u.a. (Hg.), Von Stalingrad zur Währungsreform, München 1988, S. 113–167.
Wassermann, Heinz P., Naziland Österreich? Studien zu Antisemitismus, Nation und Nationalsozialismus im öffentlichen Meinungsbild, Innsbruck 2002.
Ders. (Hg.), Antisemitismus in Österreich nach 1945. Ergebnisse, Positionen und Perspektiven der Forschung, Innsbruck 2002.
Ders., Zwischen Stagnation und Modernisierung: Antisemitismus in Österreich, in: Lars Rensmann u. a. (Hg.), Feindbild Judentum, S. 218–260.
Weiss, Hilde, Antisemitische Vorurteile in Österreich nach 1945. Ergebnisse der empirischen Forschung, in: Alphons Silbermann/Julius H. Schoeps (Hg.), Antisemitismus nach dem Holocaust. Bestandsaufnahme und Erscheinungsformen in deutschsprachigen Ländern, Köln 1986, S. 53–70.

Personenregister